Michael von Hauff, Andrea Jörg
Nachhaltiges Wachstum

Michael von Hauff, Andrea Jörg

Nachhaltiges Wachstum

—

2., erweiterte und aktualisierte Auflage

ISBN 978-3-11-042831-5
e-ISBN (PDF) 978-3-11-053284-5
e-ISBN (EPUB) 978-3-11-053306-4

Library of Congress Cataloging-in-Publication Data
A CIP catalog record for this book has been applied for at the Library of Congress.

Bibliografische Information der Deutschen Nationalbibliothek
Die Deutsche Nationalbibliothek verzeichnet diese Publikation in der Deutschen Nationalbibliografie; detaillierte bibliografische Daten sind im Internet über http://dnb.dnb.de abrufbar.

© 2017 Walter de Gruyter GmbH, Berlin/Boston
Einbandabbildung: Petmal/getty images
Satz: jürgen ullrich typosatz, Nördlingen
Druck und Bindung: CPI books GmbH, Leck
♾ Gedruckt auf säurefreiem Papier
Printed in Germany

www.degruyter.com

Vorwort zur 2. Auflage

Die Diskussion um ein nachhaltiges Wachstum hat sich in den letzten Jahren weiterentwickelt und ausdifferenziert. Es kamen auch Begriffe wie selektives oder grünes Wachstum hinzu, die sich weitgehend synonym verwenden lassen. „Inclusive growth" ist im Kontext nachhaltiger Entwicklung sicher der umfassendste Begriff. Hinzu kommt noch, dass sich die Kontroverse zwischen den Befürwortern und den Gegnern von Wachstum intensiviert hat. Dennoch kann die Struktur dieses Buches, wie sie in der 1. Auflage konzipiert wurde, erhalten bleiben. Sie ist weitgehend chronologisch ausgerichtet. Die Frage hierbei ist: Wie ging die ökologische und soziale Dimension nachhaltiger Entwicklung in die verschiedenen Phasen der Begründung von Wachstum ein?

Bei der 2. Auflage des Buches geht es aber auch um inhaltliche Aktualisierungen und die Aktualisierung der Indikatoren, besonders in Kapitel 2. Dieses Kapitel wird noch durch den neuen Abschnitt 2.2 „Vom Bruttoinlandsprodukt zum Volkseinkommen: Konsum und Nachhaltigkeit" ergänzt. Dieses Thema gewinnt sowohl in den Wirtschaftswissenschaften als auch in der Politik und der Wirtschaft zunehmend an Bedeutung.

Neu hinzu kommt das Kapitel 6, das sich primär neueren Ansätzen der Wachstumskritiker zuwendet. In Abschnitt 6.4 wird aber auch die neuere Diskussion um ein Green Growth mit aufgenommen. Das Thema Green Growth entstand im Zusammenhang mit dem Leitthema der Rio+20 Konferenz „Greening the Economy", die im Jahr 2012 in Rio de Janeiro stattfand. Das Thema Green Growth kam primär in asiatischen Ländern auf. So wurde in Südkorea die erste Green Growth Strategy entwickelt. 2011 legte dann auch die Regierung Vietnams ihre „Green Growth Strategy" vor. In den letzten Jahren findet nun auch in der „westlichen Welt" zunehmend eine Diskussion zu diesem Thema statt, die auch theoretisch fundiert wird.

Bei der 2. Auflage des Buches wurden wir wieder tatkräftig und mit großer Geduld unterstützt. Besonders danken möchten wir Herrn Wagner für die Aktualisierung von Tabellen und Schaubildern. Frau Klag war uns bei der Beschaffung und teilweise auch bei der Suche neuerer Literatur behilflich. Für die Durchsicht des Manuskriptes auf Tippfehler möchten wir Frau Homm sehr danken. Für Unzulänglichkeiten sind aber nur wir Autoren verantwortlich.

Kaiserslautern, Mai 2017

Michael von Hauff
Andrea Jörg

Vorwort zur 1. Auflage

Wirtschaftswachstum hat in den Wirtschaftswissenschaften eine herausragende Bedeutung. Das erklärt sich nach weit verbreiteter Meinung in den Wissenschaftswissenschaften daraus, dass das Wirtschaftswachstum Auskunft über die wirtschaftliche Leistungsfähigkeit bzw. Dynamik einer Volkswirtschaft gibt und anzeigt, wie sich der Wohlstand einer Gesellschaft entwickelt. Daher hat die Entwicklung des Wirtschaftswachstums auch in der Politik einen hohen Stellenwert, da der Erfolg einer Regierung ganz wesentlich an der Entwicklung des Wirtschaftswachstums gemessen wird. Zunächst lässt sich positiv feststellen, dass in den letzten Jahrzehnten der Wohlstand, gemessen an dem Indikator Pro-Kopf-Einkommen, in vielen Ländern gestiegen ist. Damit wurde nach der ökonomischen Lehrmeinung ein wichtiges Ziel wirtschaftlichen Handels erreicht. Negative Auswirkungen des Wirtschaftswachstums, beispielsweise auf die Umwelt, wurden von Wirtschaftswissenschaftlern, bis auf wenige Ausnahmen, lange ignoriert und werden auch heute noch in der Wachstumsliteratur häufig vernachlässigt (vgl. u. a. Acemoglu 2009). Das ändert sich jedoch im Kontext nachhaltiger Entwicklung langsam.

Nachhaltige Entwicklung ist ein relativ neues Paradigma, das auf der Weltkonferenz 1992 in Rio de Janeiro von Regierungsvertretern aus 178 Ländern als Leitbild des 21. Jahrhunderts unterzeichnet wurde. Nachhaltige Entwicklung ist eine normative, keine völkerrechtlich einklagbare Vereinbarung der Weltgemeinschaft. Die „Agenda 21" gibt den Handlungsrahmen für eine gerechte Entwicklung der heute lebenden Generation und zukünftiger Generationen vor. Neben der intra- und intergenerationellen Gerechtigkeit ist die Gleichrangigkeit der drei Dimensionen Ökologie, Ökonomie und Soziales ein konstitutives Merkmal des Leitbildes nachhaltiger Entwicklung. Das erfordert eine entsprechende theoretische Begründung und konzeptionelle Ausgestaltung dieses Leitbildes (v. Hauff, Kleine 2009). Dabei gilt jedoch zu berücksichtigen, dass die Gleichrangigkeit auf einer bestimmten Struktur basiert: wirtschaftliches Handeln aber auch soziale Aktivitäten können nur in den Grenzen ökologischer Systeme stattfinden.

In diesem Buch geht es um die Beziehung von nachhaltiger Entwicklung und Wirtschaftswachstum. Nachhaltige Entwicklung und Wirtschaftswachstum stehen in der wirtschaftswissenschaftlichen Diskussion bisher noch weitgehend unverbunden nebeneinander. In der neuen Wachstumstheorie gibt es jedoch erste Beiträge bzw. Ansätze zu einem nachhaltigen Wachstum. Dabei werden die wirtschaftswissenschaftlichen Beiträge, die sich diesem Thema bisher zugewandt haben, chronologisch aufgezeigt, wodurch der Pfad zu einem nachhaltigen Wachstum deutlich wird. Die Darstellung des Pfades nachhaltiger Entwicklung wird auch durch ältere Literaturquellen belegt um zu verdeutlichen, dass die „aktuellen Diskussionen" nicht alle ganz neu sind und viele Erkenntnisse lange bestehen, bevor sie umgesetzt werden. Dabei werden auch kontroverse Positionen dargestellt und gegeneinander abgegrenzt. Die

Analyse dieser Beziehung geht schließlich in die Frage über, welche Anforderung ein nachhaltiges Wachstum erfüllen muss.

Daher wird in dem ersten Kapitel zunächst das Paradigma der nachhaltigen Entwicklung kurz vorgestellt. Dadurch wird deutlich, wodurch sich das Paradigma von dem ökonomischen Mainstream unterscheidet. In diesem Zusammenhang ist jedoch festzustellen, dass die ökologische Nachhaltigkeit in der wissenschaftlichen Literatur bisher vorrangig behandelt bzw. diskutiert wurde, was sich daraus erklärt, dass die Menschen ohne einen bestimmten Zustand der Natur bzw. der ökologischen Systeme nicht überlebensfähig sind. Ein weiterer Grund für die vorrangige Behandlung der Ökologie ist, dass zukünftige Generationen einen Anspruch auf funktionsfähige Ökosysteme haben.

In Kapitel zwei wird dann die Beziehung zwischen Wirtschaftswachstum und Umwelt erläutert. Dabei geht es um die Messung und Bewertung von Wirtschaftswachstum und die damit verbundene Diskussion von unterschiedlichen Indikatoren. Die Ausführungen beginnen mit dem traditionellen Indikator Bruttoinlandsprodukt (BIP) und gehen über ausgewählte ökologische Indikatoren schließlich auf neuere Nachhaltigkeitsindikatoren ein. Anschließend werden die empirischen Grundlagen zu der Beziehung von Wirtschaftswachstum und Umweltzustand am Beispiel ausgewählter Indikatoren aufgezeigt. Häufig wird jedoch sowohl von Befürwortern als auch von Gegnern eines exponentiellen Wachstums von einer sehr unspezifischen Annahme ausgegangen, die hier überwunden werden soll. Danach wächst die Wirtschaft ganz allgemein. Dabei wachsen in jeder Wirtschaft immer nur spezifische Branchen. Andere Branchen stagnieren oder schrumpfen. Hier gilt differenziert zu untersuchen, bei welchen Branchen es im Kontext nachhaltiger Entwicklung wünschenswert ist, dass sie wachsen bzw. es nicht wünschenswert ist, dass sie wachsen.

In der wachstumstheoretischen Diskussion erschienen in den 1970er Jahren erste Beiträge zu der Beziehung zwischen Wachstum und Umwelt. Sie bieten einen ersten Einblick in die theoretische Verortung. Besonders zu erwähnen sind das Solow-Swan-Modell und die Wachstumsmodelle des optimalen Konsums. Sie werden in Kapitel drei vorgestellt. Die Diskussion um die Beziehung zwischen Wachstum und Umwelt wurde im Rahmen der in den 1980er Jahren aufkommenden endogenen Wachstumstheorie intensiviert. Dabei ist jedoch zu betonen, dass diese Diskussion im Kontext der Nachhaltigkeit immer noch ein „Nischendasein" führt. Die meisten Beiträge bzw. Modelle zur endogenen Wachstumstheorie negieren bis heute die Umweltproblematik. Einige Modelle zu der Beziehung Wachstum und Umwelt im Rahmen der endogenen Wachstumstheorie werden in Kapitel vier exemplarisch vorgestellt.

Zum wachstumstheoretischen Mainstream bildete sich mit der Ökologischen Ökonomie eine Gegenposition, die in Kapitel fünf vorgestellt wird. Dabei gilt zu berücksichtigen, dass es bisher keine einheitliche Schule bzw. Theorie der Ökologischen Ökonomie gibt. Dennoch gibt es zu einigen Positionen in der Ökologischen Ökonomie einen breiten Konsens. So kritisiert die Mehrzahl der Vertreter der Ökologischen Ökonomie das Streben nach quantitativem bzw. exponentiellem Wachstum und lehnt es ab. Danach ist die Erde ein geschlossenes, d. h. thermodynamisches System, in dessen Grenzen die umweltrelevanten wirtschaftlichen Aktivitäten zurückgeführt werden müssen. Das impliziert klare Grenzen für das Wirtschaftswachstum. Teilweise werden sehr rigide Wachstumsgrenzen (Nullwachstum) gefordert, die jedoch auch in der Ökologischen Ökonomie zu kontroversen Diskussionen geführt haben.

In Kapitel sechs werden die unterschiedlichen Begründungszusammenhänge zu der Beziehung Nachhaltigkeit und Wachstum noch einmal systematisiert. In einem weiteren Schritt geht es dann darum, bestehende Kontroversen kritisch zu hinterfragen und neue Lösungsansätze zu entwickeln. Dabei stellt sich die Frage, welche Anforderungen sind an ein nachhaltiges Wirtschaftswachstum, das auf den drei Dimensionen basiert, zu stellen.

Geht man von der unstrittigen These aus, dass Wirtschaftswachstum ganz wesentlich durch Innovationen generiert wird, d. h. Innovationen „the engine of growth" sind, müssen gerade Innovationen den Anforderungen nachhaltiger Entwicklung gerecht werden. Diesem Thema wendet sich das Kapitel 7 zu. In dem abschließenden Resümee und Ausblick werden einige wichtige Erkenntnisse noch einmal zusammen geführt.

Wir wurden bei dem Buchprojekt in vielfältiger Weise sehr konstruktiv unterstützt. Wir wurden durch viele anregende Diskussionen und Konferenzen inspiriert. Fragen von Studierenden haben uns zum Hinterfragen von sicher geglaubten Erkenntnissen gebracht. Allen die uns zum Nachdenken gebracht haben oder uns auch bestätigt haben gilt unser Dank. Stellvertretend möchten wir uns bei Frau Homm für die Durchsicht des Manuskriptes nach letzten Tippfehlern und deren Beseitigung bedanken. Frau Behling und Frau Huff haben die aufwändige Formatierung des Buchmanuskriptes mit großer Geduld und Gewissenhaftigkeit durchgeführt. Dennoch sind alleine die Autoren für Inhalt und Form des Buches verantwortlich.

Kaiserslautern, August 2012

Michael von Hauff
Andrea Jörg

Inhaltsverzeichnis

Abbildungsverzeichnis —— XII
Tabellenverzeichnis —— XIII
Boxenverzeichnis —— XIV

1	Einführung in das Leitbild nachhaltiger Entwicklung —— 1	
1.1	Das Paradigma der nachhaltigen Entwicklung —— 3	
1.1.1	Historische Vorläufer des Paradigmas nachhaltiger Entwicklung —— 3	
1.1.2	Darstellung des Paradigmas nachhaltiger Entwicklung —— 8	
1.2	Die Dominanz der ökologischen Nachhaltigkeit —— 13	
1.3	Die Durchsetzung der Dreidimensionalität nachhaltiger Entwicklung —— 14	
2	Die Beziehung zwischen Wirtschaftswachstum und Umwelt —— 17	
2.1	Die Bewertung und Messung von Wirtschaftswachstum —— 18	
2.1.1	Sozialprodukt: Ursprung und Anspruch —— 20	
2.1.2	Ausgewählte Umweltindikatoren —— 23	
2.1.3	Ausgewählte Indikatoren nachhaltiger Entwicklung —— 28	
2.1.4	Komplementarität der Indikatoren – Eine Neuorientierung —— 33	
2.1.5	Fazit —— 38	
2.2	Vom Bruttoinlandsprodukt zum Volkseinkommen: Konsum und Nachhaltigkeit —— 40	
2.2.1	Das Modell der Konsumentensouveränität —— 40	
2.2.2	Anforderungen an einen nachhaltigen Konsum —— 42	
2.3	Die Kontroverse zu den Grenzen von Umwelt und Wirtschaftswachstum —— 44	
2.4	Empirische Grundlagen zu der Beziehung Wirtschaftswachstum und Umwelt —— 48	
3	Umwelt im Rahmen der Neoklassischen Theorie —— 60	
3.1	Das Solow-Swan-Modell —— 61	
3.1.1	Wachstum mit nicht erneuerbaren Ressourcen —— 63	
3.1.1.1	Eine nicht substituierbare nicht erneuerbare Ressource —— 64	
3.1.1.2	Eine nicht substituierbare, unzerstörbare Ressource (Boden) und eine substituierbare, nicht erneuerbare Ressource —— 66	
3.1.1.3	Backstop-Technologie —— 67	
3.1.2	Berücksichtigung der Umwelt im neoklassischen Wachstumsmodell —— 69	

3.1.3	Berücksichtigung von Umweltverschmutzungen und Umweltschutzausgaben —— 71	
3.2	Wachstumsmodelle des optimalen Konsums —— 73	
3.2.1	Berücksichtigung natürlicher Ressourcen —— 75	
3.2.2	Berücksichtigung von Verschmutzungen —— 79	
3.3	Kritische Würdigung und Fazit —— 85	

4 Umwelt im Rahmen der endogenen Wachstumstheorie —— 88
4.1 Einführung in die endogene Wachstumstheorie —— 90
4.2 Das AK-Modell —— 91
4.3 Das Uzawa-Lucas-Modell —— 94
4.4 Das Romer-Modell —— 96
4.5 Humankapitalakkumulation —— 102
4.6 Determinanten für die Berücksichtigung der Umweltqualität, der Ressourcen und der Emissionen —— 112
4.7 Erkenntnisse der Modelle —— 119

5 Ökologische Ökonomie —— 122
5.1 Grundlagen der Ökologischen Ökonomie —— 123
5.2 Kritik der Ökologischen Ökonomie an der Neoklassischen Theorie —— 128
5.3 Wirtschaftswachstum in der Ökologischen Ökonomie —— 131

6 Neuere Ansätze zu der Beziehung von Wachstum und Umwelt —— 135
6.1 Die Postwachstumsökonomie —— 135
6.2 Das LowGrow-Modell —— 137
6.3 Der Degrowth-Ansatz —— 139
6.4 Green Growth —— 140
6.4.1 Inhaltliche Abgrenzung von Green Growth —— 141
6.4.2 Implikationen der Beziehung von Wachstum und Green Growth – Eine modelltheoretische Analyse —— 144
6.4.3 Green Growth in Deutschland —— 153

7 Nachhaltigkeit und Wachstum – Unterschiedliche Begründungszusammenhänge —— 157
7.1 Nachhaltigkeit im Kontext der Neoklassik —— 157
7.2 Nachhaltigkeit im Kontext der Ökologischen Ökonomie —— 161
7.3 Die Überwindung der Kontroverse zwischen Neoklassik und Ökologischer Ökonomie —— 162
7.4 Exkurs: Vom qualitativen zum nachhaltigen Wachstum —— 165
7.5 Exkurs: Wachstum und soziale Nachhaltigkeit —— 171
7.5.1 Leitorientierungen —— 172

7.5.2	Sozialkapital —— 173	
7.6	Exkurs: Wachstum und Gerechtigkeit —— 174	
7.7	Zusammenfassung —— 176	
8	**Wirtschaftswachstum und Innovationen —— 178**	
8.1	Innovationen und Nachhaltigkeit —— 179	
8.1.1	Unterscheidung von Innovationen —— 179	
8.1.2	Darstellung von Innovationssystemen —— 181	
8.1.3	Anforderungen an nachhaltige Innovationen —— 183	
8.1.4	Innovationen ökologischer Nachhaltigkeit —— 184	
8.2	Innovationen in der neoklassischen Umweltökonomie und der Ökologischen Ökonomie – Der theoretische Kontext —— 187	
8.2.1	Innovationen in der neoklassischen Umweltökonomie —— 187	
8.2.2	Innovationen in der Ökologischen Ökonomie —— 188	
8.3	Innovationen, Wachstum und Nachhaltigkeit —— 190	

Literaturverzeichnis —— 191

Register —— 207

Abbildungsverzeichnis

Abbildung 1: Handlungsregeln für eine Nachhaltige Entwicklung —— 9
Abbildung 2: Das Integrierende Nachhaltigkeitsdreieck —— 15
Abbildung 3: Entwicklung des ökologischen Fußabdrucks für Deutschland und die Welt —— 25
Abbildung 4: Entwicklung des Human Development Index (HDI) ausgewählter Länder —— 27
Abbildung 5: Entwicklung des Index of Sustainable Economic Welfare für Deutschland —— 29
Abbildung 6: Entwicklung der Genuine Savings —— 31
Abbildung 7: Vergleich von NWI 2.0 und BIP (preisbereinigt) für Deutschland (2000=100) —— 33
Abbildung 8: Die Environmental Kuznets Kurve —— 46
Abbildung 9: Wirtschaftswachstum in Deutschland: Prozentuale Veränderung —— 50
Abbildung 10: Wirtschaftsstruktur in Deutschland – Anteile der Wirtschaftsbereiche am BIP —— 51
Abbildung 11: Reales Bruttoinlandsprodukt im internationalen Vergleich —— 52
Abbildung 12: Energieversorgung —— 53
Abbildung 13: Maschinenbau —— 53
Abbildung 14: Herstellung von Kraftwagen und Kraftwagenteilen —— 54
Abbildung 15: Gesundheitswesen —— 54
Abbildung 16: Mit Finanz- und Versicherungsdienstleistungen verbundene Tätigkeiten —— 55
Abbildung 17: Verkehr und Lagerei —— 56
Abbildung 18: Kohlendioxid-Emissionen Gesamt in Deutschland in kt —— 57
Abbildung 19: Methan-Emissionen in Deutschland —— 57
Abbildung 20: Methan-Emissionen im Vergleich zum BIP —— 58
Abbildung 21: Kohlendioxid-Emissionen im Vergleich zum BIP —— 58
Abbildung 22: Kohlendioxid- und Methan-Emissionen und BIP pro Kopf —— 59
Abbildung 23: Von der nicht erneuerbaren Ressource zum Backup-Substitut —— 68
Abbildung 24: Auswirkungen der einzelnen Variablen auf die Umweltqualität —— 113
Abbildung 25: Übersicht über die Auswirkungen der einzelnen Variablen —— 115
Abbildung 26: Vereinfachte Darstellung zum Bezug zwischen Green Growth und nachhaltiger Entwicklung —— 144
Abbildung 27: Der Effekt der Umweltpolitik auf das Produktionsergebnis (Output Y) —— 148
Abbildung 28: Gruppen des Green-Growth-Indikatorensets im Zusammenhang —— 153
Abbildung 29: Stromerzeugung durch erneuerbare Energien in Deutschland 2015 (Anteile in Prozent) —— 154
Abbildung 30: Windkraft – weltweite globale Kapazität (Anteile in Prozent) —— 155
Abbildung 31: Solar Photovoltaik – weltweite globale Kapazität (Anteile in Prozent) —— 155
Abbildung 32: Drei mögliche Entwicklungstypen der Wirtschaft —— 168
Abbildung 33: Strukturelle Darstellung der Nachhaltigkeit —— 177

Tabellenverzeichnis

Tabelle 1: Übersicht der Einzelkomponenten des NWI 2.0 —— 32
Tabelle 2: Einordnung der endogenen Theorien —— 90
Tabelle 3: Quantitatives versus qualitatives Wachstum —— 170

Boxenverzeichnis

Box 1: Simon Smith Kuznets —— 46
Box 2: Trevor Swan —— 61
Box 3: Robert Merton Solow —— 63
Box 4: Frank Plumpton Ramsey —— 74
Box 5: Joseph Eugen Stiglitz —— 76
Box 6: Sergio Tavares Rebelo —— 91
Box 7: Robert Emerson Lucas —— 94
Box 8: Hirofumi Uzawa —— 95
Box 9: Paul Michael Romer —— 97
Box 10: Sjak Smulders —— 102
Box 11: Robert Costanza —— 124
Box 12: Herman Edward Daly —— 127

1 Einführung in das Leitbild nachhaltiger Entwicklung

Die Weltgemeinschaft hat sich im Jahr 1992 auf der internationalen Konferenz der „United Nations Conference on Environment and Development (UNCED)" in Rio de Janeiro auf das Leitbild Nachhaltiger Entwicklung verständigt. Bei dieser Konferenz verpflichtete sich die Völkergemeinschaft darauf, das Leitbild im 21. Jahrhundert umzusetzen. Durch diese Konferenz erhielt das Leitbild international eine große Popularität und eine wachsende politische Gestaltungsorientierung (v. Hauff 2014, S. 11). Auf der Konferenz wurde die Agenda 21 als handlungsleitendes Programm vorgelegt. Dieses Aktionsprogramm hat die Zielsetzung die ökologische, ökonomische und soziale Dimension gleichrangig zusammenzuführen und umzusetzen. Dabei gilt zu berücksichtigen, dass wirtschaftliche und soziale Aktivitäten langfristig nur in den Grenzen der ökologischen Systeme möglich sind, da die Überlebensfähigkeit der Menschheit von der Funktionsweise der ökologischen Systeme abhängig ist. Das hat weitreichende Implikationen für die Messung und Begründung von Wirtschaftswachstum. Dadurch steht es nicht mehr uneingeschränkt im Mittelpunkt aller wirtschaftlichen Handlungen, sondern muss in die Dreidimensionalität eingebunden werden.

Auf der Rio Konferenz wurden weitere Beschlüsse gefasst, die exemplarisch genannt werden:
- die Rio-Deklaration zur Umwelt und Entwicklung,
- die Klimarahmenkonvention,
- die Konvention über biologische Vielfalt und
- die Waldkonvention,

die alle einen stark ökologischen Anspruch haben. Hierzu muss jedoch festgestellt werden, dass keines der Dokumente konkrete und überprüfbare Verpflichtungen enthält. Weiterhin ist darauf zu verweisen, dass es im Anschluss an die Rio Konferenz zu einer Reihe von Folgekonferenzen kam wie
- die Weltbevölkerungskonferenz 1994,
- der Weltsozialgipfel 1995 und
- die Klimakonferenz (Kyoto-Protokoll) 1997.

Im Jahr 2002 fand die in Rio de Janeiro beschlossene Folgekonferenz, d. h. der zweite Weltgipfel für nachhaltige Entwicklung in Johannesburg statt. Bei dieser Konferenz wurde besonders ein Plan zur Implementierung verabschiedet, in dem Ziele und Programme für Umweltschutz und Armutsbekämpfung aufgeführt sind. Bereits im Jahr 1997 hat sich die Völkergemeinschaft darauf verständigt, dass alle Länder bis 2002 eine nationale Nachhaltigkeitsstrategie entwickeln sollen. Das wurde auf der Johannesburg-Konferenz noch einmal eingefordert, da bis zu diesem Zeitpunkt nur wenige Länder eine Nachhaltigkeitsstrategie entwickelt hatten. Deutschland legte im

Jahr 2002 seine erste nationale Nachhaltigkeitsstrategie vor. Sowohl in der nationalen Nachhaltigkeitsstrategie Deutschlands als auch in dem aktuellen Folgebericht (2016) wird das Thema Wirtschaftswachstum in den Kontext nachhaltiger Entwicklung integriert. Im Jahr 2012 fand die Konferenz Rio+20 unter dem Leitthema „Greening the Economy" statt. 2015 wurden die Sustainable Development Goals (SDG) für alle Länder weltweit verabschiedet, die bis 2030 (einige bis 2020) realisiert werden sollen. In diesem Zusammenhang spricht man auch von der Agenda 2030. In dem SDG 8 „Dauerhaftes, inklusives und nachhaltiges Wirtschaftswachstum, produktive Vollbeschäftigung und menschenwürdige Arbeit für alle fördern" wird das Wachstumsziel explizit aufgeführt. 2017 soll eine weltweite Bestandsaufnahme „25 Jahre nach Rio" stattfinden.

Das Paradigma der nachhaltigen Entwicklung mit seinen vielfältigen Anforderungen, die über den ökonomischen Mainstream weit hinausgehen, fand in den Wirtschaftswissenschaften bisher noch wenig Beachtung. Das gilt auch für die Wachstumstheorie und -politik. Obwohl Wirtschaftswachstum in der Nachhaltigkeitsdiskussion an Bedeutung gewonnen hat, lässt sich doch feststellen, dass in der wirtschaftswissenschaftlichen Literatur die Beziehung zwischen nachhaltiger Entwicklung und Wirtschaftswachstum bisher noch unzureichend analysiert wird. Es stellt sich die Frage, ob nachhaltige Entwicklung und Wirtschaftswachstum grundsätzlich in Einklang zu bringen sind und wie sich ein nachhaltiges Wachstum begründen lässt. Die bisherige Diskussion hierzu konzentrierte sich hauptsächlich auf die Beziehung von Wirtschaftswachstum und ökologischer Nachhaltigkeit, obwohl sich auf internationaler Ebene in der wissenschaftlichen Nachhaltigkeitsdiskussion das Konzept der Dreidimensionalität (Ökologie, Ökonomie und Soziales) durchgesetzt hat. Die soziale Dimension nachhaltiger Entwicklung, d. h. die soziale Nachhaltigkeit hat bisher nur eine relativ geringe wissenschaftliche Zuwendung erfahren.

Die Dominanz der ökologischen Dimension begründet sich daraus, dass die ökologischen Systeme teilweise bereits eine Übernutzung aufweisen, die zu irreparablen Schädigungen geführt haben wie beispielsweise der Klimawandel deutlich macht. Aus diesem Grund hängt die Lebenssituation zukünftiger Generationen ganz wesentlich davon ab, ob es gelingt, die wirtschaftliche Entwicklung und im Speziellen das Wirtschaftswachstum so zu gestalten, dass es gleichzeitig zu einer Entlastung ökologischer Systeme kommt (siehe dazu auch Kap. 6).

Ein weiteres konstitutives Merkmal nachhaltiger Entwicklung ist die intra- und intergenerationelle Gerechtigkeit, wie sie bereits im Brundtland-Bericht gefordert wird. Hierbei handelt es sich um eine Querschnittsanforderung, die sich durch alle drei Dimensionen nachhaltiger Entwicklung zieht:

- **Intragenerationelle Gerechtigkeit:** Sie fordert einen gerechten Ausgleich zwischen den Interessen und Bedürfnissen der Menschen in Industrie- und Entwicklungsländern. Gleichzeitig wird in zunehmendem Maße gefordert, dass auch in Industrie- bzw. Entwicklungsländern ein höherer Grad intergenerationeller Gerechtigkeit notwendig ist.

- **Intergenerationelle Gerechtigkeit:** Sie lässt sich durch die Definition des Brundtland-Berichts verdeutlichen. „Dauerhafte Entwicklung ist Entwicklung, die die Bedürfnisse der Gegenwart befriedigt, ohne zu riskieren, dass künftige Generationen ihre eigenen Bedürfnisse nicht befriedigen können" (Hauff 1987, S. 46)

In diesem Kontext stellt sich aus der Perspektive nachhaltiger Entwicklung die Frage, ob Wachstum gerecht verteilt wird. Hierzu wurde der Begriff „inclusive growth" eingeführt.

1.1 Das Paradigma der nachhaltigen Entwicklung

Das Leitbild nachhaltiger Entwicklung hat historisch gesehen Vorläufer, die für die Beziehung zwischen nachhaltiger Entwicklung und Wirtschaftswachstum relevant sind. Seinen Ursprung kann man der Wald- und Forstwirtschaft zuschreiben. In der Forstwirtschaft wurde schon früh erkannt, dass ein Gleichgewicht zwischen Abholzung und Aufforstung für den langfristigen Bestand der Ressource Holz für den Bergbau und die Verhüttung von existenzieller Bedeutung ist. Ein weiteres Beispiel für eine wachstumskritische Arbeit aus ökonomischer Sicht ist die Schrift von Thomas Malthus (1798): *„An Essay on the Principle of Population"*. Er ging davon aus, dass die Bevölkerung stark wachsen und die Nahrungsmittelproduktion dem nicht standhalten würde. Preissteigerungen wären die Folge. Um das Ungleichgewicht zu lösen, schlug Malthus Bildungsmaßnahmen und Heiratskontrollen vor. Die Prognosen traten jedoch nicht ein, da Malthus den technischen Forstritt in der Landwirtschaft unterschätzt und das Bevölkerungswachstum überschätzt hat.

Seit Beginn der 1970er Jahre gibt es die Diskussion über nachhaltiges Wirtschaften. Wichtige Meilensteine waren die wachstumskritische Studie von Meadows u. a. „Die Grenzen des Wachstums", die 1972 erschien. Die Grenzen des Wachstums wurden dabei an fünf Parametern festgemacht: das Bevölkerungswachstum, die Nahrungsmittelproduktion, die Industrialisierung, die Umweltverschmutzung und die Rohstoffe. Eine Reaktion darauf war das wirtschaftswissenschaftliche „Symposium on the Economics of Exhaustible Resources", bei dem wichtige Erkenntnisse der Studie von Meadows in Frage gestellt wurden. Nachhaltige Entwicklung ist jedoch erst seit dem Erscheinen des Berichtes der Brundtland-Kommission „Our common Future" die Grundlage für ein neues und umfassendes Leitbild der Weltgemeinschaft.

1.1.1 Historische Vorläufer des Paradigmas nachhaltiger Entwicklung

Ein bedeutender Vorläufer des aktuellen Leitbildes nachhaltiger Entwicklung ist die Forstwirtschaft. Der Begriff Nachhaltig wurde bereits von dem Freiberger Oberberghauptmann Hannß Carl von Carlowitz geprägt, der ihn vor etwa 300 Jahren in seiner Abhandlung „Sylvicultura oeconomica" in dem Jahr 1713 einführte. Seine Überlegungen gingen davon aus, dass der Bergbau und die Verhüttung einen hohen Holzbedarf verursachen. Es kam dazu, dass die Umgebung der Bergbaustätte häufig entwaldet war (Ott, Döring 2008, S. 22). Die Folge war, dass Holz von großer Entfernung, d. h. meistens über Flößer transportiert werden musste. Dadurch stiegen die Holzpreise und es kam zu der verbreiteten Befürchtung einer Holzknappheit. Die aufkommende Knappheit der Ressource Holz führte zu der Gefahr einer Beschränkung des wirtschaftlichen Wachstums.

Dieses Beispiel war im Prinzip ein Vorläufer der Diskussion über die „Grenzen des Wachstums". Daraus leitete von Carlowitz ab, dass in der Forstwirtschaft ökonomisches Handeln mit den Erfordernissen der Natur in Einklang zu bringen ist. Seine Maxime war: Es soll pro Jahr nicht mehr Holz geschlagen werden als nachwächst um die Verfügbarkeit der Ressource Holz nicht zu gefährden. Es handelt sich hierbei also um das in der Literatur heute weithin bekannte ressourcenökonomische Prinzip. Dieses Prinzip hat in der deutschen Forstwirtschaft auch heute noch Bestand.

Die Gefahr der Grenzen des Wachstums wurde dann 1972 in dem ersten Bericht an den Club of Rome mit dem Titel *„The Limits of Growth"* (deutsch *„Die Grenzen des Wachstums")* von Dennis Meadows et al. analysiert und aufgezeigt. Zuvor waren es bereits andere Ökonomen, die sich jedoch mehr den Kosten ökonomischen Wachstums zuwandten. Besondere Beachtung fand das Buch von Mishan mit dem Titel *„The Cost of Economic Growth"* das im Jahre 1963 veröffentlicht wurde. In diesem Zusammenhang sind auch noch Ökonomen wie Kenneth Boulding, John Galbraith und Georgescu-Roegen zu nennen, die auf die wachsenden Umweltprobleme aufmerksam machten.

Die wichtigste Botschaft des Berichtes „Die Grenzen des Wachstum" der in 28 Sprachen übersetzt wurde war, dass eine Fortschreibung der bisher dominierenden auf Wachstum ausgerichteten Wirtschaftsweise unter Berücksichtigung des Bevölkerungswachstums bis Mitte bzw. Ende des 21. Jahrhunderts zu einer großen wirtschaftlichen Beeinträchtigung führen würde. Der Bericht zeigte jedoch nicht nur die Probleme bzw. Bedrohungen auf, sondern gab auch Hinweise auf Auswege. Es ist unbestritten, dass der Bericht konzeptionelle und methodische Unzulänglichkeiten aufweist. Dennoch führte er zu einer intensiven Kontroverse besonders über das exponentielle Wirtschaftswachstum und über nicht erneuerbare Ressourcen, die im Prinzip bis in die Gegenwart reicht.

Der Bericht führte zu einer sehr gegensätzlichen Resonanz. Befürworter des Berichtes „Grenzen des Wachstums" wie Paul Ehrlich (1989) stellten besonders die Verknappung nicht erneuerbarer Ressourcen mit den im Bericht aufgezeigten Folgen heraus. Ein „Catching-up-Prozess" (wirtschaftlicher Aufholprozess) von Entwicklungsländern würde dazu führen, dass sich das dominierende Wachstumsmodell des exponentiellen Wachstums nicht aufrechterhalten ließe. Neben der Rohstoffverknappung wird in dem Bericht auch die mit dem Wirtschaftswachstum einhergehende

Zunahme der Schadstoffemissionen hervorgehoben. So kommt es neben der Rohstoffverknappung auch zu einer wachsenden Umweltverschmutzung. Die Kritiker halten dem Bericht vor, dass besonders der technische Fortschritt beziehungsweise der umwelttechnische Fortschritt aber auch die Umweltpolitik nicht ausreichend Berücksichtigung fanden.

2001 veröffentlichte Donella und Dennis Meadows eine Folgestudie mit dem Titel *„Beyond the Limits"* (deutsch: *„Die neuen Grenzen des Wachstums")*. Eine zentrale Erkenntnis bzw. Botschaft dieses Berichtes ist, dass die Simulationen und die Neubewertung der Daten zeigen, dass die Nutzung zahlreicher Ressourcen und die Akkumulation von Umweltschäden bereits die Grenzen des langfristig Zuträglichen überschritten haben. Dies ist eingetroffen, obwohl der umwelttechnische Fortschritt positiv verlaufen ist, das Umweltbewusstsein der Bevölkerung aber auch der Politiker zugenommen hat und die Umweltgesetze weiterentwickelt bzw. verschärft wurden.

Ein weiterer wichtiger Schritt zu dem Paradigma nachhaltiger Entwicklung war die 1980 unter dem Dach der Vereinten Nationen gegründete *„World Commission on Environment and Development"*. Sie setzte 1983 die Brundtland-Kommission unter dem Vorsitz der norwegischen Ministerpräsidentin Gro Harlem Brundtland ein, die 1987 den viel beachteten Brundtland-Bericht mit dem Titel *„Unsere gemeinsame Zukunft"* vorlegte.

> Die Menschen sollen ihr Handeln so organisieren, dass sie nicht auf Kosten der Natur, nicht auf Kosten anderer Menschen, nicht auf Kosten anderer Regionen, nicht auf Kosten anderer Generationen leben.
>
> Leitsatz der UNCED-Konferenz in Rio de Janeiro 1992

Nachhaltig ist eine Entwicklung nach dem Brundtland-Bericht, wenn gewährleistet wird, dass die Bedürfnisse der heutigen Generation befriedigt werden können, ohne die Möglichkeiten künftiger Generationen in der Befriedigung ihrer Bedürfnisse zu beeinträchtigen. Aus dieser Definition lassen sich vier konstitutive Elemente einer nachhaltigen Entwicklung ableiten:
- Konstitutiv ist zunächst das Prinzip der Verantwortung für kommende Generationen: Künftige Generationen sollen vergleichbare Möglichkeiten der Bedürfnisbefriedigung vorfinden, wie sie der heutigen Generation zur Verfügung stehen (intergenerative Gerechtigkeit). In den im Anhang des Abschlussberichts der Brundtland-Kommission aufgeführten Rechtsprinzipien wird explizit die „Gleichheit zwischen den Generationen" gefordert (Hauff 1987, S. 387).
- Die zweite damit eng verknüpfte Wertprämisse betrifft das Prinzip der intragenerativen Gerechtigkeit: Aus Sicht der Brundtland-Kommission bezieht die Verantwortung für soziale Gerechtigkeit zwischen den Generationen „logischerweise die Gerechtigkeit innerhalb jeder Generation" mit ein. „Nachhaltige Entwicklung erfordert, die Grundbedürfnisse aller zu befriedigen und für alle die Möglichkeit

zu schaffen, ihren Wunsch nach einem besseren Leben zu erfüllen" (Hauff 1987, S. 47).
- Ein weiteres konstitutives Element ist die globale Orientierung: Es ging der Brundtland-Kommission darum, eine Entwicklungsperspektive für die Weltgesellschaft als Ganzes aufzuzeigen. Auf der Basis des in der Kommission erreichten Grundkonsenses über die Erfordernisse einer global nachhaltigen Entwicklung sollten dann die einzelnen Staaten spezifische Ziele und Strategien zur Umsetzung der allgemeinen Forderungen auf der nationalen Ebene erarbeiten, die ihren jeweiligen Ausgangsbedingungen angemessen wären.
- Konstitutiv ist schließlich der anthropozentrische Ansatz des Leitbildes: Es geht um die Befriedigung von menschlichen Bedürfnissen heute und in Zukunft. Daraus folgt, dass die Natur als Mittel menschlicher Zwecke betrachtet wird. Auch dort, wo ihr Eigenwert als Lebens- und Erfahrungsraum zugeschrieben wird, geschieht dies aus der Sicht und nach den Wertmaßstäben des Menschen (Acker-Widmaier 1999, S. 63 ff.).

Die Bedingungen für eine nachhaltige Entwicklung wurden im Brundtland-Bericht wie folgt dargestellt:
- Mehr Output mit weniger Input produzieren (z. B. durch Naturschutz, Recycling und Ressourceneffizienz),
- Eindämmung des Bevölkerungswachstums,
- Umverteilung von Nord nach Süd,
- Übergang von Input- und Größenwachstum der Wirtschaft zu einer qualitativen Entwicklung.

Damit mehr Output mit weniger Input produziert werden kann, bedarf es verbesserter, d. h. umweltfreundlicher Technologien, ein größeres technisches Wissen und auch Veränderungen in Produktionsverfahren. Dazu müssen klare Vorgaben von Seiten der Politik erfolgen. Eine Eindämmung des Bevölkerungswachstums muss in den Staaten der Dritten Welt durchgesetzt werden. Das ist jedoch schwer zu erreichen, solange in vielen Entwicklungsländern noch große Armut und ein geringes Bildungsniveau, aber auch politische Instabilität und Korruption vorherrschen. Ein weiteres Problem ist, dass Umverteilung von den Reichen zu den Armen immer mit Zugeständnissen einiger reicherer Nationen zugunsten ärmerer Nationen einhergehen muss. Das ist in der Umsetzung oft schwierig und langwierig.

Besonders kontrovers wurde die Position des Brundtland-Berichtes zu dem Thema Wirtschaftswachstum diskutiert. In dem Brundtland-Bericht wird gefordert das wirtschaftliche Wachstum weltweit neu zu beleben um die wirtschaftlichen, gesellschaftlichen und umweltbelastenden Probleme zu verringern bzw. abzuwenden.

„Praktisch heißt dies schnelleres wirtschaftliches Wachstum sowohl in Industrie- wie auch in Entwicklungsländern, einen freieren Zugang zu den Märkten für Produkte der Entwicklungsländer, niedrigere Zinsen, größerer Technologietransfer und bedeutend größere Kapitalflüsse, und zwar sowohl mittels freiwilliger Hilfsleistungen als auch auf geschäftlicher Grundlage. [...] Insgesamt ist die Kommission dafür, dass das Wachstum weltweit mit Rücksicht auf die umweltbedingten Beschränkungen beschleunigt werden muss. (Hauff 1987, S. 92)"

Der Brundtland-Bericht weist insgesamt eine optimistische Grundstimmung auf. Der Bericht zeigt Möglichkeiten eines „sustainable growth" auf, indem technischer Fortschritt zur wirtschaftlichen Entwicklung, zum wirtschaftlichen Wachstum und zur Erhaltung der Umweltbedingungen beiträgt. Daher fand der Brundtland-Bericht international eine breite Zustimmung. Die Brundtland-Kommission machte schließlich den Vorschlag eine Weltkonferenz abzuhalten, die 1992 stattfand und den Rio-Prozess einleitete.

Auf der *United Nations Conference on Environment and Development* (UNCED) in Rio de Janeiro im Jahre 1992 verpflichteten sich 178 Nationen zu dem Leitbild nachhaltiger Entwicklung. Die Weltkonferenz führte dazu, dass das Leitbild nachhaltiger Entwicklung international eine große Popularität und eine wachsende politische Gestaltungsorientierung erfahren hat. Besondere Beachtung erfuhr die handlungsleitende Agenda 21. In diesem Aktionsprogramm geht es primär darum, Umwelt- und Entwicklungsprozesse, also die Anliegen von Industrie- und Entwicklungsländern zusammenzuführen. Das Programm besteht aus einer Vielzahl politischer Bekenntnisse, Ziele und die sich daraus ableitenden Maßnahmen. In der Agenda 21 werden auf 350 Seiten die verschiedenen Aufgabenfelder und Anspruchsgruppen dargestellt und erläutert *(UNCED 1992)*.

Auf der Rio-Konferenz wurden eine Reihe von weiteren Beschlüssen, wie die Rio-Deklaration zu Umwelt und Entwicklung (das Recht auf Entwicklung der heutigen und der zukünftigen Generationen entsprechend ihrer Bedürfnisse), die Klimarahmenkonvention (Stabilisierung der Treibhausgasemissionen zur Vermeidung einer Störung des Klimasystems), die Konvention über biologische Vielfalt (Biodiversitätskonvention) und die Waldkonvention (Bewirtschaftung und Erhaltung der Wälder nach dem Nachhaltigkeitsgrundsatz) gefasst. Keines der verabschiedeten Dokumente enthält jedoch konkrete und überprüfbare Verpflichtungen. Auch die Konventionen haben nur den Charakter von Rahmenbedingungen. Daher kam es nach der Rio-Konferenz zu einer Reihe von Folgeaktivitäten, wie die Weltbevölkerungskonferenz 1994, den Weltsozialgipfel 1995 und die Klimakonferenz (Kyoto-Protokoll) 1997.

Im Jahr 2002 fand die in Rio de Janeiro beschlossene Folgekonferenz, d.h. der zweite Weltgipfel für nachhaltige Entwicklung statt. Auf der Johannesburg-Konferenz wurde ein Implementierungsplan vorgelegt und verabschiedet, in dem neue Ziele und Programme für Umweltschutz und Armutsbekämpfung enthalten sind. 1997, d.h. im Vorfeld der Johannesburg-Konferenz wurde bereits vereinbart, dass alle Länder bis 2002 eine nationale Nachhaltigkeitsstrategie entwickeln sollen. Sie wurde auf der Johannesburg-Konferenz noch einmal eingefordert, da bis zu diesem Zeitpunkt nur wenige Länder eine Nachhaltigkeitsstrategie vorweisen konnten. Insgesamt zeichnete sich die Johannesburg-Konferenz durch eine Vielzahl von Kompromissen aus, die für die Erreichung eines Konsenses zwischen den beteiligten Ländern wichtig war. Daraus erklärt sich, dass die Aufbruchsstimmung („the Spirit of Rio"), die noch auf der UNCED 1992 vorherrschte, einer gewissen Ernüchterung gewichen war. Die nächsten Etappen auf internationaler Ebene sind die Jahre 2015 (Realisierung der „Millennium Development Goals") und im gleichen Jahr die Verabschiedung der Sustainable Development Goals (Agenda 2030) und 2017, in dem eine weltweite Bestandsaufnahme „25 Jahre nach Rio" stattfinden soll.

Infolgedessen ist das Leitbild nachhaltige Entwicklung überaus komplex. Es hat sich aber die Auffassung von der nachhaltigen Entwicklung als „regulative Idee" durchgesetzt. Die Übereinkunft zur nachhaltigen Entwicklung ist heute auch so zu interpretieren, dass die drei Dimensionen Ökologie, Ökonomie und Soziales gleichrangig in einer offenen Aushandlung unter Beteiligung aller Anspruchsgruppen zu berücksichtigen sind. Hierzu gab es jedoch in den vergangenen Jahren die Kontroverse „Ein-Säulen-Konzept versus Drei-Säulen-Konzept" (v. Hauff 2014, S. 6).

1.1.2 Darstellung des Paradigmas nachhaltiger Entwicklung

Aus ökonomischer Sicht (sustainability economics) stellt nachhaltige Entwicklung zunächst auf die langfristige Sicherung der Lebens- und Produktionsgrundlagen ab, die wegen ihrer Langfristigkeit durch Unsicherheit gekennzeichnet ist (Baumgärtner, Quaas 2010, S. 449). Die langfristige Sicherung der Lebens- und Produktionsgrundlagen führt auf der Grundlage intra- und intergenerationeller Gerechtigkeit zur Verbesserung der Lebensqualität bzw. der Wohlfahrt einer Gesellschaft. Der Anspruch nachhaltiger Entwicklung ist somit, die Umwelt global und dauerhaft zu erhalten, um auf dieser Grundlage die Wirtschaft und Gesellschaft weiter zu entwickeln, zu stabilisieren und im Gleichgewicht zu halten.

Die Differenzierung bzw. inhaltliche Konkretisierung nachhaltiger Entwicklung basiert auf der Dreidimensionalität, die sich seit Mitte der 1990er Jahre international durchgesetzt hat (Michelsen et al. 2016, S. 15). Sie basiert im Prinzip auf der Gleichrangigkeit der Dimensionen Ökologie, Ökonomie und Soziales. Dabei sollte jedoch beachtet werden, dass die Ökologie eine besondere Bedeutung aufweist (v. Hauff 2014, S. 7): die Beschädigung von Ökosystemen oft nicht wieder beseitigt werden (siehe hierzu beispielsweise den Klimawandel). Gleichzeitig ist die Funktionsweise von Ökosystemen eine wichtige Voraussetzung für die Produktion von Gütern und Dienstleistungen aber auch für das gesellschaftliche Zusammenleben. Das bedeutet, dass wirtschaftliches Handeln langfristig nur in den Grenzen der ökologischen Systeme tragfähig ist. Auf diesem grundlegenden Verständnis scheint es sinnvoll die Gleichrangigkeit der drei Dimensionen zu postulieren, da nur in diesem Dreiklang Gleichgewichte und Gerechtigkeit angestrebt und realisiert werden können. Das gilt auch in besonderem Maße für das Wirtschaftswachstum, wie in den folgenden Kapiteln noch gezeigt wird.

Die drei Dimensionen nachhaltiger Entwicklung sollen nun durch ihre inhaltliche Konkretisierung verdeutlicht werden.

Ökologische Nachhaltigkeit: Die Menschheit ist ohne eine bestimmte Qualität und Stabilität der Natur bzw. der ökologischen Systeme nicht überlebensfähig. Orientiert man sich an dem Prinzip der Rationalität, so begründet sich die ökologische Nachhaltigkeit daraus, dass die ökologischen Systeme die Lebensgrundlage (Life Support System) aller menschlichen Aktivitäten sind (v. Hauff 2014, S. 23). Oder anders formuliert: Das ökonomische System kann für sich alleine nicht nachhaltig sein, da seine dauerhafte Existenz von dem Zusammenspiel der Wirtschaft mit dem ökologischen System abhängt. Obwohl das heute nicht mehr in Frage gestellt wird, hat die Natur teilweise schon ein Niveau der Übernutzung erreicht, die von der Menschheit verursacht wurde und die für die Menschheit – besonders für die nächsten Generationen – zunehmend bedrohlich wird.

Das gilt sowohl für den Abbau und die Nutzung von Rohstoffen als auch für die zunehmende Belastung durch Emissionen. Die Geschwindigkeit der schnell voranschreitenden ökologischen Belastungen und die sich daraus ergebenden Bedrohungspotenziale machen es erforderlich, das Verhältnis der Menschheit zu ihren natürlichen Lebensgrundlagen neu zu bestimmen und neu zu gestalten. Die ökologische Nachhaltigkeit fordert sowohl von den Akteuren der Politik, der privaten Wirtschaft, von sonstigen Organisationen wie Hochschulen, Verbänden und den Haushalten eine stärkere Anpassung ihrer Handlungen an die Belastbarkeit ökologischer Systeme. Die Natur bietet neben den ökonomischen Funktionen auch andere Funktionen, die für die Lebensqualität der Menschen eine große Bedeutung haben: die Natur als Lebensraum (Regenerationsfunktion) oder als Ort ästhetischen Genusses (Grunwald, Kopfmüller 2012, S. 43). Die ökologische Nachhaltigkeit fordert daher die Einhaltung von Handlungsregeln, wie sie in der folgenden Abbildung aufgezeigt werden. Weiterhin fordern sie jene Ökosysteme konsequent zu schonen, die für das Überleben der Menschheit notwendig sind.

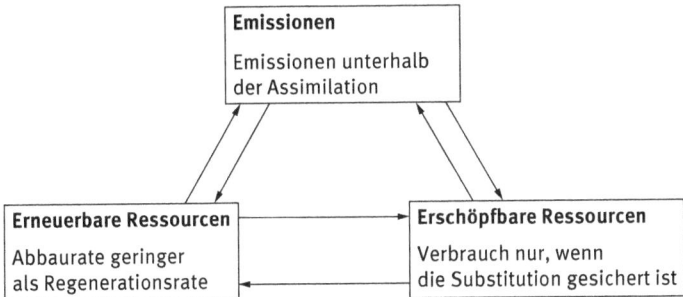

Abbildung 1: Handlungsregeln für eine Nachhaltige Entwicklung (Quelle: in Anlehnung an Daly 1990, S. 2)

Aus der Abbildung 1 wird deutlich, dass
- erneuerbare Ressourcen nur in dem Maße abgebaut werden dürfen, in dem sie sich erneuern können,
- nicht erneuerbare Ressourcen nur dann verbraucht werden dürfen, wenn die Substitutionsmöglichkeit zur Verminderung zukünftigen Ressourcenabbaus geschaffen werden sowie
- die Grenzen der Aufnahmefähigkeit der Natur als Senke für Emissionen beachtet werden.

Es ist hinreichend belegt, dass die Menschen sowohl von dem Abbau und der Nutzung von Rohstoffen, als auch von der zunehmenden Belastung durch Emissionen sehr unterschiedlich profitieren bzw. belastet werden. Es ist weiterhin unbestritten, dass die zukünftigen Generationen durch den weiteren Abbau von Rohstoffen aber auch durch die zunehmende Belastung durch Emissionen stärker als die heute lebende Generation belastet werden. Insofern ist davon auszugehen, dass weder die intra- noch die intergenerationelle Gerechtigkeit zumindest aus heutiger Perspektive befriedigend realisiert werden.

Ökonomische Nachhaltigkeit: Die ökonomische Nachhaltigkeit zielt auf die Erhaltung eines gewünschten Lebensniveaus im Zeitablauf ab. Das lässt sich im Rahmen eines Indikatorensystems konkretisieren. Dies erfordert jedoch eine Änderung der dominierenden Produktionsweise und Konsumstile, die primär über Indikatoren, wie das Bruttoinlandsprodukt bzw. das Pro-Kopf-Einkommen, definiert sind. Eine gewünschte Lebensqualität erfordert neben der Erhaltung der materiellen auch die Erhaltung der immateriellen Lebensgrundlagen.

Einen anderen Zugang zu der ökonomischen Nachhaltigkeit bietet die Wachstumstheorie. Deren Kernaussage ist, dass im langfristigen Gleichgewicht eine Steigerung des Wachstums besonders durch technischen Fortschritt, Ausgaben für Forschung und Entwicklung und ein verbessertes Humankapital möglich ist. In den Wirtschaftswissenschaften gibt es jedoch zumindest seit dem ersten Bericht an den Club of Rome „Grenzen des Wachstums" eine intensive Kontroverse über die langfristige Realisierung von Wachstumsraten. In diesem Zusammenhang ist daran zu erinnern, dass in dem Bericht der Brundtland-Kommission die Relevanz des technischen Fortschritts und des wirtschaftlichen Wachstums besonders zur Armutsbekämpfung hervorgehoben wird (Hauff 1987). Die Notwendigkeit positiver Wachstumsraten wird jedoch nicht nur im Kontext der Bekämpfung von Armut in Entwicklungsländern, sondern auch mit der Notwendigkeit für die Erhaltung sozialer Sicherungssysteme, für die Erhaltung bzw. Erhöhung der staatlichen Einnahmen zur Bewältigung der vielfältigen Aufgaben und der Sicherung bzw. dem Ausbau von Arbeitsplätzen in Industrieländern begründet.

Das führt zu der Frage, wie technischer Fortschritt auf die Inanspruchnahme der Produktionsfaktoren Arbeit, Sachkapital und natürliches Kapital wirkt. Geht man davon aus, dass der technische Fortschritt arbeits- oder kapitalvermehrend ist, während die Produktivität des natürlichen Kapitals nicht bzw. nicht in gleichem Maße steigt, induziert Wachstum einen höheren Einsatz natürlicher Ressourcen bzw. eine höhere Beanspruchung der Aufnahmekapazität der Umweltmedien (Hillebrand et al. 2000, S. 32). Langfristig führt das zu einer Überlastung der Umwelt. Durch einen umweltorientierten technischen Fortschritt kann es aber auch zu einer Entkopplung von Wachstum und der Nutzung des natürlichen Kapitals bzw. der Natur als Senke kommen. Die Entkopplung kann neben technischen Innovationen durch soziale und institutionelle Innovationen noch verstärkt werden (Beemsterboer, Kemp 2016, S. 72). Die Relevanz dieser Ausführungen wird in den folgenden Kapiteln noch vertieft.

Betrachtet man die ökonomische Nachhaltigkeit aus der Perspektive der Nachfrageseite, so zielt sie auf die Aufrechterhaltung bzw. die Steigerung einer gewünschten Lebensqualität im Zeitablauf ab. Dabei wird die Lebensqualität oft mit ökonomischem Wohlstand und daher mit dem Indikator des Bruttoinlandsproduktes (BIP) bzw. pro-Kopf-Einkommens verbunden. Das Wohlbefinden der Bürger wird jedoch zunehmend von einem stetigen Wirtschaftswachstum abgekoppelt (vgl. hierzu Abschnitt 2.2). Einerseits ist nicht sichergestellt, dass alle Bevölkerungsgruppen von einem steigenden pro-Kopf-Einkommen als Durchschnittsgröße profitieren und zum anderen können sich auch negative ökologische Ereignisse positiv darin niederschlagen (z. B. durch die Erfassung von Aufbauarbeiten nach Natur- bzw. Umweltkatastrophen). In diesem Kontext wird zunehmend ein nachhaltiges Wachstum gefordert.

Soziale Nachhaltigkeit: In der wirtschaftswissenschaftlichen Diskussion zur nachhaltigen Entwicklung findet die soziale Dimension eine wachsende Aufmerksamkeit. Dennoch hat sie bisher nicht die Bedeutung erfahren wie die beiden anderen Dimensionen. Hier ist die soziale Nachhaltigkeit, die den gesellschaftlichen Zusammenhalt in Humanität, Freiheit und Gerechtigkeit zum Ziel hat, nicht weniger bedeutend als die zwei anderen Dimensionen, um die Zukunftsfähigkeit einer Gesellschaft bzw. einer Volkswirtschaft zu gewährleisten (v. Hauff, Schiffer 2010, S. 1). In diesem Zusammenhang spricht man auch von der Kohäsionsfunktion sozialer Nachhaltigkeit.

Einen möglichen theoretischen Zugang zur sozialen Nachhaltigkeit bietet die Neue Institutionenökonomik. In der Neuen Institutionenökonomik geht es um formelle und informelle Normen und Regeln, die den dauerhaften Zusammenhalt einer Gesellschaft begünstigen oder beeinträchtigen können. Ein wichtiger Ansatz innerhalb der Neuen Institutionenökonomik ist der Transaktionskostenansatz. Danach weisen alle Güter physische sowie eigentumsrechtliche Merkmale auf, wobei bei der Änderung von Letzteren Transaktionskosten entstehen (North, Wallis 1994, S. 611 ff). Dabei können die Transaktionskosten unterschiedlich hoch ausfallen (Scott 2006, S. 207). In Bezug auf die soziale Nachhaltigkeit bedeutet dies, dass eine Norm, die den gesellschaftlichen Zusammenhalt fördert, dann von der Gesellschaft anerkannt wird, wenn ihr Grenznutzen (z. B. die Sicherheit) ihre Grenzkosten (z. B. die Einschränkung der individuellen Handlungsmöglichkeiten) übersteigt (v. Hauff 2014, S. 39).

Eine Verknüpfung zwischen individueller Nutzenmaximierung und dem gesellschaftlichen Wohlergehen bieten interdependente Nutzenfunktionen. Individuen sind demnach bereit, ein nicht normenkonformes, die Gemeinschaft schädigendes Verhalten anderer Gesellschaftsmitglieder zu sanktionieren, auch wenn es sie scheinbar nicht direkt betrifft (Voigt 2009, S 196). Ein Individuum sorgt sich demnach nicht nur um sein eigenes Wohlergehen, sondern auch um das seiner Mitmenschen und das der zukünftigen Generationen, wenn seine eigene Nutzenfunktion positiv von deren Güterbündeln abhängt.

Gerechtigkeit in Verbindung mit der sozialen Dimension nachhaltiger Entwicklung geht mit gerechter Verteilung von Sozialkapital, den Ressourcen, die nach Pierre Bourdieu auf der Zugehörigkeit zu einer Gruppe beruhen, einher (Bourdieu 1983, S. 190 f). Das kann dann erfolgen, wenn man zwischen den unterschiedlichen Gesellschaftsgruppen eine Verbindung herstellt (Stiglitz, Senn, Fitoussi, 2009, S. 10). Eine besondere Bedeutung kommt dabei dem lebenslangen Lernen, das zur Bildung und Weiterentwicklung individueller Kompetenzen beiträgt und dem Zugang zur Kultur zu. Dabei kann Kultur in ihrem weitesten Sinne

> „als die Gesamtheit der einzigartigen geistigen, materiellen, intellektuellen und emotionalen Aspekte angesehen werden (…), die eine Gesellschaft oder eine soziale Gruppe kennzeichnen. Dies schließt nicht nur Kunst und Literatur ein, sondern auch Lebensformen, die Grundrechte des Menschen, Wertsysteme, Traditionen und Glaubensrichtungen" (Deutsche UNESCO- Kommission e. V. 2010).

Die inhaltliche Konkretisierung der drei Dimensionen konnte nur ansatzweise deren Beziehung zueinander aufzeigen. Weiterhin stellt sich die Frage nach der optimalen Bewirtschaftung der drei Kapitalarten, die zu einem Optimum menschlichen Wohlergehens führen soll. Daher ist es wichtig, die Komplementarität der drei Dimensionen zu analysieren und zu verdeutlichen. In der neueren Diskussion wird beispielsweise zunehmend die Rolle des sozialen Kapitals für die Erhaltung, die Akkumulation und Produktivität der beiden anderen Kapitalarten wie Sachkapital und Naturkapital diskutiert. Das lässt sich durch die Bereiche der Rechtssicherheit, der Verwirklichung von Chancengleichheit und der Partizipation (z. B. Bürgerbeteiligung), die der sozialen Nachhaltigkeit zuzuordnen sind, nachweisen.

Die Vermeidung von Schul-, Hochschul- und Berufsabbrechern durch die Förderung deren Potenzials führt zum Wachstum des Humankapitals, was für die Entwicklung des Wirtschaftswachstums in der endogenen Wachstumstheorie von großer Bedeutung ist. Aber auch die ökologische Nachhaltigkeit kann für die ökonomische Nachhaltigkeit einen wichtigen Beitrag leisten: So lässt sich exemplarisch verdeutlichen, dass saubere Luft und sauberes Wasser die menschliche Gesundheit und die Produktivität von Humankapital erhalten bzw. verbessern und vice versa. Es lässt sich also begründen, dass die Synergien aus der Komplementarität von zwei oder mehr Kapitalarten die Lebensqualität erhöhen.

1.2 Die Dominanz der ökologischen Nachhaltigkeit

In dem Konzept nachhaltiger Entwicklung hatte die ökologische Dimension bzw. die ökologische Nachhaltigkeit lange eine eindeutige Dominanz. Das erklärt sich – wie schon erwähnt – hauptsächlich daraus, dass der Natur bzw. den Öko-Systemen als Lebens- und Wirtschaftsgrundlage der Menschheit eine zentrale Bedeutung zukommt. Die beiden anderen Dimensionen Ökonomie und Soziales werden in diesem Zusammenhang der ökologischen Dimension so zugeordnet, dass der Umweltschutz ökonomie- und sozialverträglich zu gestalten ist. Ökologische Überlastungen sind im Gegensatz zu vielen ökonomischen und sozialen Fehlentwicklungen zumindest kurz- und mittelfristig nicht reparabel. Aus diesem Grund wird die Dominanz der ökologischen Nachhaltigkeit beispielsweise auch in Gutachten des Sachverständigenrates für Umweltfragen vertreten.

Diese Einschätzung lässt sich durchaus vertreten, auch wenn das sogenannte „Drei-Säulen-Konzept" von einer Gleichrangigkeit der drei Dimensionen Ökologie, Ökonomie und Soziales ausgeht. Dabei sollte jedoch die spezifische Bedeutung der ökologischen Dimension „mitgedacht" werden. Aus diesem Grund stand bisher auch die Umweltschutzpolitik im Vordergrund der Politik nachhaltiger Entwicklung. In diesem Zusammenhang ist auch zu verstehen, dass in Deutschland die Begrifflichkeit „Sustainable Development" zu Beginn mit „dauerhaft umweltgerechte Entwicklung" übersetzt wurde.

In Deutschland wurde bereits zu Beginn der 1970er Jahre eine aktive Umweltschutzpolitik eingeführt. Die ökologische Dimension bzw. Komponente wurde damit in der Wirtschaftsordnung bzw. Wirtschaftsverfassung verankert. Dabei wurde auch das Konzept der Sozialen Marktwirtschaft zu einer „öko-sozialen Marktwirtschaft" weiterentwickelt. Hierbei wurde die ökologische Dimension hinsichtlich ihrer Relevanz und Ausgestaltung ähnlich kontrovers wie die soziale Dimension diskutiert. Auch heute noch stehen sich hinsichtlich der Funktionsweise des Marktes gegensätzliche Positionen unversöhnlich gegenüber. In diesem Zusammenhang stellt Kirchgässner zurecht die Frage, ob der Markt ökologisch und sozial verantwortliches Handeln fördert oder ob er es zumindest zulässt. Obwohl er das vielfältige soziale und ökologische Verantwortungsbewusstsein einzelner Unternehmen und sonstiger Akteure anerkennt, kommt er doch zu der Schlussfolgerung:

> „So nützlich Märkte für die wirtschaftliche Entwicklung sind und so wichtig die Rolle ist, die dabei der Wettbewerb spielt, Wettbewerbsmärkte vermitteln von sich aus zu wenig Anreize im Hinblick auf ökologisch und sozial nachhaltiges Handeln" (Kirchgässner 2002, S. 393).

Eine besondere Bedeutung hat in den 1990er Jahren in Deutschland die Diskussion um die ökologische Modernisierung des technischen Fortschritts erlangt. Sie zielt auf ein alternatives Verständnis von Politik und besonders Umweltpolitik ab, das von komplexen, dynamischen und vernetzten Innovationsprozessen ausgeht. Eine Konkretisierung fand in der Vergangenheit durch das Thema „ökologische Industriepolitik" statt. Dabei ist es notwendig eine klare Zielsetzung sowie strategische, anreizbasierte und transparente industriepolitische Instrumente zu entwickeln. Hierfür ist ein konsistenter bzw. kohärenter Politikstil notwendig, der besonders auch in der Wachstumspolitik verankert sein sollte. Daher wendet sich das folgende Kapitel drei der Beziehung zwischen Wirtschaftswachstum und Umwelt zu.

1.3 Die Durchsetzung der Dreidimensionalität nachhaltiger Entwicklung

Die Übereinkunft zu nachhaltiger Entwicklung wird heute international so interpretiert, dass die drei Dimensionen Ökologie, Ökonomie und Soziales gleichrangig in einer offenen Aushandlung unter Beteiligung aller Anspruchsgruppen zu berücksichtigen sind. Auf EU-Ebene hat sich die Dreidimensionalität nachhaltiger Entwicklung schon früh durchgesetzt. So

> „ist der Dreiklang Umweltschutz, wirtschaftlicher und sozialer Fortschritt bereits in der Präambel zum EUV (EU Vertrag) enthalten, verbunden durch den Grundsatz der nachhaltigen Entwicklung, der damit diesen Dreiklang ausfüllt und von dem Ziel eines starken Umweltschutzes nicht unbeeinflusst bleiben kann. Dadurch ist der Umweltschutz zum notwendigen integralen Bestandteil der wirtschaftlichen und sozialen Entwicklung geworden (Frenz, Unnerstall 1999, S. 173)".

Auch die Enquete-Kommission[1] „Schutz des Menschen und der Umwelt" (1998) hat das Drei-Säulen-Modell als konzeptionelle Grundlage gewählt. In diesem Sinne vertrat das Bundesministerium für Umwelt, Naturschutz und Reaktorsicherheit (BMU) die Auffassung, dass der Kern des Leitbildes der nachhaltigen Entwicklung auf der Kenntnis beruhe, dass Ökologie, Ökonomie und soziale Sicherheit eine untrennbare Einheit bilden (BMU 1997, S. 9).

Das Drei-Säulen-Modell wurde jedoch mehrfach kritisiert. Es ist in der Tat unbefriedigend, dass in dem Drei-Säulen-Modell die Säulen Ökologie, Ökonomie und Soziales nebeneinanderstehen. In diesem Kontext wird der Begriff der Nachhaltigkeit dann zu einer Art Dach über einer Säulenreihe. Es kommt zu einer Partialoptimierung, bei der die Integration der drei Säulen fehlt (Ott, Döring 2008, S. 38). Daher wurde in diesem Zusammenhang das „integrierende Nachhaltigkeitsdreieck" entwickelt und eingeführt (v. Hauff 2014, S. 169). Mit dieser Methode wird das Innere des Dreiecks als Kontinuum der drei Dimensionen vollständig ausgefüllt. Es führt die drei Dimensionen zusammen, um der Anforderung nach Integration gerecht zu werden. Es lassen sich zunächst Bereiche abgrenzen, die anschließend in Handlungsfelder untergliedert werden (siehe Abbildung 2).

---

[1] Enquete-Kommission ist eine überfraktionelle Arbeitsgruppe, die vom Deutschen Bundestag oder einem Landesparlament eingesetzt wird.

Dabei verlaufen die Überschneidungen nicht kontinuierlich, sondern sind abgestuft. Der gewählte Detaillierungsgrad ist ein Kompromiss zwischen den Anforderungen einer größtmöglichen Zusammenführung und einer analytischen Differenzierung nach den drei Dimensionen. In diesem Kontext lassen sich auch potenzielle Konflikte zwischen den einzelnen Handlungsfeldern ableiten und Möglichkeiten aufzeigen, wie diese zu reduzieren bzw. zu beseitigen sind. Typisch hierfür ist der grundlegende Gegensatz zwischen Ökologie und Ökonomie, der im Rahmen der Ökoeffizienz zumindest verringert werden kann.

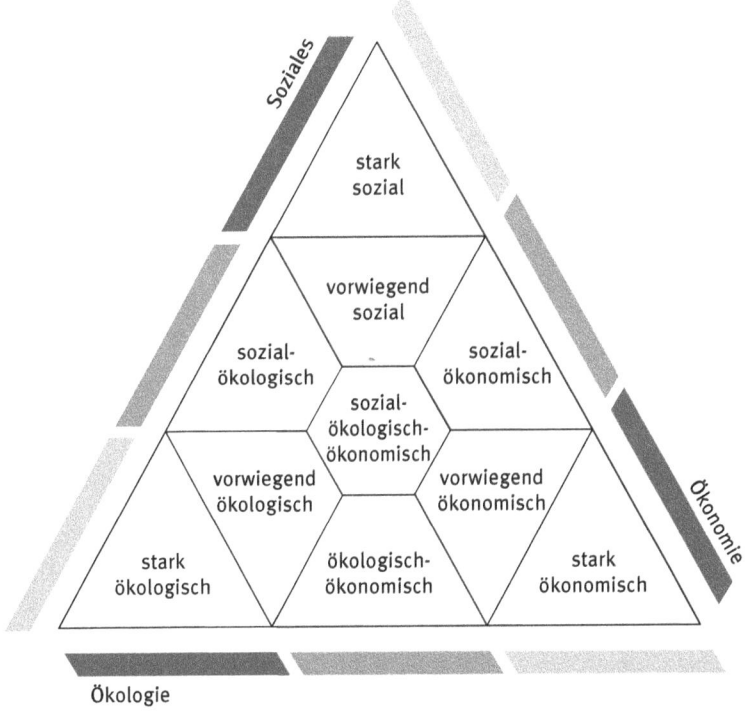

Abbildung 2: Das Integrierende Nachhaltigkeitsdreieck (Quelle: v. Hauff 2014, S. 170)

Nach der Klärung der methodischen Vorgehensweise geht es nun zusammenfassend um die inhaltliche Konkretisierung nachhaltiger Entwicklung. Es geht – wie schon erwähnt – um die langfristige Sicherung der Lebens- und Produktionsgrundlagen. Dabei gilt zu berücksichtigen, dass die Langfristigkeit durch Unsicherheiten gekennzeichnet ist. Die langfristige Sicherung der Lebens- und Produktionsgrundlagen führt auf der Grundlage intra- und intergenerationeller Gerechtigkeit zur Verbesserung der Lebensqualität bzw. der Wohlfahrt der heute lebenden und der zukünftigen Generationen.

Dabei ist Wohlfahrt eindeutig von einem rein quantitativen wirtschaftlichen Wachstum zu unterscheiden. Wohlfahrt lässt sich interpretieren als die Gesamtheit der materiellen und der immateriellen Güter, die zu Wohlstand und Wohlergehen beitragen. Sie werden aus dem verfügbaren Reichtum eines Landes an wirtschaftlichem, natürlichem bzw. ökologischem und sozialem Kapital erhalten bzw. vermehrt. Entsprechend ist das Ziel nicht nur auf die Erhaltung und Vermehrung des ökonomischen Kapitals (Produktivkapital) und Finanzkapitals (Vermögenswerte) ausgerichtet, sondern auch auf Ökosysteme, Landschaften, Artenreichtum, Qualität von Luft, Wasser und Boden und die Dienstleistungen der Ökosysteme sowie das Human- und Sozialkapital (Bildung, kulturelles Erbe, soziale Gerechtigkeit, soziale Netze, Gesundheit und Qualität der Sozialsysteme) (Diefenbacher u. a. 2016, S. 12).

Der Anspruch nachhaltiger Entwicklung ist somit, die Umwelt global und dauerhaft zu erhalten, um auf dieser Grundlage die Wirtschaft und Gesellschaft weiter zu stabilisieren und zu entwickeln, d. h. im Gleichgewicht zu halten. Daher ist zu berücksichtigen, dass die Funktionsweise von Ökosystemen eine wichtige Voraussetzung für die Produktion von Gütern und Dienstleistungen, aber auch für das gesellschaftliche Zusammenleben ist. Auf dieser Grundlage ist die Gleichrangigkeit der drei Dimensionen zu verstehen. Nur die Berücksichtigung und Zusammenführung der drei Dimensionen kann zu einer Sicherung bzw. Verbesserung der Lebensqualität führen.

2 Die Beziehung zwischen Wirtschaftswachstum und Umwelt

Die Beziehung zwischen Wirtschaftswachstum und Umwelt fand in den letzten Jahrzehnten sowohl in der wirtschaftswissenschaftlichen als auch in der politischen Diskussion eine zunehmende Beachtung. Es besteht ein breiter Konsens, dass Wirtschaftswachstum zu Umweltschädigungen führen kann. Über die Konsequenzen daraus gibt es jedoch beispielsweise in der wachstumstheoretischen Diskussion unterschiedliche Positionen. Daher ist es sinnvoll sich zunächst mit der inhaltlichen Konkretisierung von Wirtschaftswachstum zu beschäftigen. Dabei geht es sowohl um methodische Fragen (wie wird Wachstum gemessen und welche Probleme ergeben sich daraus) als auch um inhaltliche Fragen (was leistet Wachstum aus volkswirtschaftlicher Sicht).

Dabei wird deutlich, dass es heute eine breite Diskussion über die Relevanz des Indikators Bruttoinlandsprodukt (BIP) gibt. In diesem Kontext entstand in den letzten Jahrzehnten eine Vielzahl neuer Indikatoren, die aus der Umweltproblematik abgeleitet wurden oder die dem Anspruch nachhaltiger Entwicklung gerecht werden sollen. Dabei ist teilweise nicht geklärt, ob es sich hierbei um alternative Indikatoren oder komplementäre Indikatoren zum BIP handelt. Auffällig ist, dass der Indikator Bruttoinlandsprodukt alle „Attacken" durch andere Indikatoren bisher gut überstanden hat und auch in Zukunft weiterbestehen und auch dominieren wird. So steht dieser Indikator auch im Fortschrittsbericht der nationalen Nachhaltigkeitsstrategie Deutschlands von 2016 nicht zur Disposition. Dort wird festgestellt: „*Die Bundesregierung richtet ihre Wirtschafts- und Finanzpolitik darauf aus, die Wachstumsdynamik zu steigern, das Wachstumspotential weiter zu erhöhen und Wirtschaftswachstum insgesamt nachhaltiger zu gestalten*" (Die Bundesregierung 2017, S. 122). In diesem Zusammenhang wird die Bundesregierung prüfen, wie neue Fortschrittsmaße für nachhaltige Entwicklung das Bruttoinlandsprodukt ergänzen können.

Der folgende Abschnitt wendet sich zunächst der Bewertung und Messung wirtschaftlichen Wachstums zu. Dabei geht es um die Diskussion, ob der Wachstumsindikator Bruttoinlandsprodukt im Kontext der Beziehung Wirtschaftswachstum und Umwelt noch adäquat ist. In einem zweiten Schritt wird dann auch die Beziehung Wachstum und nachhaltige Entwicklung erläutert. In Abschnitt 2.2 geht es um Konsum und Nachhaltigkeit bevor in Abschnitt 2.3 die Kontroverse zu den Grenzen des Wachstums erörtert werden, die im ersten Kapitel im Rahmen des Berichts „Die Grenzen des Wachstums" kurz aufgezeigt wurde. Hierzu gibt es konträre Positionen, die bis heute noch bestehen. In Abschnitt 2.4 werden schließlich einige empirische Erkenntnisse zu der Beziehung von Wirtschaftswachstum und Umwelt erläutert. Dabei wird deutlich, dass Wachstum hinsichtlich der Umweltbelastung differenziert werden muss. Eine Aufschlüsselung der Volkswirtschaft nach Sektoren bzw. Branchen verdeutlicht, dass es zu ganz unterschiedlichen Graden der Umweltbelastung kommt, was bei der Bewertung von Wachstum sowohl von Befürwortern als auch Gegnern quantitativen Wachstums oft völlig vernachlässigt wird.

2.1 Die Bewertung und Messung von Wirtschaftswachstum

Die Bewertung von Wirtschaftswachstum und des entsprechenden Indikators Sozialprodukt erfolgt seit vielen Jahren kontrovers. Die kritische Reflexion begann bereits Ende der 1960er Jahre. Gegenwärtig nimmt die Kritik im Kontext einer Reihe von Krisen wieder zu. Dabei sind bei der Kontroverse verschiedene Positionen zu erkennen, die nicht immer ganz klar voneinander abgegrenzt sind. Unterschiedliche Begrifflichkeiten, wie quantitatives Wachstum, qualitatives Wachstum, inklusives Wachstum oder Null-Wachstum, verdeutlichen das (vgl. hierzu v. Hauff 2015).

Neuere Einschätzungen, von denen nur zwei exemplarisch aufgeführt werden sollen, zeigen zusätzlich eine wachsende kritische Grundstimmung auf. Biedenkopf stellte stellvertretend für andere Kritiker in einem Interview fest, dass Wachstum zum Fetisch geworden sei, das zu irrationalen Konsequenzen, wie der Ausbeutung von Ressourcen, der Zerstörung des Klimas und der Belastung nachfolgender Generationen geworden sei. Von Stiglitz wird die internationale Finanzkrise mit der Sucht nach Wachstum begründet (Stiglitz 2010a, S. 199ff).

Ein wichtiger Ausgangspunkt für eine inhaltliche Analyse ist die Messung wirtschaftlichen Wachstums, die über den Indikator Sozialprodukt erfolgt (Hamilton, Atkinson 2006, S. 6; v. Hauff 2015, S. 14). Hierbei bildet das Bruttoinlandsprodukt zu Marktpreisen (BIP, englisch: Gross Domestic Product GDP) die wichtigste Größe zur Beschreibung der gesamtwirtschaftlichen Produktion einer Volkswirtschaft. Daher werden sich die folgenden Ausführungen auf das BIP konzentrieren. Die Messung des BIP erfolgt entweder über die Produktionsseite oder das Volkseinkommen. Dabei wird mit dem Bruttoinlandsprodukt der Gesamtwert aller in einem Zeitraum produzierten Güter und Dienstleistungen innerhalb einer Volkswirtschaft gemessen. Es gilt das sogenannte Inlandsprinzip. Dieser traditionsreiche Indikator zeigt im allgemeinen Verständnis die wirtschaftliche Entwicklung bzw. Leistungsfähigkeit einer Volkswirtschaft auf. Mit einem steigenden Inlandsprodukt wird besonders im politischen Bereich ein höheres Wohlstandsniveau einer Gesellschaft verbunden. Auf internationaler Ebene wird der Indikator Bruttoinlandsprodukt vielfach genutzt um die wirtschaftliche Entwicklung von Volkswirtschaften miteinander zu vergleichen.

Die aktuelle Diskussion zum Bruttoinlandsprodukt als dem einzigen Wachstums- oder Wohlstandsindikator steht besonders im Kontext der sich verschärfenden Krisensymptome bzw. Ungleichgewichte. Zu diesen zählen der durch Umweltbelastungen verursachte Klimawandel, die wachsenden Einkommensdisparitäten in vielen Ländern, die internationale Finanzkrise aber auch die Tendenzen zur Entsolidarisierung von Gesellschaften. Das Paradigma, wonach Wachstum mehr ökonomische Wahlmöglichkeiten eröffnet, wird unter Berücksichtigung der exemplarisch aufgeführten Krisensymptome immer mehr in Frage gestellt.

Die Erkenntnis, dass wirtschaftliches Wachstum zu mehr Umweltbelastungen und Ungleichheit führen kann und mit vielfältigen Folgekosten besonders im Bereich der Umwelt einhergeht, findet in zunehmendem Maße Zuspruch. Daher wird teilweise eine Verengung der Wahlmöglichkeiten und eine Verschlechterung der Lebensqualität beklagt. Die Kontroverse wird gegenwärtig jedoch auf der Grundlage sehr unterschiedlicher Motive bzw. Argumentationslinien geführt. Daher erscheint es notwendig, die verschiedenen Positionen der Kontroverse abzugrenzen und zu systematisieren. So kann aufgezeigt werden, ob und welche möglichen Alternativen es für diesen Indikator gibt.

Die Kontroverse wird aber auch durch das neue Paradigma der nachhaltigen Entwicklung, das sowohl in den Wirtschaftswissenschaften als auch in der Politik, zumindest in bescheidenem Umfang, Einzug findet, gefördert. Die inhaltliche Konkretisierung eines nachhaltigen Wachstums blieb bisher noch vage und findet im Mainstream der wirtschaftswissenschaftlichen Literatur zu dem Thema Wachstum nur eine relativ geringe Beachtung. Zur Bewertung des Indikators BIP und von Wachstum stellt Stiglitz fest:

> „Das BIP ist ein nützlicher Maßstab für das Wirtschaftswachstum, aber es ist nicht die bestimmende Kennzahl für den Entwicklungsstand. Wachstum muss nachhaltig sein. [...] Und so kann man auch das BIP steigern, indem man die Umwelt zerstört, knappe Ressourcen ausbeutet oder Kredite im Ausland aufnimmt – aber diese Art von Wachstum ist nicht nachhaltig" (Stiglitz 2008, S. 225)

Daher erscheint es auch in diesem Kontext sinnvoll, die Kritik an dem Indikator Bruttoinlandsprodukt zu analysieren und Indikatoren aufzuzeigen, die dem Anspruch nachhaltiger Entwicklung gerecht werden. Dabei geht es dann jedoch nicht mehr nur darum einen quantitativen Indikator zur Messung der Leistungsfähigkeit einer Volkswirtschaft zu entwickeln. Nachhaltigkeitsorientierte Indikatoren müssen in der Lage sein die gesellschaftliche Wohlfahrt und deren Entwicklung in einem umfassenderen Sinne zu messen.

In dem folgenden Abschnitt geht es zunächst um die Frage nach dem Ursprung des Indikators Bruttoinlandsprodukt und darum, was dieser Indikator anzeigen sollte. Anschließend werden dann Indikatoren vorgestellt und diskutiert, die als Folge der Kritik am Indikator Bruttoinlandsprodukt entwickelt wurden. Daraufhin wird schließlich die neuere Diskussion um Nachhaltigkeitsindikatoren aufgezeigt und systematisiert. Im Anschluss geht es um die Beziehung der verschiedenen Indikatoren zueinander. Es stellt sich die Frage, ob es sinnvoll ist sich auf einen „integrierenden Indikator" weltweit zu verständigen, der beispielsweise möglichst viele Teilindikatoren der gesellschaftlichen Wohlfahrt enthält.

2.1.1 Sozialprodukt: Ursprung und Anspruch

Der Begriff Sozialprodukt ist eine deutsche Sprachschöpfung, während in der übrigen Welt der Begriff Nationalprodukt Verwendung fand. Es stellt sich nun die Frage, wie es zu diesem Begriff kam und was er inhaltlich zum Ausdruck bringen sollte. Der Begriff Sozialprodukt wurde primär von Joseph Schumpeter (1911) geprägt und wurde durch mehrere Publikationen von ihm populär. Nach dem Zweiten Weltkrieg wurde der Begriff Bruttosozialprodukt eingeführt, der gemeinsam mit dem Volkseinkommen in den 1990er Jahren offiziell durch die Konzepte und Begriffe des Europäischen Systems Volkswirtschaftlicher Gesamtrechnung weiter entwickelt wurde. Das statistische Bundesamt verwendet in seinen Veröffentlichungen jedoch weiterhin das Bruttonationaleinkommen und fügt in Klammern den Begriff Bruttosozialprodukt bei. Da der Begriff Sozialprodukt eine „historisch-spezifische Aussagekraft" hat, gilt es diese im Folgenden zu klären (Voy 2004, S. 5).

Betrachtet man das Sozialprodukt aus historischer Perspektive, so gab es schon vorher Begriffe, die eine ähnliche Bedeutung hatten. Hervorzuheben ist der Artikel „Volkseinkommen" von Lexis im Wörterbuch der Volkswirtschaft von 1911, in dem er unter den Bezeichnungen „Produktion und Produktionssumme" ähnliche inhaltliche Zusammenhänge aufzeigte. Nach diesen Vorläufern erscheint der Begriff Sozialprodukt im Wörterbuch der Volkswirtschaft, das von Diehl 1933 herausgebracht wurde. Der wichtigste Vorläufer des Sozialproduktes ist das von Philioppovich (1910, S. 43) geprägte „soziale Produkt". Sein Verständnis war, dass Reichtum immer ein soziales Produkt ist, „das durch das Zusammenwirken der Arbeiten von vielen ins Leben gerufen wird." Der Begriff soziales Produkt ist somit dadurch gekennzeichnet, dass es sich um ein Produktionsergebnis der sozialen Arbeitsteilung handelte, das von der gesellschaftlichen Gesamtheit erzielt wurde.

In ähnlicher Weise wird es auch von Schumpeter inhaltlich konkretisiert.

> „Die Summe alles dessen, was in einer Volkswirtschaft in einer Wirtschaftsperiode produziert und auf den Markt gebracht wird, kann man als Sozialprodukt desselben nennen. [...] Das Sozialprodukt existiert nicht als solches. Es ist als solches ebenso wenig ein von irgendjemand bewusst angestrebtes Resultat planvoller Tätigkeit, als die Volkswirtschaft als solche eine nach einem einheitlichen Plan arbeitende Wirtschaft ist. Aber es ist eine nützliche Abstraktion. Wir können uns vorstellen, dass alle Resultate aller Produktionen aller Wirtschaftssubjekte nach Beendigung der Wirtschaftsperiode irgendwo aufgehäuft beisammen liegen und nach bestimmten Grundsätzen unter die letzteren verteilt werden" (Schumpeter 1911, S. 8 f.)

Schumpeter geht also davon aus, dass das Sozialprodukt als solches nicht existiert, sondern dass es die Summe individueller Einzelgrößen ist, nicht aber eine echte Gesamtheit darstellt. Das Sozialprodukt ist für ihn ein Produktions- und Einkommensbegriff in einem primär geldtheoretischen Zusammenhang. Dies bezieht er hauptsächlich auf den Bedarf von Zentralbanken, die empirische Bezugsgrößen, wie Zinsraten, Preisniveau, Gesamteinkommen und Gesamtproduktion, für die Gestaltung der Geldpolitik benötigen. Die Bewertung des Begriffes Sozialprodukt durch Schumpeter orientiert sich an der englischen Wohlfahrtsökonomie, die die gesellschaftliche Dimension in den neoklassischen Individualismus einzubeziehen versucht. Dabei spricht sich Schumpeter eindeutig gegen den Begriff des sozialen Wertes (concept of social value) aus.

In den 1920er Jahren fand der Begriff des Sozialproduktes eine weite Verbreitung. Es waren Ökonomen, wie Lederer (1920) und Elster (1920), die den Begriff des Sozialproduktes von Schumpeter übernahmen. Dabei hat besonders Elster den Begriff des Sozialproduktes inhaltlich wesentlich erweitert, indem er feststellt, dass sich Schumpeter primär auf Genussgüter beschränkt, während er hingegen die Produktionsmittel und die Kapitalgüter miteinbezieht, wenn und solange sie im Güterverteilungsverkehr stehen. Während Schumpeter also das Sozialprodukt als konsumgüterbezogene Größe versteht, verwenden andere Ökonomen das Sozialprodukt als Produktionsbegriff, in dem das gesamte Nettoprodukt also auch die Investitionen mit einbezogen werden. In diesem Zusammenhang ist zu erwähnen, dass sich der Verein für Socialpolitik auf seiner Tagung im Jahr 1926 ganz wesentlich mit der Begrifflichkeit des Sozialproduktes auseinandersetzte.

Auch in den folgenden Jahrzehnten fand eine intensive Diskussion über das Sozialprodukt statt. In zunehmendem Maße kamen methodische Probleme der Messung des Sozialproduktes auf. So hat beispielsweise die Statistik konzeptionelle aber auch empirische Schwierigkeiten „Kulissenveränderung des Staates" richtig und zeitnah wahrzunehmen und den Wirtschaftssektor Staat adäquat abzubilden (Struck 2004, S. 35 ff.). Weiterhin kommt es bei der Behandlung sämtlicher zum Staatsverbrauch zählender Güter als Endprodukte zu einer unzureichenden Erfassung. Sind die Güter zu den Vorleistungen hinzu zu rechnen, kann dies zu Doppelzählungen führen (Frenkel, John, Fendel 2016, S. 162). Daher gibt es in den Wirtschaftswissenschaften Vertreter, die den Ausschluss von staatlichen Ausgaben aus der Inlandsproduktberechnung befürworten, wenn sie zur Aufrechterhaltung eines funktionierenden Gesellschaftslebens getätigt werden.

Unter Berücksichtigung der Probleme der Messung dieses Indikators gilt jedoch – wie schon erwähnt –, dass das Bruttoinlandsprodukt zu Marktpreisen die wichtigste Größe zur Berechnung der gesamtwirtschaftlichen Produktion ist. Das Bruttoinlandsprodukt stellt die Summe aus den privaten und staatlichen Konsumausgaben, den Bruttoinvestitionen der privaten Unternehmen und des Staates und der Differenz aus Export und Import dar. Es erfasst somit den Gesamtwert der im Inland erstellten Güter und Dienstleistungen in einer bestimmten Periode. Bei der Berechnung handelt es sich jedoch um ein überaus komplexes Gesamtrechnungssystem.

Betrachtet man die Entstehung bzw. die Entwicklung dieses Indikators, so fällt auf, dass die kritische Diskussion über den Indikator Sozialprodukt als Wohlstandsmaß erst Ende der 1960er Jahre begann. Ausgangspunkt dieser Diskussion war, dass in den ökonomisch hochentwickelten westlichen Industrieländern nach Auffassung einiger Ökonomen eine undifferenzierte Förderung eines rasch steigenden und rein quantitativen Wirtschaftswachstums stattfand, welche besonders die Wirtschafts-, aber auch die Gesellschaftspolitik ganz wesentlich determiniert. Hier ging es um Schwächen der Inlandsproduktberechnung, die jedoch primär inhaltlich determiniert sind. Allgemein sind drei Kritikpunkte hervorzuheben (Frenkel, John, Fendel 2016, S. 160 ff.):

- Zum **ersten** geht es um Faktoren, die für die Beurteilung des Wohlstandes als bedeutend angesehen werden, jedoch im Inlandsprodukt nicht enthalten sind. Von großer Bedeutung sind die mit der Produktion verbundenen Umweltschäden, die nicht inlandsproduktmindernd erfasst werden, bzw. die Beseitigung von Umweltschäden, die zu einer Steigerung des Bruttoinlandsproduktes führen.
- Zum **zweiten** geht es um Komponenten, die im Inlandsprodukt enthalten sind, aber nicht als wohlstandsrelevant angesehen werden. Hier geht es um die fehlende Berücksichtigung von sozialen Erträgen z. B. durch die Verbesserung der Wohnqualität, wenn ein Nachbar seinen Garten wunderschön anlegt und man einen direkten Blick darauf hat.
- Zum **dritten** geht es um Komponenten, bei denen der Wohlstand falsch erfasst wird. Dabei geht es z. B. um die Beziehung der Arbeits- zur Freizeit, wenn man bei der Berechnung davon ausgeht, dass eine Verringerung der Arbeitszeit zu einer geringeren Produktionsmenge und damit zu einem Rückgang der Inlandsproduktion führt. Mehr Freizeit kann jedoch für die Betroffenen sehr wohl zu einer Erhöhung des Wohlstandes führen.

Neben den aufgeführten Kritikpunkten ist noch die fehlende Berücksichtigung von Verteilungseffekten zu erwähnen. Daher ist die Aussagefähigkeit des Inlandsproduktes als Wohlstandsindikator im Kontext nachhaltiger Entwicklung nur sehr begrenzt aussagefähig. Bei einer Erhöhung dieses Indikators wird nicht ersichtlich, ob bzw. welche Veränderung der Einkommensverteilung damit einhergeht. Zunächst gilt, dass bei einem steigenden Inlandsprodukt das durchschnittliche Einkommensniveau in einer Gesellschaft steigt. Es ist jedoch möglich, dass von einem steigenden Inlandsprodukt nur einige Einkommensbezieher (z. B. die oberen Einkommensgruppen) partizipieren, während für untere und mittlere Einkommensbezieher ein stagnierendes Einkommen oder sogar ein sinkendes Einkommen festzustellen ist.

Kritisch ist auch anzumerken, dass bei der Inlandsproduktkonzeption primär Marktleistungen berücksichtigt werden und entsprechend Nichtmarktleistungen unberücksichtigt bleiben. Wird für die Renovierung einer Wohnung ein Handwerksbetrieb offiziell beauftragt, handelt es sich um eine Marktleistung. Wird die Renovierung hingegen durch eine Do-it-yourself Leistung erbracht, handelt es sich um eine Nichtmarktleistung, die nicht in das Inlandsprodukt eingeht. Hierzu gibt es jedoch in neuerer Zeit Analysen und Berechnungen nicht marktlicher Leistungen, die dem Inlandsprodukt hinzugerechnet werden könnten.

Aus diesem Grund ist noch einmal festzustellen, dass das BIP kein repräsentatives Abbild über den gesellschaftlichen Wohlstand leistet. Dagegen gibt es Indikatoren, wie das verfügbare Einkommen (Volkseinkommen), das sich für die Konkretisierung des Wohlstandes einer Gesellschaft besser eignet. Ostwald und Sesselmeier haben in diesem Kontext einige Bereiche, die nicht in das BIP eingehen, wie Schwarzarbeit, Haushaltsproduktion und Freizeit, monetarisiert. Ausgangspunkt für sie ist das verfügbare Einkommen (Volkseinkommen) im Jahr 2005 von 1.710,49 Milliarden Euro. Für die Schwarzarbeit kommen sie für das Jahr 2005 zu einem erwirtschafteten Betrag von 161,539 Milliarden Euro. Für das gleiche Jahr kommen sie zu einer monetären Wertschöpfung für die Haushaltsproduktion von 604,435 Milliarden Euro. Schließlich kommen sie zu einer durch Freizeit entstehenden Wertschöpfung in Höhe von 887,383 Milliarden Euro. So lässt sich feststellen, dass der neu aggregierte Wohlstandsindikator deutlich über dem Wert des Bruttoinlandsprodukts liegt (Ostwald, Sesselmeier 2011).

Eine besondere Beachtung in der kritischen Auseinandersetzung der vergangenen Jahrzehnte fand die Beziehung zwischen Umwelt und Bruttoinlandsprodukt bzw. Umwelt und Wachstum. So stellte Leipert bereits 1975 der Steigerungsrate des Wohlstandsindikators Sozialprodukt die Kosten des Wachstumsprozesses z. B. durch die Umweltbelastung gegenübergestellt, die entsprechend zu wohlstandsmindernden Effekten führen (Leipert 1975, S. 50ff). In diesem Zusammenhang wurde der Begriff des defensiven Wachstums eingeführt.

Die Fokussierung des Bruttoinlandsproduktes auf den materiellen Wohlstand (durchschnittliches Pro-Kopf-Einkommen) und die Vernachlässigung der Kosten, die mit der Entstehung des BIP einhergehen, führten zu der Erkenntnis, dass eine Erweiterung dieses Indikators bzw. die Entwicklung alternativer Indikatoren zum BIP notwendig seien. Die Ausführungen in dem folgenden Abschnitt beschränken sich exemplarisch primär auf Umweltindikatoren und deren Begründung.

2.1.2 Ausgewählte Umweltindikatoren

Die Diskussion um die Beziehung von wirtschaftlichem Wachstum und Umwelt führte zu einer Reihe von neuen Ansätzen und Indikatoren, die auf eine Verringerung der Umweltschädigung abzielen. Die OECD hat erste Entwürfe zu Umweltindikatoren zu Beginn der 1990er Jahre entwickelt. Sie sollten besonders die Wechselbeziehungen zwischen Landwirtschaft und Umwelt verdeutlichen. Dabei geht es zunächst um die Darstellung
- der Umweltsituation, die von der Landwirtschaft beeinflusst wird (State-Indikatoren, z. B. Indikatoren zum Zustand von Boden, Grundwasser und Luft) sowie
- von umweltbelastenden Einflüssen (Driving Force- und Pressure-Indikatoren, z. B. Einsatz von Düngemitteln und Pflanzenschutzmitteln),
- der Auswirkungen (Impact-Indikatoren, z. B. Effekte für die Biodiversität oder menschliche Gesundheit) und
- von Reaktionen der Gesellschaft auf geänderte Umweltsituationen (Response-Indikatoren, wie z. B. Umweltschutzmaßnahmen).

Der Pressure-State-Response-Ansatz basiert auf der Hypothese, dass der Druck auf die Umwelt (Pressure) den Umweltzustand verändert (State) und die Veränderung des Umweltzustandes zu umweltpolitischen Maßnahmen (Response) führt (Gehrlein 2003, S. 4). Auch die EU hat Agrar-Umweltindikatoren – „IRENA-Indikatoren" (IRENA = Indicator Reporting on the Integration of Environmental Concerns into Agricultural Policy) – entwickelt.

Die negativen Begleiterscheinungen des Wirtschaftswachstums für die Umwelt, die auch zu einer Beeinträchtigung der Lebensbedingungen für die Menschen führen, standen zunächst im Mittelpunkt der Überlegungen zur Entwicklung von Indikatoren, die den Umweltschutz mit einbezogen. Bei der Beseitigung negativer Begleiterscheinungen handelt es sich im Prinzip um kompensatorische Ausgaben bzw. Maßnahmen, die darauf ausgerichtet sind, den vorherigen Zustand wiederherzustellen. In diesem Zusammenhang entstand der Begriff der „defensiven Ausgaben". Dabei werden Ausgaben notwendig, um ein einmal erzieltes Wohlstandsniveau gegen eine Erosion der Wohlfahrt abzusichern (Diefenbacher, Zieschank 2008, S. 7). Die folgenden Indikatoren ergänzen bzw. korrigieren daher das BIP.

Ökosozialprodukt: Die Vereinten Nationen haben Anfang der 1990er Jahre die Diskussion über ein „System for Integrated Environmental and Economic Accounting (SEEA)" initiiert. Dieser Ansatz mündete in einem Vorschlag für ein „Ökosozialprodukt", das durch den Bericht an den Club of Rome „Mit der Natur rechnen" bekannt wurde (van Dieren 1995). Das Ökosozialprodukt war darauf ausgerichtet, das Sozialprodukt um weitere ökonomische und ökologische Aspekte (externe Kosten) zu korrigieren. Entsprechend sollte das Sozialprodukt um die Kosten, die zur Vermeidung von Umweltschäden oder zur Wiederherstellung eines wünschenswerten Umweltzustandes nötig sind, bereinigt werden.

Dabei sind jedoch nicht alle Umweltauswirkungen enthalten. Die soziale Dimension, wie sie in dem Leitbild nachhaltiger Entwicklung gefordert wird, bleibt in diesem Kontext ebenfalls unberücksichtigt. Das Ökosozialprodukt konnte allerdings nicht in dem gewünschten Maße bestimmt werden, da die Preise als Gewichtungsfaktoren häufig nicht erhoben werden konnten. So kann für den frei verfügbaren Sauerstoff der Umgebungsluft kein Marktpreis als Maß der Knappheit entstehen. Dort wo ein Markt existiert (z. B. bei Abfällen) spiegeln die Preise nicht zwangsläufig die ökologische Knappheit wider.

Umweltökonomische Gesamtrechnung: Im Rahmen der „Umweltökonomischen Gesamtrechnung (UGR)" wird die Idee des „System for integrated environmental and economic accounting" weitergeführt. Dabei sollen die Wechselwirkungen mit der Natur und ihr Zustand statistisch erfasst und ausgewertet werden. In diesem Kontext ist jedoch keine schlüssige Zusammenstellung wie bei der Volkswirtschaftlichen Gesamtrechnung möglich, da die ökologischen Aspekte überwiegend in physikalischen Einheiten und nur teilweise in monetären Größen erfasst sind (Schoer 2008, S. 251 ff.).

Die statistischen Ämter in Deutschland ordnen die statistischen Daten thematisch den Einwirkungen und daraus resultierenden Zuständen zu. Das Umweltbundesamt stellt ebenfalls eine Vielzahl von Umweltdaten zur Verfügung und leitet daraus Kernindikatoren ab. Ein Beispiel hierfür ist der „Deutsche Umweltindex (DUX)". Ausgewählte Indikatoren aus der UGR sind beispielsweise die Siedlungs- und Verkehrsfläche in 10.000 m², der Primärenergieverbrauch in 10.000 Terrajoule und die Abgabe von Siedlungsabfällen an die Natur in 10.000 Tonnen pro Jahr. Die Wechselwirkungen der einzelnen ökologischen Daten bzw. ein kausaler Bezug zu volkswirtschaftlich relevanten Vorgängen ist kaum möglich.

Ecological Footprint: Der Ecological Footprint (ökologischer Fußabdruck) fasst die Nutzung natürlicher Ressourcen im Rahmen einer Berechnung zusammen und gibt sie als Äquivalenzmaß nachwachsend bewirtschafteter Flächen (m² oder ha) an (Wackernagel, Rees 1996). Der ökologische Fußabdruck ist daher ein Maß für den Versorgungsgrad einer Region bzw. von Nationen mit erneuerbaren und nicht erneuerbaren Ressourcen sowie mit dem Potenzial zur Aufnahme der ausgestoßenen Emissionen. Das Ergebnis des ökologischen Fußabdrucks wird häufig als „ha pro Kopf" ausgewiesen. Daraus wird deutlich, dass der Ecological Footprint nur bedingt in einen Wohlfahrtsindikator integriert werden kann, da er physische Kenngrößen in den Mittelpunkt stellt (WWF 2007).

Forschungsarbeiten zeigen, dass der ökologische Fußabdruck eines jeden Bürgers im Durchschnitt tendenziell zunimmt. Eine wachsende Weltbevölkerung führt daher – ceteris paribus – zu einem Anstieg der gesamten Umweltbelastung. Seit etwa 1985 übersteigt der ökologische Fußabdruck in Industrieländern die Biokapazität der Menschen, d. h. sie leben „auf zu großem Fuß". Auch in diesem Kontext wird die konfliktäre Beziehung zwischen Sozialprodukt und Umwelt deutlich (siehe Abbildung 3).

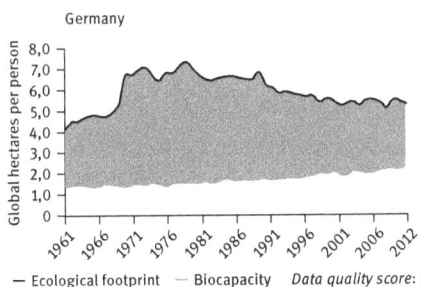 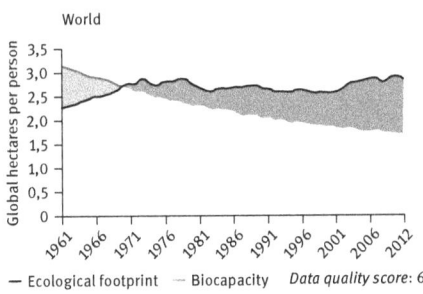

Abbildung 3: Entwicklung des ökologischen Fußabdrucks für Deutschland und die Welt (Quelle: www.footprintnetwork.org [Abruf: 15. 11. 2016])

Die kritische Reflexion des Indikators Sozialprodukt hat bisher einen relativ starken Bezug zu Industrieländern. Es geht – wie aufgezeigt wurde – primär um die ökologische Dimension, die bei dem Indikator Sozialprodukt keine Berücksichtigung findet. In diesem Zusammenhang stellt sich die Frage, ob Wachstum und Umwelt zu einer „harmonischen Beziehung" zusammengeführt werden können. Während zunächst betrieblicher und gesamtwirtschaftlicher Umweltschutz als wachstumshemmend galten, konnte seit Beginn der 1990er Jahre in theoretischen und empirischen Publikationen in zunehmendem Maße aufgezeigt werden, dass Umweltschutz nicht zwangsläufig wachstumshemmend wirken muss, sondern sogar wachstumsfördernd wirken kann.

Ergänzend hierzu soll noch aufgezeigt werden, dass auch internationale Organisationen wie die UNDP erkannt haben, dass der Indikator BIP auch für die Analyse und Darstellung der Entwicklung von Entwicklungsländern unzureichend ist. Er ist nicht dazu geeignet Probleme wie Armut, Bildung und Gesundheit zu erfassen und damit Erkenntnisse über die Entwicklung der Lebenslage der Menschen zu leisten. Daher wurden eine Reihe von entwicklungsökonomisch relevanten Indikatoren entwickelt, die im Kontext des Leitbildes Nachhaltiger Entwicklung eher der sozialen Dimension zuzuordnen sind.

> **Exkurs: (Indizes der Vereinten Nationen)**
> Auffällig ist, dass die Vereinten Nationen bzw. ihre Sonderorganisation wie UNDP ebenso alternative Indizes zum BIP entwickelt haben, die sich jedoch primär auf die soziale und ökonomische Entwicklung fokussieren und die ökologische Dimension unberücksichtigt lassen. Dennoch sollen sie hier kurz erläutert werden. Besondere Beachtung fand der Human Development Index (HDI). Dieser Index wurde erstmals 1990 von der UNDP erstellt. In den Indikator fließen mehrere Teilindikatoren ein: Lebenserwartung bei der Geburt, Alphabetisierungsquote Erwachsener und Einschulungsquote von Kindern sowie der Lebensstandard (Bruttoinlandsprodukt). Der Indikator Bruttoinlandsprodukt wird wegen der Sättigungseffekte bzw. wegen des sinkenden Grenznutzens nur in Höhe seines Logarithmus berücksichtigt.

Der Human Development Index weist für jedes Land einen Wert zwischen 0 und 1 auf. Je höher der Wert des Index ist, umso höher ist die Entwicklungsstufe eines Landes (siehe Abbildung 4). Somit eignet sich der HDI analog zum BIP für den internationalen Vergleich des Entwicklungsstandes der Länder weltweit. Dabei ist jedoch zu berücksichtigen, dass sich das internationale Länderranking nach dem Bruttoinlandsprodukt von jenem des HDI oft unterscheidet. Der Index kann jedoch aufgrund des Aggregationsgrades kein detailliertes Bild des Entwicklungsstandes der Bevölkerung eines Landes geben. Aspekte, wie eine gute Regierungsführung oder die Wahrung von Menschenrechten, aber auch der Grad der Umweltbelastung, werden nicht berücksichtigt.

Weitere Indikatoren in diesem Kontext sind der Human Poverty Index (HPI) und der Gender Empowerment Measure (GEM). Der „Human Poverty Index" zielt darauf ab, den Armutsgrad eines Landes zu messen. Dabei wird der Index aufgrund der strukturellen Unterschiede nach Entwicklungsländern (HPI_1) und nach Industrielän-

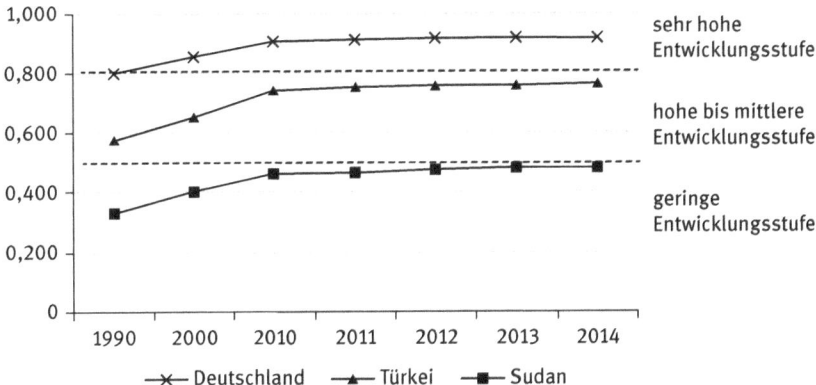

Abbildung 4: Entwicklung des Human Development Index (HDI) ausgewählter Länder (Quelle: Eigene Darstellung in Anlehnung an UNDP 2015)

dern (HPI$_2$) unterschiedlich operationalisiert. Bei Entwicklungsländern gehen die Sterblichkeitsrate von Erwachsenen bis 40 Jahre, die Zahl der primären Analphabeten, die Zugangsquote zu Wasser- und Sanitätsversorgung sowie die Zahl der unterernährten Kinder ein.

In Industrieländern werden dagegen die Sterblichkeit bis 60 Jahre, die funktionelle Alphabetenrate und der Anteil der relativ Armen (unterhalb eines bestimmten Einkommensniveaus) und der Langzeiterwerbslosen berücksichtigt. Der Gender Empowerment Measure (GEM) bildet die Geschlechtergerechtigkeit ab. In diesem Zusammenhang fließen Größen, wie der Anteil der Frauen im Parlament, der Anteil der weiblichen Erwerbstätigen in höheren und leitenden Funktionen sowie das Einkommen von Frauen in den Index ein. Aber auch bei dem HPI und dem GEM bleibt die ökologische Dimension unberücksichtigt. Dies ist insofern unbefriedigend, als die wachsenden Umweltkrisen in vielen Entwicklungsländern auch die Lebensbedingungen der Menschen – besonders die der Armutsbevölkerung – in starkem Maße beeinträchtigen.

Fazit: Dieser Abschnitt hat gezeigt, dass sich die Kritik an dem Bruttoinlandsprodukt als Indikator des wirtschaftlichen Wachstums zunächst auf die Umweltbelastung des Wachstums bezog. Im Kontext nachhaltiger Entwicklung stand somit zunächst die ökologische Dimension nachhaltiger Entwicklung im Mittelpunkt. Ende der 1990er Jahre setzte sich jedoch in zunehmendem Maße die Dreidimensionalität Nachhaltiger Entwicklung durch (v. Hauff 2014, S. 12 ff.). Heute findet die Dreidimensionalität einen breiten Konsens und hat sich weltweit durchgesetzt.

Im Zusammenhang mit der Verpflichtung der einzelnen Nationen, bis 2002 eine nationale Nachhaltigkeitsstrategie zu entwickeln, erweiterte sich die Diskussion in Richtung Nachhaltigkeitsindikatoren als Alternative bzw. Ergänzung zum BIP. In diesem Zusammenhang rückte man auch inhaltlich von der Maximierung des materiellen Wohlstandes als ökonomischem Ziel sui generis ab und stellt die gesellschaftliche Wohlfahrt als das zu maximierende gesellschaftspolitische Oberziel nachhaltiger Entwicklung in den Mittelpunkt (Feser 2008, S. 4).

2.1.3 Ausgewählte Indikatoren nachhaltiger Entwicklung

Die wachsende Beachtung des neuen Paradigmas der nachhaltigen Entwicklung hat sowohl in der EU als auch weltweit zu einer Intensivierung der Diskussion um Nachhaltigkeitsindikatoren geführt. Im Rahmen der EU Konferenz „Beyond GDP" haben sich im Herbst 2007 wichtige internationale Gemeinschaften und Organisationen, wie die EU-Kommission und das Europäische Parlament, der Club of Rome, der WWF, die Weltbank, die OECD und die Vereinten Nationen an der Diskussion um nachhaltigkeitsorientierte Wohlfahrtsindizes beteiligt. Der Widerspruch zwischen der weltweit steigenden Wirtschaftsleistung und den wachsenden Krisensymptomen wird als Marktversagen deklariert und fördert die Skepsis gegenüber dem bisher verwendeten Wohlstandsmaß.

Die Förderung des Wachstums schafft hierbei nur sehr bedingt Abhilfe, da Krisen in den letzten Jahrzehnten zugenommen haben und die bestehenden Krisenphänomene sich trotz Wachstums vielfach verschärft haben. Die Weltbank zeigt beispielhaft für China auf, dass etwa 6% des jährlichen BIP durch soziale und ökologische Verschlechterungen verloren gehen. Die chinesische Umweltbehörde SEPA kommt sogar zu dem Ergebnis, dass bis zu 10% des BIP als „Leerlauf-Wachstum" bzw. „defensives Wachstum" deklariert werden können (Diefenbacher, Zieschank 2008, S. 12). In diesem Kontext entstanden in den letzten zwei Jahrzehnten eine Reihe von Messkonzepten bzw. Indikatoren, die aus dem Paradigma der nachhaltigen Entwicklung abgeleitet wurden. Besondere Aufmerksamkeit fand beispielsweise die Entwicklung des „Gross National Happiness", mit dem sich das Land Bhutan explizit von dem BIP (GDP) absetzte und einen eigenen Wohlfahrtsindikator entwickelte. International wurde dieser Indikator sehr bewundert und er löste eine Euphorie aus nach dem Motto: ein Land kann auch ohne BIP existieren. Seit Jahren gibt es daher einen „Pilgerstrom" von Interessenten nach Bhutan, die sich mit diesem Indikator vertraut machen wollen. Kein anderes Land folgte jedoch diesem Beispiel.

Die folgenden Ausführungen beschränken sich nun auf einige ausgewählte nachhaltigkeitsorientierte Indikatoren.

Index for Sustainable Economic Welfare (ISEW): Der Index basiert auf den Ideen von William Nordhaus und James Tobin und dem von ihnen entwickelten „Measure of Economic Welfare (MEW)" (Nordhaus, Tobin 1973). In dem ISEW werden ökologische, soziale aber auch ökonomische Teilindikatoren berücksichtigt. Insofern gilt er als einer der ersten integrierenden Indikatoren zur nachhaltigen Entwicklung (Cobb 1989, S. 401 ff.). Der ISEW geht von dem privaten Konsum bzw. den Konsumausgaben aus.

Der Konsum der privaten Haushalte wird durch das Einkommensverhältnis des ärmsten Fünftels zum restlichen 4/5 der Bevölkerung dividiert. Der Index berücksichtigt die beiden Schlüsselgrößen, d. h. den Konsum und dessen Verteilung und bildet somit sowohl die ökonomische als auch die soziale Situation eines Landes ab. Anschließend werden noch Korrekturgrößen z. B. für ökologische Schäden sowie für soziale und ökonomische Einflüsse hinzugefügt oder abgezogen.

Hierzu zählen:
- die Einkommensverteilung (je ungleicher die Verteilung, desto geringer die Steigerung des Gesamtwohlstandes),
- unbezahlte Hausarbeit,
- öffentliche Ausgaben des Gesundheitswesens,
- Bildung,
- Luftverschmutzung und allgemeine Umweltverschmutzung,
- Rückgang von Ressourcen,
- Kosten der globalen Erwärmung.

Die Berechnungen des ISEW zeigen, dass in Ländern mit starkem wirtschaftlichem Wachstum der ISEW oft stagnierte oder sich sogar rückläufig entwickelte. Diese Entwicklung zeigt an, dass das realisierte Wachstum nicht nachhaltig ist. Abschließend ist noch zu berücksichtigen, dass die Festlegung der eingehenden Korrekturgrößen den jeweiligen Länderkontext berücksichtigt, was als methodische Flexibilität, gleichzeitig jedoch auch als problematisch für die Vergleichbarkeit mit den Ergebnissen anderer Länder zu werten ist. Für Deutschland wurde der ISEW nur bis 1990 berechnet, wie aus der Abbildung 5 zu entnehmen ist.

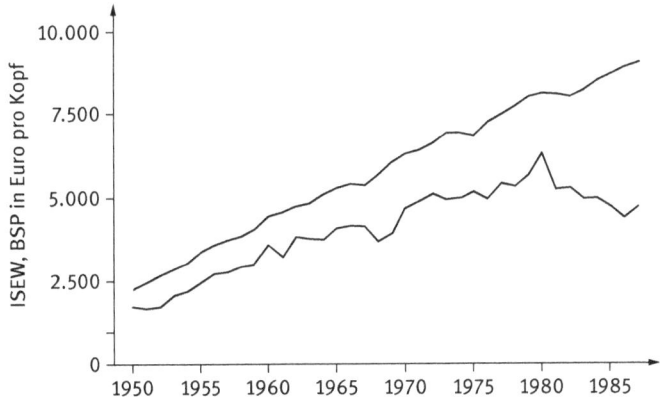

Abbildung 5: Entwicklung des Index of Sustainable Economic Welfare für Deutschland (Quelle: Diefenbacher 1991, S. 81)

Die Ergebnisse für Deutschland zeigen, dass der ISEW von 1950–1980 weitgehend parallel zum BIP verlief und sich dann in den 1980er Jahren entkoppelte und sank. Der

Rückgang der Wohlfahrt wird mit Schadenskosten begründet, die das Wirtschaftswachstum übersteigen. Verschiedene Veröffentlichungen zur US-amerikanischen Entwicklung führten zu einem neuen Index, dem Genuine Progress Indicator (Rowe, Alienski 1999; Cobb, Halstead, Rowe 1995).

Genuine Progress Indicator (GPI): Der Genuine Savings-Indikator hat in der theoretischen und anwendungsbezogenen Diskussion eine hohe Bedeutung erreicht. Der Genuine Savings bildet eine monetär korrigierte volkswirtschaftliche Entwicklung ab. Der wesentliche Unterschied zu dem ISEW besteht darin, dass der Indikator Genuine Savings auf dem Paradigma einer schwachen Nachhaltigkeit beruht, wonach die Substitution von natürlichem Kapital durch Sachkapital möglich ist. Aus diesem Grund müssen die Ersparnisse aller berücksichtigten Kapitalarten (natürliches, künstliches und immaterielles Kapital) insgesamt positiv sein.

In diesem Zusammenhang kann die Hartwick-Regel angewandt werden. Danach ist der Verlust nicht erneuerbarer Ressourcen durch den adäquaten Aufbau von Sachkapital gerechtfertigt. Bei der Berechnung der Genuine Savings werden die jährlichen Inlandsersparnisse als eine Größe der volkswirtschaftlichen Gesamtrechnung korrigiert, indem die laufenden Bildungsausgaben als Investitionen hinzu addiert, Wertminderungen für Abschreibungen sowie die Kosten durch Schadstoffe (Feinstaub, CO_2 etc.) und der Abbau natürlicher Ressourcen (Bodenschätze, Wälder, landwirtschaftliche und geschützte Flächen) subtrahiert werden.

Für eine Vielzahl von Ländern weltweit liegt die Genuine Savings vor. Dadurch ist ein Vergleich zwischen den Ländern im Zeitablauf möglich. Die Berechnungen zeigen, dass viele Regionen ihren Wohlstand mehren konnten. So haben beispielsweise die ostasiatischen Länder wie China hohe jährliche Zuwachsraten, während andere Staaten (v. a. erdölfördernde Staaten in der Region Naher Osten und Afrika) ihren natürlichen Reichtum „verkaufen", ohne die Einkünfte daraus in entsprechendem Umfang produktiv zu investieren. Deutschland hat analog zu anderen Industrieländern stets positive Genuine Saving (siehe Abbildung 6).

Eine wichtige Kritik an diesem Indikator ist, dass die Bildungsinvestitionen die Genuine Savings in starkem Maße bestimmen und entsprechend ökologische Schäden vergleichsweise gering eingehen (Pillarisetti 2005). So betrugen für Deutschland die Bildungsinvestitionen bezogen auf die Inlandsersparnisse im Jahr 2006 4,5% und die ökologischen Schäden nur insgesamt 0,56%.

Betrachtet man die verschiedenen Ansätze bzw. Indikatoren, die im Kontext nachhaltiger Entwicklung bisher entwickelt wurden, so weisen sie die Gemeinsamkeit auf, alle drei Dimensionen Ökologie, Ökonomie und Soziales mit einzubeziehen. Das wurde auch bei der Entwicklung nationaler Nachhaltigkeitsstrategien und den hierfür erforderlichen Indikatorensystemen berücksichtigt (v. Hauff 2014, S. 225). Die Gewichtung der drei Dimensionen ist jedoch in den Nachhaltigkeitsindikatoren unterschiedlich. Ein methodisches Problem besteht darin, dass die Berechnung der Indikatoren sehr aufwändig ist und besonders in einer Reihe von Entwicklungsländern die not-

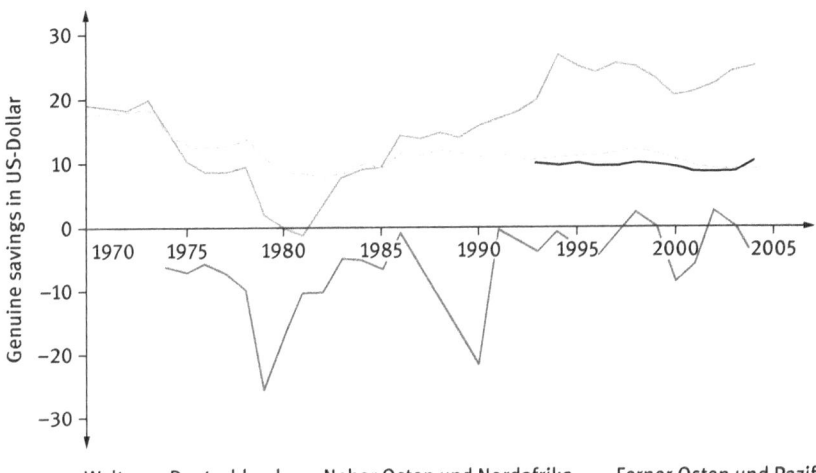

Abbildung 6: Entwicklung der Genuine Savings (Quelle: in Anlehnung an www.worldbank.org, Tab. „ANS time series by country" ohne Feinstaub und Tab. „ANS time series by region and income group" [beides Abruf: 20. 11. 2008])

wendigen statistischen Erhebungen bisher dafür fehlen. Es ist festzustellen, dass in zunehmendem Maße auch Entwicklungsländer erkennen, dass das Bruttoinlandsprodukt kein brauchbarer Indikator zur Quantifizierung nachhaltiger Entwicklung ist. Bisher trat Bhutan mit der Einführung eines Glücksindikators hervor. Mit diesem Indikator wird das Glück bzw. die menschliche Zufriedenheit über Zeit und Ort hinweg abgebildet. In jüngster Vergangenheit sind es aber auch andere Entwicklungsländer wie z.B. Vietnam, die um einen nationalen Nachhaltigkeitsindikator bemüht sind. 2009 hat das Bundesumweltamt und das Bundesministerium für Umwelt, Naturschutz und Reaktorsicherheit eine Pilotstudie in Auftrag gegeben. Es ging um die Frage, ob eine ergänzende Erfassung wirtschaftlicher Entwicklung einen informatorischen Mehrwert erbringen kann, der in der Gesellschaft zu einem neuen bzw. erweiterten Verständnis von Wachstum führt.

Nationaler Wohlfahrtsindex (NWI 2.0): In diesem Kontext wurde der Nationale Wohlfahrtsindex entwickelt (Diefenbacher, Zieschank 2011, S. 60). Alle einbezogenen Variablen werden als jährliche Stromgrößen monetär gemessen. Im Grundsatz geht es darum, die Aktivitäten, die die gesellschaftliche Wohlfahrt steigern, hinzuzurechnen und jene, die die gesellschaftliche Wohlfahrt mindern, abzurechnen. Ausgangspunkt ist der Konsum. Er wird mit dem Gini-Index der Einkommensverteilung gewichtet. Die aktuelle Version des NWI 2.0 umfasst 20 Komponenten, die in der Tabelle 1 aufgeführt werden.

Tabelle 1: Übersicht der Einzelkomponenten des NWI 2.0 (Quelle: UBA 2016b, S. 14)

Nr.	Komponente	+/–
1	Index der Einkommensverteilung	
2	Gewichteter privater Konsum	+
3	Wert der Hausarbeit	+
4	Wert der ehrenamtlichen Arbeit	+
5	Öffentliche Ausgaben für Gesundheits- und Bildungswesen	+
6	Kosten und Nutzen dauerhafter Konsumgüter	+/–
7	Kosten für Fahrten zwischen Wohnung und Arbeitsstätte	–
8	Kosten durch Verkehrsunfälle	–
9	Kosten durch Kriminalität	–
10	Kosten durch Alkohol-, Tabak- und Drogenkonsum	–
11	Gesellschaftliche Ausgaben zur Kompensation von Umweltbelastungen	–
12	Kosten durch Wasserbelastung	–
13	Kosten durch Bodenbelastung	–
14	Schäden durch Luftverschmutzung	–
15	Schäden durch Lärm	–
16	Verlust bzw. Gewinn durch Biotopflächenänderungen	+/–
17	Schäden durch Verlust von landwirtschaftlich nutzbarer Flächen	+/–
18	Ersatzkosten durch Verbrauch nicht erneuerbarer Energieträger	–
19	Schäden durch Treibhausgase	–
20	Kosten der Atomenergienutzung	–

Sie werden zu einem Gesamtindex aggregiert. Ein wesentlicher Aspekt, der über die Berechnung des BIP hinausgeht ist, dass die Hausarbeit und ehrenamtliche Tätigkeiten, also die nicht über den Markt bezahlte Wertschöpfung, in die Berechnung mit eingeht. Weiterhin wird ein Teil der öffentlichen Ausgaben für Gesundheit und Bildung als wohlfahrtssteigernd berücksichtigt. Zu den wohlfahrtsbindenden Komponenten gehören beispielsweise die Kosten von Kriminalität und Verkehrsunfällen (sozialer Bereich) und Ausgaben für die Reparatur von Umweltschäden und Schadenskosten für Umweltbelastungen wie Luftverschmutzung und Treibhausgasemissionen (ökologischer Bereich).

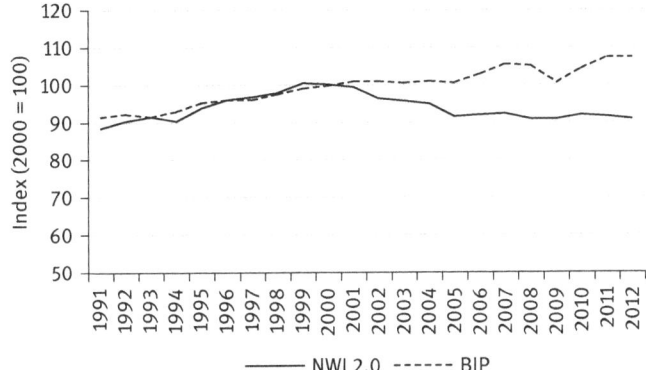

Abbildung 7: Vergleich von NWI 2.0 und BIP (preisbereinigt) für Deutschland (2000=100) (Quelle: UBA 2016b, S. 15)

Die aktuellen Werte für den nationalen Wohlfahrtsindex liegen für die Jahre von 1991–2012 vor. Die Werte lassen sich für diesen Zeitraum mit jenen des BIP vergleichen. Dieser Vergleich basiert auf dem Basisjahr 2000 mit dem Indexwert 100. Aus Gründen der Vergleichbarkeit wurde der Verbraucherpreisindex (VPI) zu Grunde gelegt (siehe Abbildung 7).

Die Kurven für den Nationalen Wohlfahrtsindex und das Bruttoinlandsprodukt zeigen bis 1999 einen sehr ähnlichen Verlauf. Danach weist das BIP eine deutlich positivere Entwicklung auf als der NWI. Eine wesentliche Begründung hierfür ist die mit der Einkommensverteilung gewichteten Konsumausgaben. Während sich die Einkommensverteilung für den Zeitraum von 1991–2000 nur wenig änderte, nahm die Einkommensungleichverteilung in den folgenden Jahren deutlich zu. Ein anderer Faktor ist der Rückgang der monetär bewerteten Hausarbeit.

2.1.4 Komplementarität der Indikatoren – Eine Neuorientierung

In den bisherigen Ausführungen konnte gezeigt werden, dass die Argumentationslinie dadurch geprägt ist, zunächst die Folgewirkungen wirtschaftlichen Wachstums auf die Ökologie zu charakterisieren. Im Zusammenhang mit dem Paradigma nachhaltiger Entwicklung ging es dann darum, Indikatoren zu entwickeln, die alle drei Dimensionen Ökologie, Ökonomie und Soziales berücksichtigen bzw. integrieren. Dabei geht es um die Frage, ob das BIP durch einen Nachhaltigkeitsindikator ersetzt werden soll (z. B. den Nationalen Wohlfahrtsindex). Es ist jedoch zu berücksichtigen, dass das BIP auch in Nachhaltigkeitsindikatoren zumindest in bereinigter Form enthalten ist. Die Einführung eines einzigen Nachhaltigkeitsindikators würde bedeuten, dass die gesamtwirtschaftliche Entwicklung und die hier auch für die Umweltschädigung relevanten Strukturentwicklungen nicht mehr umfassend analysiert werden könnten.

In jüngster Vergangenheit fand daher der „Report by the Commission on the Measurement of Economic Performance and Social Progress", der im Auftrag des ehemaligen französischen Ministerpräsident Nicolas Sarkozy unter der wissenschaftlichen Leitung von Stiglitz, Sen und Fitoussi und der Mitwirkung namhafter Expertinnen und Experten entstand, besondere Beachtung. Das wichtigste Merkmal des Reports ist, dass in ihm nicht ausschließlich für einen alternativen Indikator zum Bruttoinlandsprodukt plädiert wurde. Es ging vielmehr darum, verschiedene Ebenen voneinander abzugrenzen. Dabei werden dann auch die notwendigen Korrekturen für den Indikator BIP aufgezeigt. Die Verfasser kommen schließlich zu einem Paradigmenwechsel, der im Prinzip ein Novum darstellt.

Auf die Frage, warum der Report für die Verfasser so wichtig sei, antworten sie:

> „Between the time that the Commission began working on this report and the completion of this Report, the economic context has radically changed. We are now living one of the worst financial, economic and social crises in post-war history. The reforms in measurement recommended by the Commission would be highly desirable, even if we had not had the crisis. But some members of the Commission believe that the crisis provides heightened urgency to these reforms. They believe that one of the reasons why the crises took many by surprise is that our measurement system failed us and/or market participants and government officials were not focusing on the right set of statistical indicators." (Stiglitz, Sen, Fitoussi 2009, S. 8f.).

Vor diesem Hintergrund fordern sie von der Messung der wirtschaftlichen Produktion zur Messung des Wohlbefindens der Menschen fortzuschreiben. Ein wesentliches Problem hierbei ist, dass die Messung der Produktion bei allen schon erwähnten Defiziten methodisch weitgehend ausdifferenziert ist. Dagegen weist die Messung des Wohlbefindens der Menschen noch viele Unklarheiten und methodische Probleme auf. Eine Reihe von Empfehlungen, die in dem Bericht vorgestellt werden, sind aus der bisherigen Diskussion über alternative Indikatoren beispielsweise des ISEW und des Genuine Savings weitgehend bekannt. Die Argumentationslinie des Berichtes weist dennoch wichtige Unterschiede auf, die kurz vorgestellt werden:

Towards better measures of economic performance in a complex economy: Danach ist es wichtig, die bisherige Messung wirtschaftlicher Leistungen zu verbessern. In diesem Zusammenhang fordern sie besonders den strukturellen Wandel des BIP (GDP) zu analysieren.

> „When the structure of production remains the same, GDP (Gross Domestic Product) and NDP (Net Domestic Product) move closely together. But in recent years, the structure of production has changed. Information technology (IT) assets have gained importance as capital goods. Computers and software have a shorter life expectancy than do steel mills. On those grounds, the discrepancy between GDP and NDP may be increasing, and by implication, volume NDP may be increasing less rapidly than GDP." (Stiglitz, Sen, Fitoussi 2009, S. 24)

Eine größere Beachtung kommt ihrer Meinung nach der Tatsache zu, dass in einigen Ländern die Qualität der Umwelt keine entsprechende Berücksichtigung fand. Es gab zwar verschiedene Überlegungen und Ansätze, wie die Umweltbelastung in einem umfassenderen Ansatz mit einbezogen werden könnte – jedoch ohne großen Erfolg. Eine wichtige Hürde ist nach Auffassung der Autoren eine zufriedenstellende Messung und Monetarisierung der Veränderung der Umweltqualität.

In diesem Kontext stellt sich die Frage, was in einer sich dynamisch entwickelnden Volkswirtschaft wirklich wächst und welche Umweltrelevanz dies hat. Dabei fällt auf, dass es sich – wie schon aufgezeigt wurde – besonders um einen wachsenden Anteil von Dienstleistungen handelt. Aber auch die Güterproduktion entwickelt sich ständig weiter. So lässt sich für Deutschland feststellen, dass beispielsweise der Gesundheitssektor und die (Alten-)Pflege mit überdurchschnittlich hohen Wachstumsraten zunehmen. Schließlich ist noch zu erwähnen, dass auch die Produktion von Umwelttechnik und die Entwicklung von Umweltdienstleistungen hohe Wachstumsraten aufweisen. Hierzu besteht zweifellos ein breiter Konsens, dass die überdurchschnittlich dynamischen Wachstumsraten der genannten Teilsektoren erwünscht sind.

Dagegen gibt es andere Bereiche, die auch heute noch mit hohen und teilweise wachsenden Umweltbelastungen oder gesellschaftlichen Belastungen einhergehen. Hierzu gehört beispielsweise der Verkehrs- und Energiesektor. Auch die hohe Nachfrage nach Gewaltspielen, die ebenfalls zum wirtschaftlichen Wachstum beiträgt, hat negative soziale Auswirkungen. Eine Strukturanalyse des Wachstums, d. h. eine Analyse der Zusammensetzung des BIP und deren Veränderung zeigt somit im Kontext nachhaltiger Entwicklung umwelt- und gesellschaftspolitische Handlungspotenziale auf. Insofern müssen bei der Bewertung von wirtschaftlichem Wachstum die strukturellen Veränderungen berücksichtigt werden.

In diesem Zusammenhang spielen die Regierungen der Länder eine wichtige Rolle. Sie können bzw. sollten das wirtschaftliche Wachstum dort im Sinne nachhaltiger Entwicklung durch positive oder negative Anreize beeinflussen, wo dies notwendig ist. Daraus ergibt sich, dass sowohl die Marktdynamik als auch die Möglichkeit bzw. Notwendigkeit der staatlichen Einflussnahme dazu führt, dass Wachstum einen ständigen Wandel erfährt. Daher sollte wirtschaftliches Wachstum nicht nur als statische Größe bewertet werden. Es sollte also nicht darum gehen, den Indikator Sozialprodukt grundsätzlich in Frage zu stellen. Es geht vielmehr darum aufzuzeigen, was in einer Volkswirtschaft wächst bzw. was erwünscht ist, dass es wächst. Daneben sind entsprechend dem Stiglitz/Sen/Fitoussi Bericht auch andere Indikatoren z. B. zur Messung des Wohlbefindens, von wachsender Relevanz.

From production to well-being: Nach Auffassung der Verfasser des Reports ist es notwendig einen Systemwandel der Messung herbeizuführen, der sich von der ausschließlichen Messung der Produktion ergänzend zur Messung des Wohlbefindens hin orientiert. Die Verfasser des Reports kommen zu der Empfehlung:

> „Look at income and consumption rather than production" (Stiglitz, Sen, Fitoussi 2009, S. 39).

Dabei wird in der Messung des Wohlbefindens keine Alternative zum Bruttoinlandsprodukt gesehen. Es geht vielmehr darum, Informationen zu gewinnen, ob die wirtschaftliche Entwicklung nicht nur zu einer Steigerung der produzierten Güter und Dienstleistungen führt (Steigerung des Wohlstandes), sondern auch zum Wohlbefinden der Menschen beiträgt. Dies bedeutet ein Indikatorensystem zu entwickeln, das komplementär zu den Marktaktivitäten das Wohlbefinden der Menschen aufzeigt.

Dabei ist zu berücksichtigen:

> „Such a system should not just measure average levels of well-being within a given community, and how they change over time, but also document the diversity of people's experiences and the linkages across various dimensions of people's life." (Stiglitz, Sen, Fitoussi 2009, S. 12)

In diesem Zusammenhang wurden folgende Dimensionen des Wohlbefindens identifiziert:
- material living standards (income, consumption and wealth),
- health,
- education,
- personal activities including work,
- political voice and governance,
- social connections and relationships,
- environment (present and future conditions),
- personal insecurity, of an economic as well as physical nature
- economic insecurity.

Betrachtet man beispielsweise „income, consumption and wealth" so sollte es nicht um Durchschnittsgrößen wie das „durchschnittliche Pro-Kopf-Einkommen" einer Gesellschaft gehen. Das lässt sich an einem einfachen Beispiel verdeutlichen. Betritt Bill Gates einen Raum, in dem sich eine kleine Gruppe von Menschen aufhält, ist jede Person bei der Berechnung des Durchschnittseinkommens Multimillionär (Michaelis 2009, S. 2). Viel wichtiger ist die Frage, wie groß das Einkommen jedes Einzelnen ist und was er sich unter Berücksichtigung von sonstigen Rahmenbedingungen (z.B. Ersparnissen oder Schulden) wirklich leisten kann, d.h. wie es um das individuelle Wohlbefinden steht.

Hinzu kommen weitere Determinanten, die die „quality of life" bestimmen. Neben subjektiven Determinanten, bei denen es um das subjektive Wohlbefinden geht, sind auch objektive Determinanten wie Gesundheit, Bildung und persönliche Aktivitäten, die vielfach einkommensabhängig sind, zu nennen. Eine weitere Frage ist, was man sich an Freizeitaktivitäten leisten kann.

Use a pragmatic approach towards measuring sustainability: Der nächste und abschließende Schritt richtet sich auf das Paradigma nachhaltiger Entwicklung. Dabei spielt die Messung und die Bewertung von Nachhaltigkeit für die Kommission eine zentrale Rolle, wobei sie sich von den bisherigen Vorgehensweisen unterscheiden. Hierzu stellen die Autoren des Reports fest:

„Sustainability poses the challenge of determining whether we can hope to see the current level of well-being at least maintained for future periods or future generations, or whether the most likely scenario is that it will decline. It is no longer a question of measuring the present, but of predicting the future, and this prospective dimension multiplies the difficulties already encountered in the first two chapters." (Stiglitz, Sen, Fitoussi 2009, S. 61)

Dies basiert auf der Definition von nachhaltiger Entwicklung des Brundtland-Berichtes. Dabei gilt es viele Probleme, wie beispielsweise mögliche Konflikte zwischen der ökologischen Nachhaltigkeit und der sozioökonomischen Nachhaltigkeit, aber auch die unterschiedlichen Problemstellungen zwischen den Ländern zu lösen. In diesem Kontext wird zwischen der Nachhaltigkeit und dem gegenwärtigen Wohlbefinden der Menschen eine komplementäre Beziehung angestrebt. Dies soll am folgenden Beispiel deutlich werden:

„To take an analogy, when driving a car, a meter that added up in a one single number, the current speed of the vehicle and the remaining level of gasoline would not be of any help to the driver." (Stiglitz, Sen, Fitoussi 2009, S. 76)

Weiterhin gehen die Verfasser des Berichtes umfassend auf die bisherige Messung nachhaltiger Entwicklung ein und setzen sich dabei kritisch mit den bisher vorliegenden Indikatoren auseinander. Im Prinzip kommen sie zu einem ähnlichen Vorgehen, das die UNECE/OECD/Eurostat working group im Jahr 2008 in ihrem „Report on Measuring Sustainable Development" bereits präsentierte (UNECE/OECD/Eurostat 2008).

Der Report zielt somit nicht darauf ab, den Indikator Bruttoinlandsprodukt in der gegenwärtigen Form grundsätzlich in Frage zu stellen bzw. durch andere Indikatoren auszutauschen. Es geht vielmehr darum, die wirtschaftliche Leistungsfähigkeit einer Volkswirtschaft unter Berücksichtigung des Strukturwandels abzubilden und damit auch strukturelle Veränderungen des Wirtschaftswachstums aufzuzeigen. Erst dadurch wird deutlich, wie sich das Wachstum in seiner Zusammensetzung entwickelt, welche Auswirkungen sich daraus auf die Umwelt und Gesellschaft ableiten lassen und welche politischen Maßnahmen zur nachhaltigen Gestaltung des BIP erforderlich sind.

Anschließend geht es darum, durch ein entsprechendes Indikatorensystem das Wohlbefinden der Menschen zu konkretisieren bzw. abzubilden. Schließlich geht es darum, nicht nur das Wohlbefinden der heutigen Generation durch ein Indikatorensystem zu konkretisieren, sondern gleichzeitig der Frage nachzugehen, ob bzw. wie das Niveau des heutigen Wohlbefindens auch für zukünftige Generationen erhalten werden kann. Damit entwickeln sie ein umfassendes System mit unterschiedlichen Indikatoren bzw. Methoden der Messung. Daraus begründen sich verschiedene Ziele, die sich von der heute üblichen Diskussion abheben. Bisher ging es darum: Entweder steht der Indikator BIP oder ein alternativer Indikator (z. B. ISEW) als Maßstab für die Entwicklung einer Volkswirtschaft bzw. Gesellschaft im Mittelpunkt.

Im April 2010 hat die Bundesregierung durch das Bundesministerium für Wirtschaft und Technologie den Sachverständigenrat gebeten, in Zusammenarbeit mit dem französischen Conseil d'Analyse Économique (CAE) eine Expertise zur Messung von nachhaltigem Wachstum und gesellschaftlichem Fortschritt zu erstellen. Sie sollte an den Bericht der Stiglitz-Sen-Fitoussi Kommission anknüpfen (Sachverständigenrat 2010). Es kam zu einer Reihe von grundsätzlichen Übereinstimmungen.

> „Die erste und wohl bedeutendste Schlussfolgerung unserer Expertise ist die Ablehnung jedes Ansatzes, der die Messung des menschlichen Fortschritts mit nur einem Indikator vornehmen will. Das Leben ist zu komplex und die Anforderungen an statistische Ausweise sind zu verschieden, um die Zusammenfassung des erreichten Zustands in einem einzigen umfassenden Indikator sinnvoll zu ermöglichen" (Sachverständigenrat 2010, S. III).

Auffällig ist jedoch die Bewertung des Bruttoinlandsprodukts im Verhältnis zur Umwelt, die sich von dem Stieglitz/Sen/Fitoussi Report unterscheidet. Hier kommen die Verfasser des Berichtes zu folgender Einschätzung:

> „Es ist eindeutig, dass die Schwächen des BIP als Messgröße für die Wirtschaftsleistung nicht so gravierend sind, um das BIP und die daraus abgeleiteten Maße insgesamt als ungeeignet zu qualifizieren. Deshalb sollte die erste Strategie darin bestehen, diese Maße beizubehalten und durch entsprechende Anpassungen zu verbessern [...] Zweitens dürfte deutlich geworden sein, dass die Messung von Veränderungen im materiellen Wohlstand ein breites Indikatorenset erfordert als nur das BIP allein, nämlich Indikatoren, die Diskrepanzen zwischen Konsum-, Einkommens- und Produktionsmaßen ebenso umfassen wie Verteilungsfragen" (Sachverständigenrat 2010, S. 38).

Die durch Wachstum bedingte Umweltbelastung findet eine untergeordnete Bedeutung, indem sie nur kurz erwähnt wird. Bei den Empfehlungen „Wie das BIP ein besseres Maß für die Wirtschaftsleistung wird" findet die Qualität der Umwelt ebenfalls keine Berücksichtigung.

2.1.5 Fazit

Die Einordnung und Bewertung des Wirtschaftswachstums und des hierfür relevanten Indikators BIP führte ab Ende der 1960er Jahre zu einer Kontroverse, bei der sehr unterschiedliche Argumentationslinien aufeinandertrafen. Grundsätzlich geht es um die Bewertung von Wachstum. Hierbei ging es primär um die Frage, ob der Indikator sich wirklich dazu eignet den Wohlstand einer Gesellschaft zu messen, oder ob dieser Indikator modifiziert bzw. durch einen anderen Indikator ersetzt werden sollte. In diesem Kontext erscheint es sinnvoll, zunächst die ursprüngliche Aussagekraft dieses Wachstumsindikators aufzuzeigen. Der Indikator Sozialprodukt hat bereits eine längere Vergangenheit, die bisher kaum bekannt ist. In diesem Kontext ist jedoch nicht nur die Entstehungsgeschichte, sondern besonders die ursprüngliche Einordnung und Bewertung des Indikators von Bedeutung. Auf diesem Hintergrund kann aufgezeigt werden, ob und wie sich die Bewertung des Indikators Sozialprodukt verändert hat.

Im Zusammenhang mit der aufkommenden Kritik wurden zunächst die Probleme der Messung aber auch die inhaltliche Kritik an dem Indikator konkretisiert. Die Argumentationslinie zielte daher zunächst auf die Systematisierung der Kritik ab, um dann die Kritik aus ökologischer Perspektive zu vertiefen. Die im Kontext der Kritik am Bruttoinlandsprodukt entstandenen Erweiterungen fokussierten sich primär auf die Berücksichtigung ökologischer Belastungen bzw. Schäden. Insofern wurde die Wohlstandsmessung unter Einbeziehung der ökologischen Dimension erweitert. Daraus entstanden jedoch keine Alternativen zu dem Indikator des Bruttoinlandsprodukts. Dies erfolgte erst im Zusammenhang mit dem Leitbild nachhaltiger Entwicklung.

Das Leitbild der Nachhaltigen Entwicklung basiert auf der Dreidimensionalität. Entsprechend muss ein Nachhaltigkeitsindikator alle drei Dimensionen einbeziehen. Weitere konstitutive Elemente nachhaltiger Entwicklung sind die intra- und intergenerative Gerechtigkeit. Bei der Messung nachhaltiger Entwicklung handelt es sich also methodisch um eine ganz andere Herangehensweise als bei der Quantifizierung des Bruttoinlandsproduktes. Bei der Entwicklung eines Nachhaltigkeitsindikators ergeben sich daher sehr komplexe Anforderungen, die bei Indikatoren wie dem „Index of Sustainable Economic Welfare (ISEW)" bzw. NWI deutlich wurden. Obwohl das Bruttoinlandsprodukt dabei zumindest in bereinigter Form Berücksichtigung findet, stellt sich dennoch die Frage, ob diese Nachhaltigkeitsindikatoren eine Alternative zu dem Indikator Bruttoinlandsprodukt sind. Das würde bedeuten, dass damit die Leistungsfähigkeit einer Volkswirtschaft, d. h. das Inlandsprodukt als Wachstumsindikator nicht mehr abgebildet würde.

Daher kommen Stiglitz, Sen und Fitoussi (2009) in ihrem Report zu der Erkenntnis, unterschiedliche Indikatoren zur Informationsgrundlage verschiedener Wirtschafts- und Lebensbereiche komplementär zu entwickeln und bereit zu stellen. Die einzelnen Indikatoren sollen jeweils bestimmte Entwicklungen aufzeigen. Dabei geht es sowohl um die Entwicklung der Inlandsproduktion, die Entwicklung des menschlichen Wohlbefindens als auch der nachhaltigen Entwicklung. Daraus wird deutlich, dass sie die ausschließliche Fokussierung auf einen Nachhaltigkeitsindikator nicht für ausreichend halten.

Die Kontroverse um die Bewertung von Wirtschaftswachstum, die sich aus methodischen aber auch inhaltlichen Unzulänglichkeiten des Indikators Bruttoinlandsprodukts begründen, führte im Kontext der Umwelt bzw. nachhaltiger Entwicklung zu alternativen Indikatoren. Es gibt aber auch auf theoretischer Ebene eine Kontroverse zwischen Wachstum und Umwelt die sich aus inhaltlichen Divergenzen erklärt. Hierzu sollen im Abschnitt 2.3 einige wichtige Positionen aufgezeigt werden. Der folgende Abschnitt wendet sich zunächst der Beziehung von Konsum und Nachhaltigkeit zu.

2.2 Vom Bruttoinlandsprodukt zum Volkseinkommen: Konsum und Nachhaltigkeit

Umweltbelastungen werden nicht nur durch die Produktion bzw. das Wachstum produzierter Güter und Dienstleistungen, sondern auch durch den Konsum bzw. das Wachstum des Konsums erzeugt. Das Volkseinkommen (Nettonationaleinkommen zu Faktorkosten) ist in Analogie zum Bruttoinlandsprodukt die in Geldeinheiten addierte Summe aller produzierten Waren und Dienstleistungen in einer Volkswirtschaft. Die Waren und Dienstleistungen können verbraucht oder investiert werden. Das Volkseinkommen lässt sich in Bezug auf den Konsum auch als die Summe der Arbeitsentgelte und der Unternehmens- und Vermögenseinkommen abgrenzen (zu einer umfassenden Darstellung vgl. Frenkel, John, Fendel 2016).

In diesem Kontext erklärt sich die Bedeutung des Konsums daraus, dass er in zunehmendem Maße als wichtiger bzw. sogar als zentraler Motor bzw. die eigentliche Dynamik des Wachstums klassifiziert wird (Fuchs 1970; Ropke 2011, S. 103 ff., OECD 2016). Daher erscheint es angebracht, den Konsum in die Kontroverse zwischen Wachstum und Umwelt mit einzubeziehen. Hierbei kam es zu der Kontroverse zwischen Konsumentensouveränität und nachhaltigem Konsum. Zunächst ist es notwendig, sich den beiden Kategorien der Konsumentensouveränität und nachhaltigem Konsum getrennt zuzuwenden. Auf dieser Grundlage lassen sich dann die Unterschiede verdeutlichen (vgl. auch Fischer, v. Hauff 2017).

2.2.1 Das Modell der Konsumentensouveränität

Die Konsumentensouveränität wird häufig auf Adam Smith zurückgeführt. Für ihn war Konsum der eigentliche Zweck aller Produktion. In seinem 1776 erschienenen Hauptwerk stellt er fest: „Konsum ist der einzige Zweck aller Produktionen; und das Interesse des Produzenten sollte nur insoweit berücksichtigt werden, als es zur Förderung des Konsumenteninteresses möglich ist" (Smith 1937). Der Begriff „consumer sovereignty" geht auf den englischen Ökonomen Hutt zurück, der ihn in seiner Publikation von 1936 verwendet hat. Konsumentensouveränität wird jedoch nicht einheitlich interpretiert. So stellt beispielsweise Hutt fest:

> „The consumer is sovereign when, in his role of citizen, he has not delegated to political institutions for authoritarian use the power which he can exercise socially through his power to demand (or refrain from demanding)" (Hutt 1936, S. 257).

Damit basiert sein Verständnis von Konsumentensouveränität auf einer normativen Begründung, d. h. auf der Grundlage von Freiheit und Gerechtigkeit. Er geht weiterhin davon aus, dass Individuen ihre eigenen Interessen nicht immer kennen, wobei Politiker noch weniger dazu in der Lage sind, die Interessen der Individuen zu kennen. Daher betrachtet er staatliche Einflussnahme als problematisch.

In der neueren Ökonomie ist die Konsumentensouveränität sowohl in der Mikro- als auch der Makroökonomie, aber auch in der neuen Institutionenökonomie verankert. Die folgenden Ausführungen begrenzen sich jedoch nur auf einige grundlegende Erkenntnisse. Die Basis für die Konsumentensouveränität aus mikroökonomischer Perspektive ist, dass die Konsumenten ihre Pläne im Rahmen der gegebenen Konsummöglichkeiten realisieren. Die Produzenten stellen jene Güter her, die den Verbraucherwünschen entsprechen. Damit basiert die Konsumentensouveränität auf dem methodischen Individualismus bzw. dem Individualprinzip (zum methodischen Individualismus vgl. v. Hauff 2014, S. 20 ff.).

Die mikroökonomische Theorie geht von der Annahme stabiler und konsistenter individueller Präferenzen aus. Wahlfreiheit und Selbstbestimmung werden als hohe Güter angesehen: „Die wirklichen Interessen jedes real existierenden Menschen sollen bestimmen, was vorzugswürdig ist und nicht die Vorstellungen irgendwelcher Ideologen oder Utopisten über das gute Leben" (Sturn 2013, S. 16). Jedoch treten bereits in dem Modell von Becker bei endogenem Präferenzwandel Änderungen in den Haushalts- bzw. Produktionsfunktionen auf. Die Nutzenfunktion beleibt jedoch konstant (Becker 1965). Der Wandel von Präferenzen führt also nicht zu einer tatsächlichen Änderung der Nutzenfunktion. Daraus leitet Seel die Möglichkeit einer differenzierteren Analyse der Restriktionen des Handelns von Konsumenten ab (Seel 2006).

Heute besteht ein breiter Konsens, wonach Konsumenten kein kohärentes, d. h. in sich schlüssiges Präferenzsystem haben. Im Gegensatz zu dem mikroökonomischen Modell der Konsumentensouveränität kennen Individuen teilweise ihre wahren Präferenzen nicht. Teilweise haben sie auch irrationale Präferenzen, und es ist davon auszugehen, dass Präferenzen langfristig nicht stabil sind, da sie sich verändern. Dies spricht nach Lerch jedoch nicht gegen die Konsumentensouveränität. Er unterscheidet zwischen individuellen Konsumentenentscheidungen, die nur das Individuum betreffen und jene Konsumentscheidungen, die auch die Gemeinschaft zum Beispiel durch Umweltbelastungen betreffen. Bei konsumbedingten Umweltbelastungen, die die Gemeinschaft betreffen, sind Einschränkungen hinsichtlich der Konsumentensouveränität gerechtfertigt. Er kommt zu der Schlussfolgerung: „Die Wirksamkeit individueller Präferenzen ist überall dort zu begrenzen, wo die Rechte jeweils anderer (auch zukünftiger) Individuen berührt sind" (Lerch 2010, S. 184). Diese Erkenntnis ist schon stark durch das Paradigma der nachhaltigen Entwicklung geprägt.

Ein aktuelles Beispiel für mögliche staatliche Interventionen wären Fahrverbote für PKWs, die mit Diesel oder Benzin fahren, wenn die Luftbelastung über ein festgelegtes, d. h. gesundheitsschädliches Maß deutlich hinausgeht. Dieses Dilemma, wonach die Menschen einerseits ein Recht auf Wahlfreiheit und Selbstbestimmung haben und andererseits Grenzen der Konsumentensouveränität zum Schutze der Menschen notwendig werden, wurde auch von Vertretern der experimentellen Ökonomik aufgegriffen: „Menschen orientieren sich zu stark an den Gegebenheiten des Status quo, sie sind oft bequem, konfus und willensschwach oder folgen allerlei Impulsen. Die Rechenkünste der meisten sind sowieso eng begrenzt" (Sturn 2013, S. 16). Die Rolle des staatlichen Eingriffs kann unter zwei gegenläufigen Fragestellungen diskutiert werden: Wann ist der Staat legitimiert in die Konsumentensouveränität einzugreifen, was zu Einschränkungen der Persönlichkeitsrechte von Individuen führen kann, oder unter welchen Voraussetzungen trägt die Einschränkung der Konsumentensouveränität zu einer Stärkung der Fähigkeiten bzw. Freiheit von Individuen bei?

2.2.2 Anforderungen an einen nachhaltigen Konsum

Die Ausführungen zur Konsumentensouveränität gaben bereits erste Hinweise auf die Anforderungen an einen nachhaltigen Konsum. Die Diskussion um nachhaltigen Konsum hat in den vergangenen Jahren einen starken Bedeutungszuwachs zu verzeichnen. Dabei wurde die Problemstellung des Konsums bereits in der Agenda 21 verdeutlicht, indem festgestellt wird, dass u.a. die nicht nachhaltigen Konsumgewohnheiten besonders in den Industrieländern Ungleichgewichte zwischen den drei Dimensionen nachhaltiger Entwicklung verschärfen. Daraus wird in der Agenda 21 die Relevanz des nachhaltigen Konsums begründet:

> „Der zunehmenden Einsicht in die Wichtigkeit einer Auseinandersetzung mit dem Konsum steht bislang noch kein entsprechendes Verständnis seiner Auswirkungen gegenüber. Einige Wirtschaftswissenschaftler stellen heute die traditionellen wirtschaftlichen Wachstumskonzepte infrage und betonen die Notwendigkeit, wirtschaftliche Zielsetzungen zu verfolgen, die den vollen Wert des Nettokapitals berücksichtigen. Zur Aufstellung kohärenter internationaler und nationaler Politiken bedarf es einer genaueren Kenntnis der Rolle, die der Konsum im Rahmen des Wirtschaftswachstums und der Bevölkerungsdynamik spielt" (Bundesministerium für Umwelt, Naturschutz und Reaktorsicherheit 1992, S. 18).

Die Relevanz des nachhaltigen Konsums begründet sich daraus, dass der weltweit wachsende Konsum negative ökologische Auswirkungen aufweist, wie steigende Emissionen, aber auch der wachsende Verbrauch knapper Ressourcen. Ein weiteres Beispiel ist die Zunahme von Plastikabfällen in den Meeren mit allen negativen Folgen. „Projected growth in plastics production could lead by 2050, in a business-as-usual scenario, to the oceans containing more plastics than fish (in weight)." (Ellen McArthur Foundation 2017, S. 22). Teilweise hat der wachsende Konsum aber auch negative soziale Auswirkungen. Im Kontext intra- und intergenerationeller Gerechtigkeit wird nachhaltiger Konsum von Balderjahn in Anlehnung an die Brundtland-Definition nachhaltiger Entwicklung wie folgt definiert: "Nachhaltig zu konsumieren bedeutet, die eigenen Bedürfnisse zu befriedigen, ohne die Lebens- und Konsummöglichkeiten anderer Menschen (Prinzip der intragenerativen Gerechtigkeit) und zukünftiger Generationen (Prinzip der intergenerationellen Gerechtigkeit) zu gefährden" (Balderjahn 2013, S. 202).

Aus ökonomischer Perspektive führt ein wachsender Konsum zu einem steigenden individuellen, aber auch gesamtgesellschaftlichen Wohlbefinden. Diese weit verbreitete Sicht der modernen Ökonomie wurde jedoch bereits von dem bedeutenden englischen Philosophen Thomas Hobbes (Begründer des „aufgeklärten Absolutismus") im 17. Jahrhundert kritisch hinterfragt. Er sprach von der durchdringenden Sorge bzw. Angst einer Gesellschaft, die durch unbegrenzte materielle Werte charakterisiert ist. Die negativen ökologischen Folgen von Konsumgesellschaften, wie sie Mitte des 20. Jahrhunderts in Industrieländern aufkamen, wurden bereits Ende der 1950er Jahre in dem Buch von Galbraith „Gesellschaft im Überfluss" (1959) aufgezeigt. In den vergangenen Jahrzehnten wurden dann auch in zunehmendem Maße die negativen sozialen Folgen in empirischen Studien analysiert. So spricht beispielsweise Scitovsky von der „Joyless Economy". Jacobs und Worcester kamen 1991 in ihrer Untersuchung zu dem Ergebnis, dass Menschen im Verhältnis zu 1981 trotz steigender Einkommen und Konsums weniger zufrieden waren. Diese Erkenntnis wird auch in neueren Beiträgen der Glücksforschung bestätigt. So nimmt das Glücksgefühl bei steigendem Wohlstand bis zu einem gewissen Pro-Kopf-Einkommen deutlich zu. Danach stagniert es jedoch oder fällt ab.

Nach Layard entspricht das Einkommensniveau, ab dem das Glücksgefühl stagniert, etwa dem Niveau der ärmeren OECD-Länder (2005, S. 53 ff.). Er begründet diesen Sachverhalt damit, dass zunächst die Bedürfnisbefriedigung bis zu einem bestimmten Niveau angestrebt wird. Danach erhöht der steigende Lebensstandard nicht mehr das individuelle Glücksgefühl. Vielmehr gewinnt die relative Position, d. h., der Status gegenüber anderen Mitgliedern der Gesellschaft, immer mehr an Bedeutung. Die Dynamik erklärt sich daraus, dass die oberen Einkommensgruppen hinsichtlich ihres Niveaus des gesellschaftlichen Status nicht zurückfallen und die mittleren, aber auch unteren Einkommensgruppen, ein höheres Statusniveau erreichen wollen.

Daraus begründet sich die gesellschaftliche Spirale des Strebens nach höheren Einkommen, die sich im Prinzip unendlich fortsetzt und steigende Wachstumsraten aus der Nachfrage nach Konsumgütern ganz wesentlich begründet. Dieses Phänomen wurde bereits 1899 von dem amerikanischen Soziologen Thorstein Veblen (1857–1929) mit dem verbreiteten Geltungskonsum der Oberschicht der USA charakterisiert. Danach hat Geltungskonsum nur einen demonstrativen Charakter. Dabei versteht er unter „demonstrativem Verbrauch" ein Verbraucherverhalten, das über die Erfüllung von Primärbedürfnissen hinausgeht (Veblen 2009). Es dient in erster Linie der Steigerung des Sozialprestiges. In diesem Kontext wurden Begriffe wie Konsumismus oder Konsumerismus eingeführt. Eine populäre Kritik des Konsumismus haben de Graaf, Wann und Naylor vorgetragen. Sie sprechen von „Affluenza", der Überflusskrankheit oder der „Zeitkrankheit Konsum" (de Graaf et al., 2002).

Jackson hat in diesem Zusammenhang den Ansatz der „double dividend" entwickelt. Danach führt weniger Konsum zu einem höheren Wohlbefinden und leistet einen positiven Umwelteffekt. Er begründet diesen Sachverhalt damit, dass es in zunehmendem Maße zu einem Auseinanderfallen von Konsum und Bedürfnisbefriedigung gekommen ist. Er formuliert dies wie folgt: „In pursuit of an inappropriate concept of progress, we are not only damaging our environment but also degrading our own psychological and social well-being." (Jackson 2005, S. 25). Darauf ist die anwendungsorientierte Definition zu nachhaltigem Konsum des Rats für Nachhaltige Entwicklung (RNE) ausgerichtet: „Nachhaltig konsumieren bedeutet, bewusst und weniger zu kaufen. Und wenn die Nutzungszeit eines Produktes schließlich zu Ende geht, darüber nachzudenken, ob es jemand anderes gut gebrauchen könnte" (Rat für Nachhaltige Entwicklung 2013, S. 9). Hier stellt sich die Frage der Verantwortung der verschiedenen Akteure. Welche Bedeutung haben das einzelne Individuum bzw. der Staat hinsichtlich ihrer Verantwortung bzw. Gestaltungsmöglichkeit für nachhaltigen Konsum?

Eine staatlich geförderte nachhaltige Konsumstrategie kann in den Kontext von schwacher und starker Nachhaltigkeit integriert werden. Schwache Nachhaltigkeit zielt hier auf einzelne Maßnahmen zur Senkung von Emissionen bzw. der Reduktion von knappen Ressourcen bei der Produktion und dem Gebrauch von Konsumgütern ab. Entsprechend lassen sich partielle Verbesserungen durch eine Erhöhung der Effizienz erzielen. Dagegen fordert die starke Nachhaltigkeit ein umfassendes Konzept, bei dem für alle Konsumbereiche Senkungen der Emissionen und eine Verringerung knapper Ressourcen angestrebt werden. Dabei gilt es aber auch, die intra- und intergenerationelle Gerechtigkeit zu berücksichtigen. Hierfür ist ein umfangreiches Indikatorensystem erforderlich, mit dem die Effekte in Richtung nachhaltiger Konsum quantifiziert werden können.

2.3 Die Kontroverse zu den Grenzen von Umwelt und Wirtschaftswachstum

Der Zusammenhang zwischen wirtschaftlichem Wachstum und Umwelt, d.h. zwischen Wachstum und Umweltbelastung bzw. Umwelterhaltung wird kontrovers diskutiert. Daher gilt es aufzuzeigen, welcher Zusammenhang hier besteht und wie sich die Kontroverse begründet. Schon 1972 wurde auf der Umweltkonferenz in Stockholm deutlich, dass die Prioritäten bezüglich des Wirtschaftswachstums und der Umwelterhaltung in den Industrieländern und den Entwicklungsländern sehr differieren. Während die Entwicklungsländer ihre Priorität eindeutig auf die Steigerung des quantitativen Wirtschaftswachstums legten, auch wenn die technischen Standards zu Lasten der Umwelt gingen, standen die Industrieländer vor der Frage, wie Umweltschutz und Wirtschaftswachstum miteinander vereint werden können. Diese Frage wird bis heute kontrovers diskutiert.

Meadows u. a. (1972) gehen in dem bereits erwähnten Bericht davon aus, dass ein steigendes Wirtschaftswachstum mit einem größeren Verbrauch an Energie und Ressourcen verbunden ist. Dadurch kommt es zu einer Verknappung bzw. Verbrauch nicht regenerativer Ressourcen, was langfristig zu „Grenzen des Wachstums" führt. Daraus resultieren auch größere Mengen an Müll und Abfallprodukten in der Produktion. Eine steigende Entnahme von Ressourcen, die Akkumulation von Müll und die Konzentration der Schadstoffe werden die Assimilationsgrenzen der Umwelt übersteigen und zu einer Verschlechterung der Umweltqualität führen. Dies hat zur Folge, dass die Wohlfahrt trotz steigender Einkommen sinkt.

Die Schlussfolgerung daraus ist, dass zur Verbesserung der Umweltqualität das Wirtschaftswachstum reduziert und die Ökonomie in die Grenzen der Natur zurückgeführt werden muss. Während in dem Bericht an den Club of Rome die Ressourcen-Inputs als der entscheidende Engpassfaktor herausgestellt wurde, zeigte sich in den beiden vergangenen Dekaden, dass die Erdatmosphäre ein weiterer bedeutender Engpass für weiteres Wirtschaftswachstum sein wird. Dies wurde insbesondere durch die Klimaschutzdiskussionen immer offensichtlicher (Priewe 2002, S. 8). In jüngerer Vergangenheit wird wieder die Ressourcenknappheit besonders bei seltenen Metallen und Erden stärker herausgestellt.

Eine gegensätzliche Position zu Meadows et al. (1972) ist, dass der schnellste Weg zu einer Umweltverbesserung untrennbar mit der Steigerung des Wirtschaftswachstums und damit der Pro-Kopf-Einkommen verbunden ist. Mit höheren Einkommen steigt die Nachfrage nach Gütern und Dienstleistungen, die weniger materialintensiv sind und somit kommt es zu einer Umweltverbesserung. Beckerman (1992) begründet diesen Zusammenhang wie folgt:

> „Furthermore, there is a clear evidence that, although economic growth usually leads to environmental deterioration in the early stages of the process, in the end the best – and probably the only – way to attain a decent environment in most countries is to become rich." (Beckerman 1992, S. 482).

Toman (2003) geht in seiner Untersuchung davon aus, dass es einen zweiseitigen Effekt gibt: „Economic growth affects the natural environment, but the natural environment also affects growth" (Toman 2003, S. 14). Einige Autoren, wie beispielsweise Barett (1994) gehen sogar soweit, dass Umweltregulierungen, die das Wirtschaftswachstum reduzieren oder gar verhindern, dazu führen, dass die Umweltqualität sich verschlechtert. Eine dritte Gruppe von Autoren, die sich der Beziehung empirisch zugewandt haben, geht davon aus, dass der Zusammenhang zwischen Wirtschaftswachstum einerseits und Umweltqualität andererseits weder negativ noch positiv ist. Shafik und Bandyopadhyay (1992), Panayotou (1993), Grossman und Krueger (1995) und Selden und Song (1994) kommen zu dem Ergebnis, dass für einige Indikatoren eine U-förmige Beziehung zwischen dem Wirtschaftswachstum und der Umweltqualität existiert.

Diese Beziehung wird als Environmental Kuznets Curve (EKC) bezeichnet. Als Indikator für die wirtschaftliche Entwicklung steht das Bruttoinlandsprodukt pro Kopf und für die Umwelt bzw. Umweltentwicklung werden verschiedene Indikatoren wie zum Beispiel der Kohlendioxidausstoß gewählt. Danach steigt die Umweltbelastung zunächst bei steigendem Einkommensniveau. Ab einem bestimmten Einkommensniveau geht bei weiter steigendem Einkommensniveau die Umweltbelastung zurück (siehe Abbildung 8). Empirische Untersuchungen zu der Kuzents Kurve kommen bisher nicht zu einem einheitlichem Ergebnis (Jörg 2007).

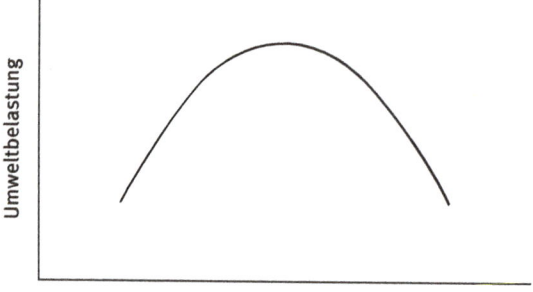

Abbildung 8: Die Environmental Kuznets Kurve

Exkurs: Die Kuznets-Kurve
Basierend auf einer Hypothese von Simon Kuznets entstand die Environmental Kuznets Kurve. Zunächst untersuchte Kuznets (1955) das Wirtschaftswachstum in Bezug zur Einkommensverteilung. Er stellte die These auf, dass in Perioden mit geringem Pro-Kopf-Einkommen die Einkommensdisparitäten mit steigendem Einkommen zunächst zunehmen und ab einem zu bestimmenden Wendepunkt wieder abnehmen. Dies impliziert einen umgedreht U-förmigen Verlauf des Zusammenhangs zwischen Pro-Kopf-Einkommen und der Einkommensverteilung und wird allgemein als Kuznets Kurve bezeichnet.

Zwischen dem Pro-Kopf-Einkommen und der Umwelt wurde ein ähnlicher Zusammenhang vermutet. Nachdem Anfang der 1990er Jahre empirische Daten verschiedener Schadstoffe, z. B. durch das Global Environmental Monitoring System (GEMS) für die Luft- und Wasserqualität, zugänglich wurden, haben Grossman und Krueger (1991) als erste, gefolgt von weiteren Untersuchungen, diesen Zusammenhang für einige Schadstoffe nachgewiesen. Panayotou (1993) bezeichnete diesen Zusammenhang als Environmental Kuznets Kurve.

Simon Smith Kuznets
Simon Smith Kuznets wurde 1901 in Charkow in der heutigen Ukraine geboren, von wo er 1922 in die USA auswanderte. Er besuchte die „Columbia University" in New York und schloss seine Studien 1926 mit dem Ph.D. ab Er arbeitete zunächst beim „Social Science Research Council" in New York und dann beim „National Bureau of Economic Research". 1931 wurde er Professor für Wirtschaftswissenschaften und Statistik an der „Wharton School", die der Universität Pennsylvania in Philadelphia angehört. 1945 wechselte er an die „John Hopkins University" in Baltimore, wo er bis 1960 an der Fakultät der Politischen Ökonomie arbeitete.

Kuznets wurde vor allem dadurch bekannt, dass er sich mit den Kreislaufströmen in den USA beschäftigte und empirische Modelle dazu erstellte. Durch diese Modelle legte er die Basis für die Ökonometrie und die Formulierung zahlreicher makroökonomischer Verhaltensthesen. Er fand heraus, dass es in den USA einen konjunkturellen Zyklus von 15–20 Jahren gibt. Dieser Zyklus wurde später als Kuznets-Zyklus bekannt. Später veröffentlichte er ein weiteres empirisches Modell, welches später als Kuznets-Kurve bekannt werden sollte. Er befasste sich hierbei mit den Problemstellungen der Entwicklungsländer. Er belegte durch eine empirische Analyse, dass es zunächst zu einer inhomogeneren Einkommensverteilung kommt, wenn wirtschaftliche Entwicklung einsetzt, sich dieser Prozess aber nach einiger Zeit umkehrt. Als Ursachen hierfür nannte er strukturelle

> Rigiditäten im Entwicklungsprozess. Diese verhindern eine sofortige Verbesserung der Einkommens-Verteilung mit wachsender Wirtschaftskraft.
> 1971 wurde Kuznets für seine empirischen Arbeiten zur Wachstumstheorie mit dem Nobelpreis für Wirtschaftswissenschaften ausgezeichnet. Simon Kuznets starb 1985.
>
> Quellen:
> Nobel Foundation: http://nobelprize.org
> Rainer Klump, Wirtschaftspolitik, 2006
> E. Glen Weyl, Princeton University: http://www.princeton.edu

Beckerman (1992) sieht zwei Gründe, die zu einem nicht nachhaltigen Wirtschaftswachstum führen: Zum einen die Ausbeutung natürlicher Ressourcen konventioneller Art (z. B. Minerale) und zum anderen die Zunahme der Umweltbelastung (z. B. klimatische Veränderungen oder die Zunahme an Kohlendioxid (CO_2)-Gasen). Auf die Wirkungen und Effekte der CO_2 Gase wird im Folgenden noch näher eingegangen. Die Ausbeutung der natürlichen Ressourcen führt dazu, dass der Ressourcenverbrauch voranschreitet, der Bestand an natürlichen Ressourcen also abnimmt und, wenn es nicht zu technischen Neuerungen oder zur Erforschung und Entwicklung von Substituten kommt, aufgebraucht wird. Des Weiteren besteht die Gefahr, dass bei steigendem Energieverbrauch die umweltschädlichen Inputs in die Produktion und die Emissionen die globale Umwelt nachhaltig schädigen und weit über die Assimilationsfähigkeit der Umwelt hinausgehen (z. B. durch den CO_2-Effekt). Das tritt zumindest dann ein, wenn diese Entwicklung nicht durch die notwendigen umweltpolitischen Maßnahmen reduziert wird. Diese Schädigungen können auf lange Sicht ein solches Ausmaß erreichen, dass das Fortbestehen der Menschheit gefährdet ist (Beckerman 1992, S. 483; Lesch, Kamphausen 2016).

Die Beziehung von Wirtschaftswachstum zeichnet sich durch zwei unterschiedliche Gegebenheiten aus:
- das Wirtschaftswachstum sollte nachhaltig sein (ökologische Nachhaltigkeit), d. h. die Umwelt sollte nur im Rahmen ihrer Assimilationsfähigkeit belastet werden und
- Wirtschaftswachstum hat bereits zu Umweltschädigungen geführt bzw. dazu beigetragen, die zu vermindern bzw. zu beseitigen sind.

Da es bereits weltweit Umweltschädigungen gibt, reicht es also nicht aus nur nachhaltiges Wirtschaftswachstum anzustreben, wonach die Umwelt nur im Rahmen der assimilativen Kapazität belastet wird. Es ist auch nötig die bestehenden Umweltschäden durch Investitionen in die Umwelt zu beseitigen und die Umweltqualität zu verbessern. D'Arge ging bereits zu Beginn der 1970er Jahre davon aus, dass Wirtschaftswachstum und Umweltqualität nur auf lange Sicht kompatibel sein werden. Das ist nur zu erreichen, wenn ein Wachstum des Outputs gleichzeitig dazu führt, dass Investitionen in Recycling-Programme oder in eine Verbesserung der assimilativen Kapazität der Umwelt getätigt werden (D'Arge 1971). Eine wesentliche Herausforderung hierbei wird von Gäth und Meißer wie folgt beschrieben: „Die Gewinnung von Sekundärrohstoffen ist in der Regel nur dann problemlos möglich und sinnvoll, wenn die erforderlichen technischen Recyclingverfahren vorhanden sind und die daraus gewonnenen Sekundärrohstoffe annähernd identische Eigenschaften und Qualitäten wie die Primärstoffe aufweisen" (Gäth, Meißner 2013, S. 111).

In diesem Zusammenhang ist es auch relevant, die Auswirkungen des technischen Fortschritts auf das Wirtschaftswachstum und die Umwelt zu analysieren (Beemsterboer, Kemp 2016, S. 71). Priewe verdeutlicht beispielsweise, dass ein dauerhaftes Wirtschaftswachstum

> „… nur dann mit konstantem Umweltverbrauch vereinbar (…) [ist], wenn es in gleichem Maße dauerhaftes Wachstum der Ressourceneffizienz (…) oder permanente Veränderungen in der Wirtschaftsstruktur gibt oder wenn das Bevölkerungswachstum – ceteris paribus – rückläufig ist. Andernfalls müsste auf Wirtschaftswachstum verzichtet werden, oder es dürfte nur gelegentlich eintreten, wenn entsprechende technische Schübe, Verhaltensänderungen oder Bevölkerungsrückgang zu verzeichnen sind" (Priewe 1999, S. 8).

Die kontroversen Positionen werden in den folgenden Kapiteln weiter vertieft bzw. fortgeführt. In dem folgenden Abschnitt wird nun die Beziehung zwischen dem Wachstumsindikator und ausgewählten Umweltindikatoren empirisch näher analysiert. Dadurch werden erste Trends der Beziehung deutlich.

2.4 Empirische Grundlagen zu der Beziehung Wirtschaftswachstum und Umwelt

Zunächst wird die Entwicklung des Wirtschaftswachstums am Beispiel des Bruttoinlandsproduktes in Deutschland aber auch im internationalen Vergleich dargestellt. Damit wird – wie einführend erläutert – ein zentraler Indikator der wirtschaftlichen Leistungsfähigkeit und Dynamik einer Volkswirtschaft aufgezeigt. Anschließend wird die Entwicklung der beiden Umweltindikatoren Kohlendioxid- und Methan-Emissionen in Deutschland analysiert. Hier stellt sich die Frage, welche Beziehung zwischen dem Wachstums- und den Umweltindikatoren besteht und wie sich diese

Beziehung entwickelt hat. Im Prinzip können drei mögliche Entwicklungstendenzen unterschieden werden, die für Deutschland untersucht werden: Es kam zu einer Entkopplung der Indikatoren, indem das BIP tendenziell gestiegen ist und die Umweltindikatoren entweder konstant blieben oder gesunken sind, das BIP und die Umweltindikatoren haben sich tendenziell gleich, d. h. parallel zueinander entwickelt oder die Umweltindikatoren sind zum BIP überproportional gestiegen. Da bei den beiden Umweltindikatoren im Gegensatz zum Bruttoinlandsprodukt nur kurze Zahlenreihen (ab 1990) vorliegen, können die folgenden Ausführungen nur auf der Grundlage dieser Zeitreihen erfolgen, deren Aussagefähigkeit beschränkt ist.

Die Entwicklung des Bruttoinlandsprodukts

Seit Ende des Zweiten Weltkrieges hat sich das Bruttoinlandsproduktes (BIP) im langfristigen Trend in Deutschland weitgehend stabil entwickelt. Bei einer genaueren Betrachtung zeigt sich jedoch, dass es in der Phase von 1950 bis zur Gegenwart öfter zu einer Stagnation oder sogar zu einem leichten Rückgang des BIP gekommen ist. Von einer Rezession spricht man üblicherweise jedoch erst dann, wenn es zu einem Rückgang des BIP über mehr als zwei Quartale kommt. In der deutschen Nachkriegszeit hat es bislang fünf Rezessionen gegeben. Im Jahr 1967 kam es nach der Beendigung des Zweiten Weltkrieges zu der ersten Rezession. Sie fiel jedoch durch die Wachstumserfolge des „Wirtschaftswunders" in den 1950er und frühen 1960er Jahren moderat aus. Die Phase des Wiederaufbaus war abgeschlossen und in der Folge verlangsamte sich das Wirtschaftswachstum.

Die nächste und schon deutlich stärker ausgeprägte Rezession trat in den Jahren 1974/1975 als Folge der ersten Ölkrise von 1973/1974 auf. Durch das Lieferembargo der OPEC-Länder hatte sich der Ölpreis im Herbst 1973 innerhalb weniger Monate vervierfacht. Diese Rezession stellte zugleich den ersten weltweiten Konjunkturabschwung in der Nachkriegszeit dar. Dabei wurden jedoch auch strukturelle Probleme deutlich. Ihr folgte in den Jahren 1981/1982 eine dritte Rezession, die wieder von einer starken Ölverteuerung 1979/1980 ausgelöst wurde. Die Ölkrise wurde von der Revolution im Iran und dem Iran-Irak-Krieg 1980 ausgelöst, was sich in einem Rückgang des realen Bruttoinlandsprodukts niederschlug.

Eine weitere Rezession trat im Jahr 1993 ein. Sie folgte dem starken wirtschaftlichen Aufschwung, der vom Nachfrageboom der deutschen Wiedervereinigung des Jahres 1990 ausgelöst wurde. Allerdings war auch hier wieder eine massive Erhöhung des Ölpreises im Jahr 1990 infolge des ersten Golfkrieges vorausgegangen. Die Ölpreissteigerung hatte die Weltwirtschaft bereits in einen globalen Wirtschaftsabschwung geführt, welcher in Deutschland infolge der Wiedervereinigung mit einer Verzögerung einsetzte. Zu einer weiteren Rezession kam es im Jahr 2003. Sie wurde unter anderem durch das Ende des Booms in der Informations-Technologie- und Kommunikationsbranche ausgelöst. Es kam zum Platzen der sogenannten Informations- und Kommunikations-Technologie (IKT)-Blase nach dem Höhenflug der Technologie-Aktien Ende der 1990er Jahre einsetzte. Ein weiterer Grund waren die Reaktionen auf die Terroranschläge vom 11. September 2001 in den USA, die auch wieder zu Ölpreissteigerungen führten. Erst das relativ starke Wirtschaftswachstum 2005 führte aus der Rezession heraus. Schließlich kam es ab 2008 zu der internationalen Finanz- und Wirtschaftskrise, die durch einen konjunkturellen Abschwung verstärkt wurde.

Bei der Mehrzahl der wirtschaftlichen Rezessionen der vergangenen Jahrzehnte hatte die Entwicklung des Ölpreises neben anderen Faktoren einen wichtigen Einfluss. Auch im Vorfeld der Wirtschaftskrise, die gegen Ende 2008 immer stärker hervortrat, hatte es bis zur Jahresmitte 2008 eine massive Erhöhung der Ölpreise gegeben, die auf das gesamte Spektrum der Energiepreise ausstrahlte. Besonders markant führte je-

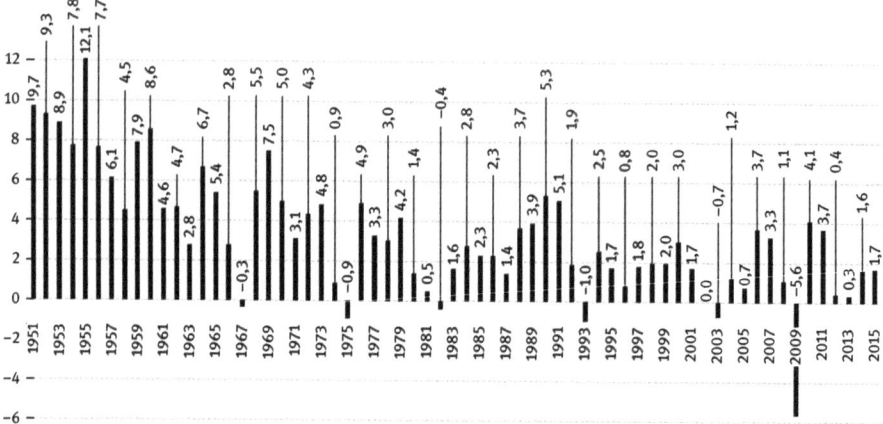

Abbildung 9: Wirtschaftswachstum in Deutschland: Prozentuale Veränderung (Die Ergebnisse von 1950 bis 1969 [Früheres Bundesgebiet] sind wegen konzeptioneller und definitorischer Unterschiede nicht voll mit den Ergebnissen von 1970 bis 1991 [Früheres Bundesgebiet] und den Angaben ab 1991 [Deutschland] vergleichbar. Die preisbereinigten Ergebnisse von 1950 bis 1969 [Früheres Bundesgebiet] sind in Preisen von 1991 berechnet. Die Ergebnisse von 1970 bis 1991 [Früheres Bundesgebiet] sowie die Angaben ab 1991 [Deutschland] werden in Preisen des jeweiligen Vorjahres als Kettenindex nachgewiesen. Bei der VGR-Revision 2014 wurden zudem nur die Ergebnisse für Deutschland bis 1991 zurückgerechnet; Angaben vor 1991 sind unverändert geblieben.)
(Quelle: Statistisches Bundesamt 2016a)

doch die weltweite Finanzkrise im Jahr 2009 gegenüber dem Vorjahr in Deutschland zu einer Verringerung des Bruttoinlandsprodukts um 5,0%. Dies bedeutete den stärksten Einbruch in der Nachkriegszeit (siehe Abbildung 9).

Im Zusammenhang mit der Entwicklung des Bruttoinlandsprodukts ist es wichtig den Strukturwandel zu berücksichtigen, wie von Stiglitz, Sen und Fitoussi (2009) aufgezeigt wurde. Hier geht es um die Frage, welche Branchen oder Sektoren einer Volkswirtschaft wachsen. Bei der Messung des Strukturwandels wird ein statischer Strukturbegriff zugrunde gelegt, der Struktur als Aufteilung einer ökonomischen Gesamtgröße in relevante Teilaggregate erfasst. Die Messung erfolgt anhand der prozentualen Anteile der Teilaggregate an der Gesamtgröße. Kommt es im Zeitablauf zu Veränderungen der prozentualen Anteile, so spricht man von Strukturwandel.

Von großer Bedeutung für die Wirtschaftsentwicklung ist auch die Struktur der Gesamtwirtschaft, aufgegliedert in Sektoren, die vor allem über die Gleichartigkeit der hergestellten Güter definiert sind. In diesem Zusammenhang ist die Drei-Sektoren-Hypothese von Bedeutung, die die Gesamtwirtschaft in die drei Teilbereiche Landwirtschaft, Industrie und Dienstleistungen einteilt. In Deutschland sind wie in anderen Industrieländern deutliche Strukturverschiebungen zwischen dem primären (Landwirtschaft), dem sekundären (Industrie) und dem tertiären (Dienstleistungen) Sektor feststellbar. Als Indikator zur Messung des Strukturwandels werden hier die Anteile der drei Sektoren am Bruttoinlandsprodukt herangezogen (siehe Abbildung 10).

2.4 Empirische Grundlagen zu der Beziehung Wirtschaftswachstum und Umwelt —— 51

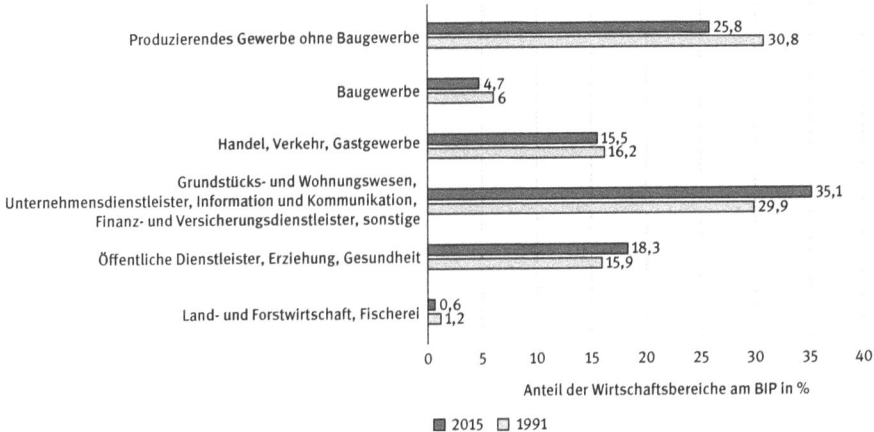

Abbildung 10: Wirtschaftsstruktur in Deutschland – Anteile der Wirtschaftsbereiche am BIP
(Quelle: Statistisches Bundesamt 2016b, S. 61)

Der primäre Sektor (Land- und Forstwirtschaft und Fischerei) verzeichnete für den Zeitraum von 1991 bis 2015 einen Rückgang von 1,2% auf 0,6%. Auch der sekundäre Sektor (Produzierendes Gewerbe und Baugewerbe) war stark rückläufig. Eine Zunahme ist lediglich im tertiären Sektor (Dienstleistungen) zu erkennen. Dabei ist aber zu berücksichtigen, dass ein erheblicher Teil der industrienahen Dienstleistungen vom sekundären in den tertiären Sektor verlagert wurden. Insofern hängt die Entwicklung des Dienstleistungssektors noch in erheblichem Maße vom sekundären Sektor ab.

Der Anteilsverlust des primären Sektors ist in erster Linie auf die Entwicklung der landwirtschaftlichen Produktion zurückzuführen, die durch eine relativ gleichbleibende Nachfrage determiniert wird. Im sekundären Sektor hat durch den technischen Fortschritt, die Steigerung der Arbeitsproduktivität und durch eine Diversifizierung industrieller Produkte eine tiefgreifende Veränderung stattgefunden. Der Dienstleistungssektor gewinnt seit vielen Jahren zunehmend an Bedeutung. Der Prozess dieser Strukturveränderung ist durch einen erheblichen Anstieg der Erwerbstätigkeit im tertiären Sektor gekennzeichnet. Waren 1970 rund 45% der Erwerbstätigen im früheren Bundesgebiet im Dienstleistungsbereich tätig, so waren es 2016 bereits 74,3%. Der Anteil der Erwerbstätigen im Produzierenden Gewerbe sank im gleichen Zeitraum von 46,5 auf 24,2% (Daten des Statistischen Bundesamtes 2016. Download am 1.3..2017 von: www.destatis.de). Diese Strukturveränderungen erklären auch ganz wesentlich die Entwicklung des Wirtschaftswachstums. Zum Abschluss der Betrachtungen des Bruttoinlandsprodukts wird dieses im internationalen Vergleich dargestellt. Daraus wird deutlich, wo Deutschland hinsichtlich der Entwicklung des Wachstums steht (siehe Abbildung 11).

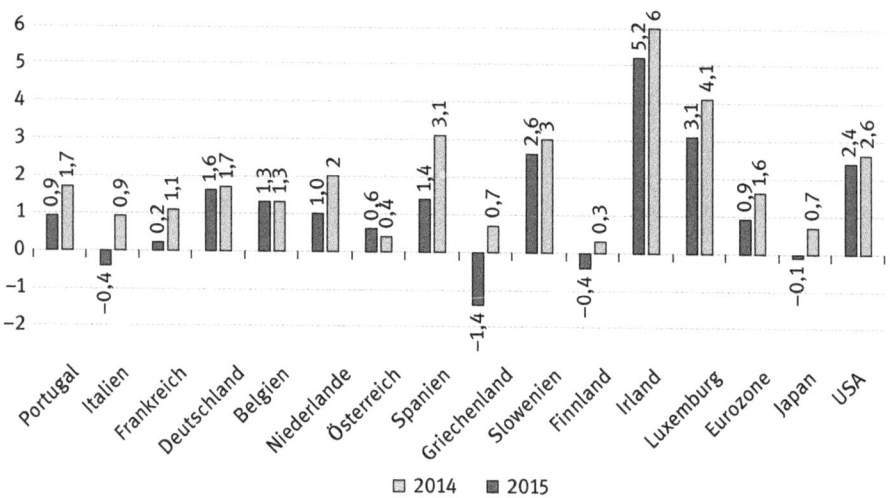

Abbildung 11: Reales Bruttoinlandsprodukt im internationalen Vergleich
Veränderung gegenüber dem Vorjahr in % (Quelle: Statistisches Bundesamt 2016c, S. 26 f)

Vergleicht man Deutschland mit anderen europäischen Staaten, Japan und den USA, so hängen die Veränderungen des Bruttoinlandsprodukts in Deutschland vom Vergleichsjahr ab. Im Jahr 2015 lag Deutschland mit 1,7% im Mittelfeld. Nur die Niederlande, Spanien, Slowenien, Irland, Luxemburg und die USA hatten höhere Veränderungen gegenüber dem Vorjahr.

Eine differenziertere Analyse des Wirtschaftswachstums ist möglich, wenn die Entwicklung einzelner Branchen näher betrachtet wird. Erst dadurch wird es möglich zu bestimmen, welche Bereiche bzw. Branchen in einer Volkswirtschaft wachsen, stagnieren oder rückläufig sind. Dies entspricht einer Strukturanalyse, wie sie von Stiglitz et al. gefordert wird (Stiglitz, Sen, Fitoussi 2009). Durch die Entwicklung einzelner Branchen kann man dann schließlich bestimmte Tendenzen aufzeigen, welche der wachsenden Branchen eine hohe bzw. geringe Umweltbelastung aufweist, d. h. wo umweltpolitischer Handlungsbedarf besteht bzw. kein oder nur ein geringer Handlungsbedarf besteht. Durch ein entsprechendes Bewertungssystem könnte auch bestimmt werden, welches Wachstum entsprechend der sozialen Nachhaltigkeit erwünscht bzw. nicht erwünscht ist. Die folgenden sechs Abbildungen sind eine Auswahl von Branchen, die das exemplarisch verdeutlichen sollen.

Bei der Energieversorgung handelt es sich um eine wachsende Branche, die für die wirtschaftliche Entwicklung hoch relevant ist. Hier gibt es jedoch bei den Energieverbrauchern noch große Einsparpotenziale (Energieeffizienz). Daher wäre aus der Perspektive nachhaltiger Entwicklung ein sinkendes Wachstum wünschenswert und machbar. Weiterhin gilt in diesem Zusammenhang zu berücksichtigen, mit welchen Energieträgern Energie produziert wird. Bisher gilt der Energiesektor immer noch als stark umweltbelastend (v. Hauff, Parlow 2014). Die zunehmende Einführung regene-

2.4 Empirische Grundlagen zu der Beziehung Wirtschaftswachstum und Umwelt — 53

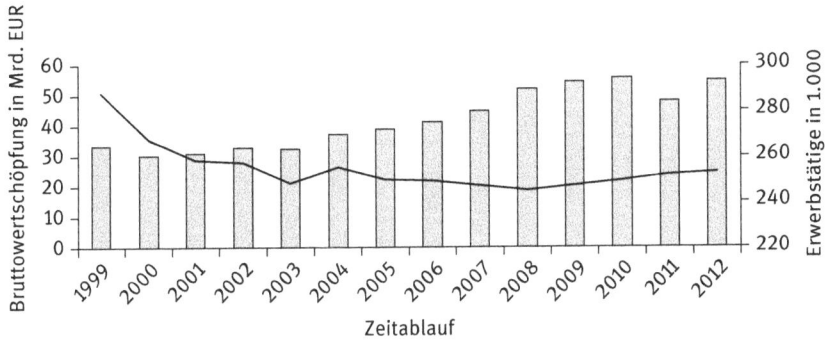

Abbildung 12: Energieversorgung (Quelle: Statistisches Bundesamt 2012b und Statistisches Bundesamt 2016b)

rativer Energieträger wird die Umweltbelastung in zunehmendem Maße reduzieren. Auffällig ist, dass die Bruttowertschöpfung positive Wachstumsraten aufweist und die Beschäftigung rückläufig ist (siehe Abbildung 12).

Beim Maschinenbau handelt es sich um eine wachsende Branche. Wenn der Maschinenbau energie- und ressourceneffiziente und recyclingfähige Maschinen herstellt und diese von den Unternehmen auch nachgefragt werden, befindet sich der Maschinenbau tendenziell auf dem Pfad der Nachhaltigkeit. Dabei gilt zu berücksichtigen, dass die drei Kriterien Energie-, Ressourceneffizienz und Recyclingfähigkeit auch im Maschinenbau weitere Einsparpotenziale aufweisen. Hier verläuft die Bruttowertschöpfung und Beschäftigung etwa parallel (siehe Abbildung 13).

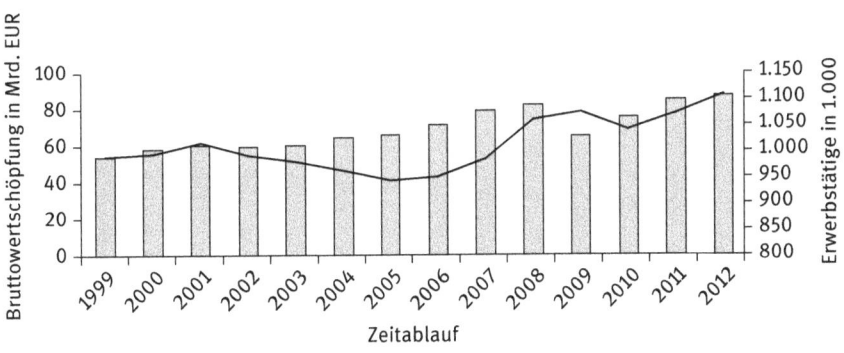

Abbildung 13: Maschinenbau (Quelle: Statistisches Bundesamt 2012b und Statistisches Bundesamt 2016b)

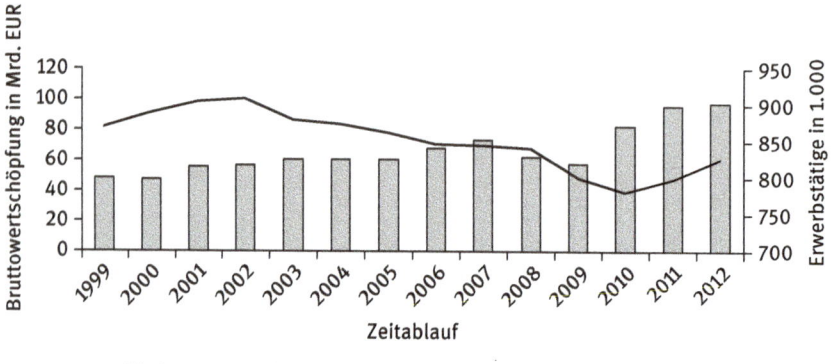

Abbildung 14: Herstellung von Kraftwagen und Kraftwagenteilen (Quelle: Statistisches Bundesamt 2012b und Statistisches Bundesamt 2016b)

Bei der Herstellung von Kraftwagen und Kraftwagenteile handelt es sich um eine wachsende Branche. Wenn die Branche umweltfreundliche Antriebsaggregate und energie- und ressourceneffiziente sowie recyclingfähige Automobile herstellt, ist die Branche auf dem Pfad der nachhaltigen Entwicklung angekommen. Dagegen werden bisher verbrauchsärmere Motoren durch den Rebound-Effekt kompensiert bzw. überkompensiert. Rebound-Effekt bedeutet, dass die Anzahl der gefahrenen Kilometer steigt, wodurch der Verbrauch an Benzin und die Emissionen stärker steigen als die Einsparung durch verbrauchsärmere Motoren. Bei der Herstellung von Kraftwagen/ Kraftwagenteile gibt es seit dem Jahr 2003 eine gegenläufige Entwicklung zwischen Bruttowertschöpfung und Beschäftigung. Die Elektromobilität wird die Branche sehr grundsätzlich verändern. Die Zahl der Erwerbstätigen und die Bruttowertschöpfung werden zurückgehen und die Umweltbelastung durch CO_2 sinken (siehe Abbildung 14).

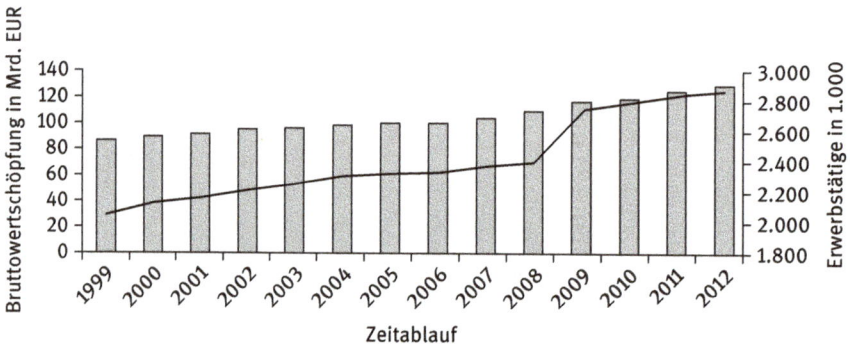

Abbildung 15: Gesundheitswesen (Quelle: Statistisches Bundesamt 2012b und Statistisches Bundesamt 2016b)

2.4 Empirische Grundlagen zu der Beziehung Wirtschaftswachstum und Umwelt — 55

Beim Gesundheitswesen handelt es sich um einen wachsenden Sektor, der sozial relevant und überwiegend umweltfreundlich ist. Es gibt sicher noch Potenziale der Kosteneinsparung und Maßnahmen der Umweltentlastung. Insofern entspricht er weitgehend den Anforderungen nachhaltiger Entwicklung. Bruttowertschöpfung und Beschäftigung laufen parallel zueinander. Beide Indikatoren sind ansteigend (siehe Abbildung 15).

Die Finanz- und Versicherungsdienstleistungen sind eine wachsende Branche, die relativ umweltfreundlich ist (es gibt noch Energieeinsparpotenziale). Die Finanzkrise hat jedoch gezeigt, dass sie ein großes Risiko für die Gesellschaft aufweist, das sich wiederholen kann. Insofern sollte diese Branche nach dem Leitbild Nachhaltiger Entwicklung umgestaltet werden. Hierzu gibt es bereits konkrete Gestaltungsmöglichkeiten, die bisher jedoch nur ansatzweise durchgesetzt werden konnten (Nguyen 2013, S. 372). Bis zum Jahr 2007 liefen die Bruttowertschöpfung und die Beschäftigung parallel. Durch die Digitalisierung wird die Beschäftigung in den nächsten Jahren jedoch sinken (siehe Abbildung 16).

Bei Verkehr und Lagerei handelt es sich um eine wachsende Branche, die mit einer hohen und bisher steigenden Umweltbelastung verbunden ist (v. Hauff, Parlow 2014). Außerdem birgt der Verkehr Sicherheitsrisiken (soziale Dimension), die noch verringert werden können. Insofern ist der Verkehrssektor von den Anforderungen nachhaltiger Entwicklung relativ weit entfernt. Die Bruttowertschöpfung und die Beschäftigung laufen weitgehend parallel (siehe Abbildung 17).

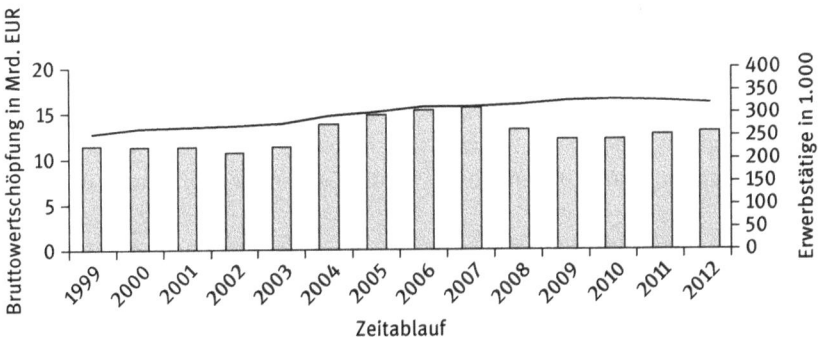

Abbildung 16: Mit Finanz- und Versicherungsdienstleistungen verbundene Tätigkeiten (Quelle: Statistisches Bundesamt 2012b und Statistisches Bundesamt 2016b)

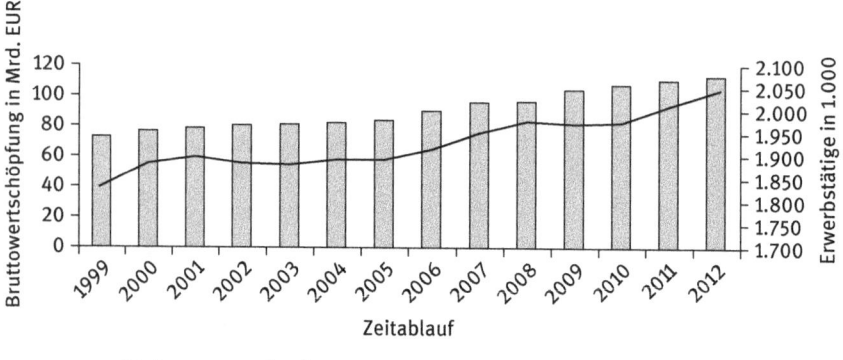

Abbildung 17: Verkehr und Lagerei (Quelle: Statistisches Bundesamt 2012b und Statistisches Bundesamt 2016b)

Emissionen in Deutschland

Nach der empirischen Analyse des Wachstums auf der Grundlage ausgewählter Beispiele, wird nun die Entwicklung von zwei Emissionen, d. h. die Kohlendioxid (CO_2)- und die Methan (CH_4)-Emissionen für Deutschland aufgezeigt. Diese Emissionen werden zu den Treibhausgasen gezählt und sind neben anderen Treibhausgasen maßgeblich für den Treibhauseffekt und damit auch für den Klimawandel verursachend. Da die Daten – wie schon erwähnt – erst seit 1990 zur Verfügung stehen, ist auch hier nur eine relativ kurze Reihe möglich, die nur bedingt tragfähige Aussagen zulässt. Die unbefriedigende Datenverfügbarkeit hängt sowohl mit der Wiedervereinigung, als auch mit den Messwerten, die erst im Zusammenhang mit dem Kyoto-Protokoll zuverlässig erhoben wurden, zusammen. Die im Kyoto-Protokoll reglementierten Gase sind Kohlendioxid, Methan, Distickstoffmonoxid, Fluorkohlenwasserstoffe und Schwefelhexafluorid.

Die Emissionen von Kohlendioxid entstehen hauptsächlich durch das Verbrennen fossiler Energieträger wie Kohle, Erdöl und Erdgas. Diese Emissionen tragen maßgeblich zur Klimaveränderung bei.

Vergleicht man die Emissionswerte des Jahres 1990 mit den Werten von 2013, so wird deutlich, dass die Emissionen relativ abgenommen haben. Das Ziel der Bundesregierung, die Kohlendioxid-Emissionen bis zum Jahr 2005 im Vergleich zum Basisjahr 1990 um ein Viertel zu senken, wurde jedoch nicht erreicht. Das liegt an einer seit einigen Jahren erkennbaren Tendenz einer rückläufigen bzw. abnehmenden Emissionsminderung. So kann man für den Zeitraum von 1999 bis 2003 sogar einen Anstieg der Emissionen feststellen. Dieser Trend war auch 2009 wieder zu erkennen (siehe Abbildung 18).

Nun werden die bereits erwähnten Methan-Emissionen betrachtet. Nach Kohlendioxid ist Methan das bedeutendste von Menschen freigesetzte Treibhausgas, wobei

2.4 Empirische Grundlagen zu der Beziehung Wirtschaftswachstum und Umwelt — 57

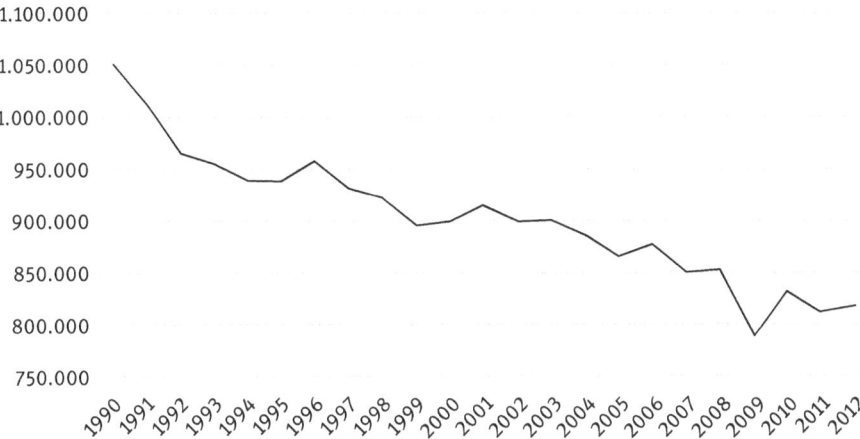

Abbildung 18: Kohlendioxid-Emissionen Gesamt in Deutschland in kt (Quelle: UBA 2015)

es 20- bis 30-mal wirkungsvoller als Kohlendioxid ist. In der Atmosphäre reagiert Methan mit Sauerstoff zu Kohlendioxid und Wasser. Dieser Prozess läuft jedoch sehr langsam ab und die Halbwertzeit wird auf 14 Jahre geschätzt. Methan wird als Heizgas verwendet und dient als Ausgangspunkt für viele andere organische Verbindungen. Methan wird bei biologischen und geologischen Prozessen ständig neu gebildet und freigesetzt.

Die Methan-Emissionen sind in Deutschland für den Zeitraum von 1990 bis 2013 kontinuierlich gesunken. Insgesamt lässt sich feststellen, dass die Methan-Emissionen geringeren Schwankungen unterliegen als Kohlendioxid (siehe Abbildung 19).

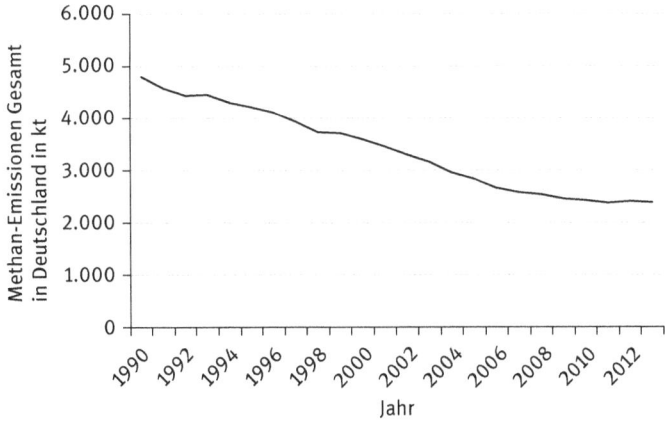

Abbildung 19: Methan-Emissionen in Deutschland (Quelle: UBA 2015)

In Abbildungen 20 und 21 werden die Emissionen von Kohlendioxid und Methan im Vergleich zu dem Bruttoinlandsprodukt aufgezeigt. Es wird deutlich, dass die Emissionen im betrachteten Zeitraum sinken, während das Bruttoinlandsprodukt steigt. In diesem Zusammenhang spricht man auch von der Entkopplung der beiden Emissionen vom BIP, wobei die Entkopplung unterschiedliche Intensitäten aufweist. In einem weiteren Schritt müsste untersucht werden, ob die Entkopplung im internationalen Kontext ausreicht, d. h. die nationalen bzw. internationalen Ziele erfüllt werden (absolute Entkopplung). Ohne dies genauer zu belegen, lässt sich feststellen, dass die Entkopplung in Deutschland in den nächsten drei Dekaden deutlich schneller voranschreiten muss, um noch stärkere negativere Auswirkungen des Klimawandels zu vermeiden.

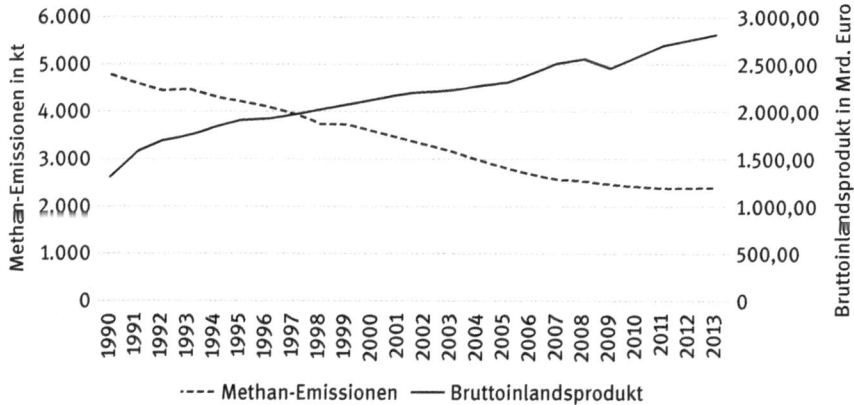

Abbildung 20: Methan-Emissionen im Vergleich zum BIP (Quelle: Eigene Darstellung, Werte von UBA 2015, Statistisches Bundesamt 2016a)

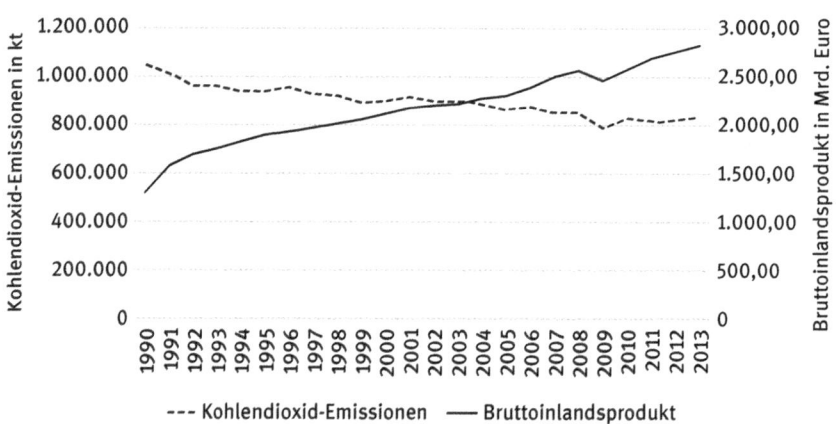

Abbildung 21: Kohlendioxid-Emissionen im Vergleich zum BIP (Quelle: Statistisches Bundesamt 2016a und UBA 2015)

2.4 Empirische Grundlagen zu der Beziehung Wirtschaftswachstum und Umwelt — 59

Eine weitere Differenzierung ergibt sich daraus, die Indikatoren pro Kopf zu berechnen. Dadurch wird im internationalen Vergleich die unterschiedliche Bevölkerungszahl in den jeweiligen Ländern berücksichtigt. Trägt man die Emissionen gegenüber dem Bruttoinlandsprodukt pro Kopf im Sinne der Environmental Kuznets Kurve ab, so zeigt sich, dass beide Emissionen im Verhältnis zum Bruttoinlandsprodukt pro Kopf ebenfalls sinken (siehe Abbildung 22).

Das Ergebnis einer Environmental Kuznets Kurve war nicht zu erwarten, da die Zahlenreihe der Emissionen erst 1990 beginnt. Zu diesem Zeitpunkt wurden bereits Emissionsminderungen politisch beschlossen und durchgesetzt. Interessant wäre daher der Zeitraum vor 1990. Die Existenz einer umgedreht U-förmigen Beziehung ist nicht auszuschließen, da es möglich ist, dass die Emissionen nach dem Zweiten Weltkrieg zunächst mit steigendem Bruttoinlandsprodukt pro Kopf ebenfalls angestiegen sind. Wäre dies der Fall, so könnte man von einer Entkopplung des Wirtschaftswachstums von der Umweltbelastung, d. h. der beiden Emissionen sprechen. Da gerade im Zusammenhang mit dem Klimawandel die pro-Kopf-Emissionen relevant sind, wäre die Entkopplung besonders von CO_2 pro Kopf im internationalen Kontext wichtig.

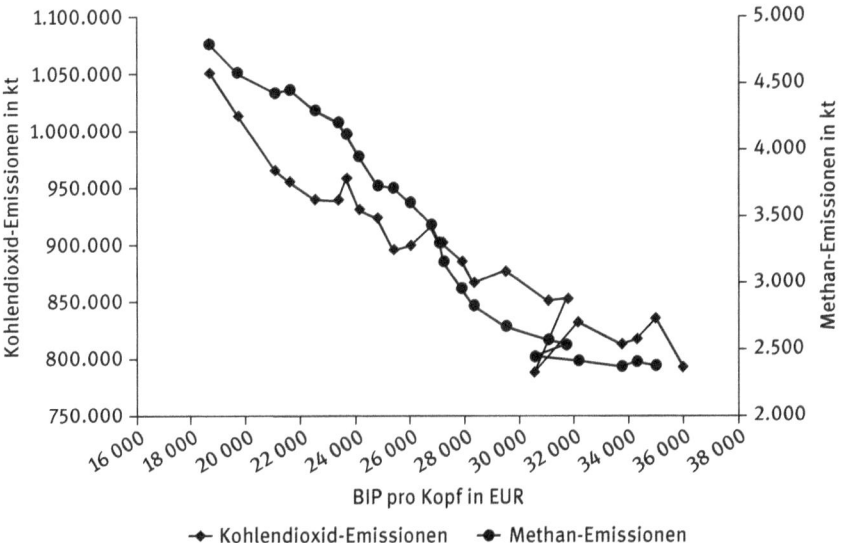

Abbildung 22: Kohlendioxid- und Methan-Emissionen und BIP pro Kopf (Quelle: Eigene Darstellung, Werte von UBA 2016a und Statistisches Bundesamt 2016a)

3 Umwelt im Rahmen der Neoklassischen Theorie

In der ökonomischen Theorie gibt es verschiedene Ansätze die sich der Umwelt bzw. der Ressourcenproblematik zuwenden. Im Folgenden wird zunächst der neoklassische Ansatz und in den nächsten Kapiteln die Ansätze der endogenen Wachstumstheorie und der Ökologischen Ökonomie dargestellt. Dabei wird in einem ersten Schritt der jeweilige Ansatz kurz vorgestellt und danach wird der Bezug zur Umwelt bzw. die Einordnung der Umwelt aufgezeigt. Es folgen in diesem Kapitel also die Ausführungen zur Neoklassik, wobei die Ausführungen hierzu kurzgehalten werden. Für eine Vertiefung der traditionellen, neoklassischen Wachstumstheorie gibt es eine Vielzahl von Literaturquellen (z. B. Frenkel, Hemmer 1999; Barro, Sala-i-Martin 2004; Aghion, Howitt 2015). Die Integration der Umwelt in ausgewählte Modelle wird dagegen ausführlicher behandelt.

Die neoklassische Wachstumstheorie geht ganz wesentlich auf Solow zurück (1956). Dennoch kann der Ausgangspunkt für die Neoklassik bereits 30 Jahre früher festgelegt werden. Chronologisch bildet der Artikel von Ramsey (1928) den Ausgangspunkt für die moderne Wachstumstheorie. Ramsey hat 1928 ein neoklassisches Modell des optimalen Konsums entwickelt und veröffentlicht, das jedoch zu diesem Zeitpunkt unter den Ökonomen keine Anerkennung fand. In der Zwischenzeit gibt es eine große Zahl von Modifikationen dieses Modells, die auch die Umwelt mit in die Analyse einbeziehen.

In den 1970er Jahren wurde besonders unter dem Einfluss der ersten Ölkrise und der großen öffentlichen Aufmerksamkeit des Berichtes von Meadows (1972) der neoklassische Ansatz unter Berücksichtigung der Ressourcenproblematik weiterentwickelt. Das Fundament dieser Ansätze war insbesondere der Ansatz von Hotelling (1931), der das Optimalverhalten eines ressourcenabbauenden Unternehmens bzw. den sozial optimalen Abbau- und Preispfad einer nicht erneuerbaren Ressource zum Gegenstand hat. Dieser Ansatz wird im weiteren Verlauf noch näher erläutert.

Die neoklassische Theorie beschränkte sich in ihren Ansätzen ganz wesentlich auf Optimalitätsbedingungen. Die Frage, ob Wirtschaftswachstum trotz beschränkter Ressourcen möglich sein kann, wurde zwar als wichtig erkannt, wurde in seinen Beiträgen aber nur kurz behandelt. Die meisten der Autoren, die folgten, gehen nicht mehr auf die Frage nach Ressourcenbeschränkungen ein, sondern unterstellen weitgehend kommentarlos eine geeignete Produktionsfunktion, die in ihrem Maximierungskalkül verwendet wurde. Obgleich heute eine Vielzahl von einschlägigen Lehrbüchern vorliegt, gilt als Standardwerk zur neoklassischen Ressourcenökonomie noch immer das 1979 erschienene Lehrbuch von Dasgupta und Heal.

Im Folgenden werden besonders die beiden Ansätze von Solow und Ramsey erläutert. Das Solow-Swan-Modell wird als grundlegendes Modell der Neoklassik jedoch zuerst vorgestellt. Dabei wird kurz auf die Grundannahmen des Modells eingegangen und danach wird die Ressourcenproblematik integriert. Im zweiten Teil des Kapitels wird dann das Ramsey Modell des optimalen Konsums dargestellt und auch hier wird die Ressourcenproblematik erläutert. Abschließend wird eine kritische Würdigung der neoklassischen Theorie vorgenommen.

3.1 Das Solow-Swan-Modell

Als Ausgangsbasis für die neoklassische Wachstumstheorie gelten die Arbeiten von Solow (1956) und Swan (1956). Den Kernpunkt des Modells bildet die neoklassische Form der Produktionsfunktion, eine Spezifikation, die von konstanten Skalenerträgen, von fallenden Grenzproduktivitäten für jeden Produktionsfaktor und von positiven und stetig bestimmbaren Elastizitäten der Substitution zwischen den Produktionsfaktoren ausgeht. Die konstante Sparquote wird in die Produktionsfunktion integriert, wodurch ein einfaches allgemeines Gleichgewichtsmodell für die Volkswirtschaft entsteht (Barro, Sala-i-Martin 2004, S. 26 ff.). Zunächst wird das Wachstum mit nicht erneuerbaren Ressourcen untersucht. Dabei werden drei Kategorien unterschieden:
- eine nicht substituierbare nicht erneuerbare Ressource,
- eine nicht substituierbare, unzerstörbare Ressource und eine substituierbare, nicht erneuerbare Ressource und
- die Backstop-Technologie.

Im Anschluss wird ein Modell von Frenkel und Hemmer (1999) vorgestellt, das die Umwelt im neoklassischen Wachstumsmodell berücksichtigt. Abschließend für diesen Teil des Solow-Swan-Modells wird das Modell von Chakraborty (1999) vorgestellt, das dann Umweltverschmutzungen und Umweltschutzausgaben mit integriert. Dieses Modell ist stellvertretend für viele Wachstumsmodelle der neoklassischen Umwelt- und Ressourcenökonomie.

Trevor Swan

Der Australier Trevor Winchester Swan wurde 1918 geboren. Nach seinem Schulabschluss begann er ein Wirtschaftsstudium an der „University of Sydney". Obwohl er schon während seines Studiums einem Beruf in der örtlichen Bank nachging, beendete er sein Studium nach kürzester Zeit im Jahre 1939. Nach seinem Studium wurde er in den Staatsdienst aufgenommen. In dieser Zeit verfasste er das „White Paper on Full Employment", das die Grundlage für die australische Wirtschaftspolitik für mehrere Jahrzehnte darstellen sollte. 1950 wechselte er an die „Australian National University" um dort den neu eingerichteten Lehrstuhl für Wirtschaft zu besetzen. 1963 wurde er an die „University of Cambridge" eingeladen, um Gastvorlesungen zu halten. Er war Gastprofessor in Yale, am „Massachusetts Institute of Technology" und an der „University of Southampton". 1958 bis 1959 leitete er das bekannte Wirtschaftsprojekt des MIT in Indien. Danach blieb er der „Australian National University" bis zu seinem Ruhestand 1983 treu. Er starb 1989 im Alter von 71 Jahren.

Trevor Swan gilt als besonders einflussreicher Wirtschaftswissenschaftler, der nicht mit dem Nobelpreis ausgezeichnet wurde. Drei Wissenschaftler erhielten den Nobelpreis für Arbeiten, die auf Swans Theorien basierten: Solow erhielt den Nobelpreis für die neoklassische Wachstumstheorie,

> Klein für die Erstellung makroökonomischer Modelle für die Vorhersage von Wirtschaftsentwicklungen und Meade für sein Integrationsmodell interner und externer Gleichgewichte. Swan veröffentlichte sein Modell des Wirtschaftswachstums 10 Monate nach Solow, befasste sich jedoch intensiver mit den Auswirkungen des technischen Fortschritts. Solow passte sein Modell daraufhin an die Arbeit Swan an. Daher wird das Modell, für welches Solow mit dem Nobelpreis ausgezeichnet wurde, gelegentlich auch als Solow-Swan Modell bezeichnet.
>
> Quellen:
> Economic Growth, Trevor Winchester Swan: http://ideas.repec.org/
> Australian National University: http://www.crawford.anu.edu.au/

Solow geht von einer Wirtschaft aus, in der ein Gut produziert wird. Die Produktion Y_t findet mit Hilfe der Produktionsfaktoren Arbeit A_t und Kapital K_t statt. Dabei wird die Arbeit in Effizienzeinheiten $A_t^\star$ gegliedert:

$$A_t^\star = A_t \cdot a_t,$$

wobei a_t die Arbeitseffizienz und A_t die Arbeitsmenge darstellt. Die Zusammenhänge zwischen Input und Output unter Vernachlässigung des technischen Fortschritts beschreibt Solow mit Hilfe der neoklassischen Produktionsfunktion

$$Y = F(A^\star, K)$$
$$\text{mit } F \geq 0, A^\star \geq 0, K \geq 0$$

Die Produktionsfunktion F wird dabei als neoklassisch bezeichnet, wenn sie positive und fallende Grenzproduktivitäten in Bezug auf jeden Faktor aufweist, konstante Skalenerträge hat und die Grenzproduktivität des Kapitals (Arbeit) gegen unendlich strebt und die eingesetzte Menge an Kapital (Arbeit) gegen Null strebt.

Die Investitionsfunktion wird definiert als

$$I = s \cdot Y,$$

wobei die Sparquote s konstant und exogen ist, I kennzeichnet die Nettoinvestitionen. Die Nettoinvestitionen entsprechen der Änderung des Kapitalstocks K. Gleichgewichtiges Wachstum liegt nach Solow vor, wenn die Wachstumsraten von Arbeit, gemessen in Effizienzeinheiten, und von Kapital gleich sind. Eine einmal erreichte Vollbeschäftigung der Arbeit bleibt stets aufrechterhalten. Bei diesem Gleichgewichtswachstum ist die Änderung der Kapitalintensität der Arbeit gleich Null.

> **Robert Merton Solow**
> Robert Merton Solow wurde am 23. August 1924 in Brooklyn, New York geboren. Er besuchte ab 1940 die Harvard Universität, unterbrach jedoch sein Studium von 1942 bis 1945, um in der US Army zu dienen. 1949 bis 1950 wechselte er an die Columbia University, wo er die Arbeit für seinen Ph.D. begann. Anschließend wechselte er an das Massachusetts Institute of Technology (MIT), wo er 1951 seinen Ph.D. erhielt. Seit 1958 ist er dort ordentlicher Professor. Am MIT traf er auch Paul Samuelson, mit dem er fortan gemeinsam forschte.
>
> 1956 veröffentlichte Solow seinen Aufsatz „A Contribution to the Theory of Economic Growth". Er stellte darin ein mathematisches Modell für Wachstum vor, das auf dem Modell von Harrod-Domar basierte. Ergebnis des Aufsatzes „Technical Change and the Aggregate Production Function" war das Solow Modell, das langfristiges Wirtschaftswachstum in einer Volkswirtschaft ausschließlich durch technischen Fortschritt zu erklären versucht. Die Theorie konnte er anschließend empirisch anhand von Daten der USA verifizieren. Er fand heraus, dass ein Großteil des amerikanischen Wirtschaftswachstums in der ersten Hälfte des 20. Jahrhundert von technologischem Fortschritt angetrieben wurde und nur ein sehr kleiner Teil auf den steigenden Einsatz von Arbeit und Kapital zurückzuführen ist.
>
> Er erhielt 1961 den John Bates Clark Award, der von der American Economic Association an den besten Wirtschaftswissenschaftler, jünger als 40 Jahre vergeben wird. Für seine Analysen zum Wirtschaftswachstum wurde Robert Merton Solow 1987 mit dem Nobelpreis ausgezeichnet.
>
> Quellen:
> The Library of Economics and Liberty: http://www.econlib.org
> Enzyklopädie Britannica: http://www.britannica.com
> Nobelprize.org: http://nobelprize.org

Die Wachstumsrate im Gleichgewicht ist gleich der Summe der Wachstumsraten der Arbeit und der Arbeitsproduktivität. Als Grund für die Stabilität des Systems wird die Substituierbarkeit von Arbeit und Kapital gesehen. Dies ist jedoch nicht hinreichend. Ein weiterer Faktor ist, dass es sich um eine reine Angebotstheorie handelt, die Nachfrageseite wird nur implizit berücksichtigt. Das folgt aus der Tatsache, dass die Wirtschaftspolitik auf Dauer in der Lage ist, das Nachfrageniveau so anzuheben, dass Vollbeschäftigung herrscht.

3.1.1 Wachstum mit nicht erneuerbaren Ressourcen

Bisher wurde davon ausgegangen, dass alle Produktionsfaktoren unbegrenzt einsetzbar sind. Umweltschäden weisen jedoch eine physische Begrenzung der Produktionsmöglichkeiten auf, da sie die Produktivität der endogen vermehrbaren Faktoren herabsetzen. Im Wachstumsgleichgewicht kommt es somit zu Niveaueffekten. Soll die Umweltsituation stabil gehalten oder verbessert werden, kommt es zu Schadensvermeidungsausgaben, die zum einen durch eine Reduzierung des Konsums oder zum anderen durch eine Reduzierung der Investitionen in die Produktion möglich werden. Daher ist das Sozialprodukt im Wachstumsgleichgewicht bei Berücksichtigung der Umweltsituation geringer als im vergleichbaren Fall ohne Berücksichtigung der Umwelt. Der Einsatz von nicht erneuerbare Ressourcen beschränkt den Produktionsprozess, da eine Aufzehrung der Ressourcen stattfindet und somit der Naturverbrauch nicht mehr konstant ist. Ein zeitlich konstanter Konsum kann nur dann erreicht werden, wenn das Bevölkerungswachstum gleich Null ist. Kommt es zu exogenem technischen Fortschritt, so ist ein konstanter oder gar wachsender Konsum pro Kopf auch bei positivem Bevölkerungswachstum möglich (Solow 1974a, Stiglitz 1974).

Die Umweltproblematik fand in der Neoklassik relativ wenig Beachtung, da man davon ausging, dass das Wirtschaftswachstum nicht an die Grenzen der Umwelt stoßen könnte. Daher spricht man in diesem Zusammenhang auch von neoklassischem Wachstumsoptimismus (Frenkel, Hemmer 1999, S. 324). Frenkel und Hemmer stellen fest, dass die Unterstellung der Substituierbarkeit zwischen dem menschengeschaffenen und dem naturgegebenen Kapitalstock permanente Anpassungen an sich verändernde relative Knappheitsverhältnisse zwischen einzelnen Kapitalarten erlauben. Diese verhindern das Zustandekommen von Wachstumsgrenzen. Dies führt zur Frage, wie die Substitution von nicht erneuerbaren durch erneuerbare Ressourcen erreicht werden kann. Dies wird durch sogenannte Backstop-Technologien erreicht, die im Folgenden erläutert werden.

Die Darstellung wird in folgender Weise vorgenommen:
- Es existiert eine nicht erneuerbare Ressource, die auch nicht substituiert werden kann (s. Kapitel 3.1.1.1).
- Es existiert eine nicht erneuerbare, unzerstörbare Ressource (der Boden) und eine substituierbare aber nicht erneuerbare Ressource. Fehlt diese Ressource vollständig, so ist keine Produktion möglich (s. Kapitel 3.1.1.2).
- Es ist bei entsprechendem Kapital- und Arbeitsaufwand möglich, die nicht erneuerbare Ressource vollständig zu ersetzen: Es gibt eine Backstop-Technologie (s. Kapitel 3.1.1.3).

Dabei beschränken sich die Darstellungen auf ein Ein-Sektoren-Wachstumsmodell und zeigen den Umgang mit nicht erneuerbaren Ressourcen.

3.1.1.1 Eine nicht substituierbare nicht erneuerbare Ressource

Dasgupta und Heal (1979, S. 196) bezeichnen eine nicht erneuerbare Ressource als wesentlich, wenn es bei einem festen vorgegebenen Bestand dieser Ressource zum Basiszeitpunkt ($t = 0$) nicht möglich ist, einen positiven Konsumgüterstrom dauerhaft zu garantieren. Angenommen es gäbe zum Zeitpunkt $t = 0$ einen festen Bestand der Ressource R_0, die nicht erneuerbar ist und ohne die keine Produktion möglich ist. Es sollen weiterhin immer gleiche Mengen der Ressource in den Produktionsprozess eingehen, so dass immer die gleiche Menge c der Ressource benötigt wird, wobei c der Produktionskoeffizient der Ressource ist. Für den Faktor Arbeit soll technischer Fortschritt (z. B. Maschineneinsatz) möglich sein, wobei ein technischer Fortschritt in Bezug auf die Ressource ausgeblendet sein soll.

Dies führt zu folgendem Modell

$$Y = F(A \cdot a, K, R)$$

Dabei stellt Y das Produktionsergebnis (den Output), A die Arbeitsmenge, a den Faktor der Arbeitseffizienz, K den Kapitalstock und R die Ressource dar. F sei die neoklassische Produktionsfunktion, homogen vom Grad Eins. Daher kann die Funktion geschrieben werden als

$$Y = \min(g(A \cdot a, K), 1/c \cdot R)$$

Dabei weist g die gleichen Eigenschaften auf wie F und gibt die Produktionsmenge an, die mit Arbeit und Kapital erzeugt werden kann, wenn genügend Ressourcen zur Verfügung stehen. $1/c \cdot R$ gibt die mögliche Produktionsmenge an, die mit den vorhandenen Ressourcen erzeugt werden kann. Die Voraussetzung ist, dass genügend Arbeit und Kapital zur Verfügung stehen.

Das Subsistenzminimum einer Person sei c_{min}. Die Rate des technischen Fortschritts sei exogen und konstant. Es kann nur eine solche Personenzahl X existieren, für die gilt

$$\frac{Y}{X} \geq c_{min}$$

Betrachtet man den einfachsten Fall konstanter Produktion (oder Nullwachstum) und eines konstanten Kapitalbestandes, dann wird vom Zeitpunkt Null bis zum Zeitpunkt T die Ressource aufgebraucht. Die Bevölkerung kann mit der Ressource, unabhängig vom technischen Fortschritt und vom Kapitalbestand, nur bis zum Zeitpunkt T überleben. Dies ist eine pessimistische Einschätzung, die dazu führt, dass es zu der Forderung nach einer Verringerung der Produktion kommt, damit die Überlebenszeit verlängert werden kann. Eine Verringerung ist nach dem Modell unvermeidlich, jedoch kann sich auch die Abnahmerate des Ressourcenverbrauchs stets verringern. Dann ist der Vorrat an Ressourcen unendlich, die Produktion nimmt jedoch mit der gleichen Rate ab.

Eine weitere Forderung ist, dass auch die Bevölkerung mit derselben Rate abnimmt. Die mögliche minimale Abbaurate der Ressource und damit auch die minimal mögliche Abbaurate der Bevölkerung ist umso größer, je höher das Ausgangsniveau der Bevölkerung und je kleiner der Anfangsvorrat der Ressource ist (Krelle 1988, S. 241 ff.). Allgemein ist die Überlebenszeit der Menschen umso größer, je höher die Anfangsvorräte der Ressource R_0 und je kleiner die Bevölkerungszahl X und das Subsistenzminimum c_{min} sind.

3.1.1.2 Eine nicht substituierbare, unzerstörbare Ressource (Boden) und eine substituierbare, nicht erneuerbare Ressource

Erweiternd zum vorangegangenen Modell bestehe jetzt die Annahme, dass es zwei nicht erneuerbare Ressourcen gibt (Krelle 1988): den Boden B und die Ressource R. Der Boden steht in einer festen Menge $\bar{B}$ zur Verfügung. Der Vorrat der Ressource im Zeitpunkt Null wird mit R_0 bezeichnet, die Ressource ist nicht erneuerbar. Für die Produktion werden beide Ressourcen, sowie Arbeit und Kapital benötigt. Fehlt einer der Faktoren ist keine Produktion möglich, dennoch können einzelne Faktoren in bestimmtem Umfang ersetzt werden. Z. B. kann die Ressource durch einen vermehrten Arbeits- und Kapitaleinsatz sowie durch einen vermehrten Einsatz des Bodens ersetzt werden.

Im folgenden Modell wird gezeigt, dass bei technischem Fortschritt ein Gleichgewichtswachstum möglich ist. Dieses Wachstum ist auch mit konstantem Bodeneinsatz und trotz abnehmender Ressourcenvorräte möglich. Die Produktionsfunktion des Modells lautet

$$Y = F(A \cdot a, K, B, R)$$
$$\text{mit } D = \bar{D} = \text{konstant}$$

F sei homogen vom Grad Eins, daher ist die Summe der Produktionselastizitäten gleich Eins. Die Mindestversorgung der Bevölkerung X muss wieder sichergestellt werden:

$$\frac{Y}{X} \geq c_{min}$$

Da die Produktionsfunktion mehr als zwei Elemente enthält, muss die Definition des Gleichgewichtswachstums erweitert werden. Als Forderung tritt nun hinzu, dass die Anteile der Boden- und Ressourcenbesitzer am Sozialprodukt konstant seien. Es kommt zu einer endogenen Bestimmung der Abbaurate der Ressource. Daraus folgt im Gleichgewicht (Krelle 1988):

- **Für den Lohnsatz:** Der Lohn steigt mit zunehmender Arbeitsproduktivität. Die Arbeitsproduktivität ist eine sinkende Funktion der Rate des Bevölkerungswachstums, eine steigende Funktion der Rate des technischen Fortschritts und eine sinkende Funktion der Abbaurate der Versorgung mit der verbrauchbaren Ressource.
- **Für den Zinssatz:** Der Zinssatz ist proportional zur Wachstumsrate des Produktionsergebnisses und umgekehrt proportional zur Sparquote.
- **Für die Bodenrente:** Die Bodenrente wächst mit derselben Rate wie das Produktionsergebnis.
- **Für den Preis der Ressource:** Die Preissteigerungsrate ist eine steigende lineare Funktion der Wachstumsrate der Arbeit, der Rate des technischen Fortschritts und der Abnahmerate der Liefermenge der seltenen Ressource.

Das Produktionsergebnis kann weiter steigen, wenn die Wachstumsrate der Arbeit moderat ist und das Wachstum des technischen Fortschritts positiv bleibt. Die nicht erneuerbare Ressource und der unvermehrbare Boden verhindern also nicht das Wachstum, solange das Bevölkerungswachstum gering genug ist und sofern der technische Fortschritt und damit die laufende, fortschreitende Substitution der nicht erneuerbaren Ressource aufrechterhalten bleiben. Somit ist ein Wirtschaftswachstum unter Substitution möglich. Eine ausreichend hohe Sparquote und eine ausreichend große Rate des technischen Fortschritts können die Schwierigkeiten, die von den nicht erneuerbaren Ressourcen ausgehen, überwinden.

Hier wurden nun zwei Modelle untersucht, denen zum einen eine nicht substituierbare nicht erneuerbare Ressource und zum anderen eine nicht substituierbare, unzerstörbare und eine substituierbare, nicht erneuerbare Ressource zu Grunde lagen. Bei entsprechendem Kapital- und Arbeitsaufwand kann es jedoch möglich sein, die nicht erneuerbare Ressource vollständig zu ersetzen. Das wird durch sogenannte Backstop-Technologien möglich. Dies ist nun Gegenstand des nächsten Abschnitts, wobei zunächst erläutert wird, was unter Backstop-Technologien verstanden wird.

3.1.1.3 Backstop-Technologie

Inhaltliche Klärung von Backstop-Technologien: Es handelt sich um Technologien, durch die nicht erneuerbare Ressourcen durch nicht erschöpfliche oder erneuerbare Ressourcen vollständig substituiert werden können. Wesentlich ist, dass die substitutive Ressource (oder Backstop-Ressource) dabei in unbegrenzter Menge zur Verfügung steht bzw. bei Bedarf neu geschaffen werden kann. Die große Bedeutung der Backstop-Ressourcen besteht darin, dass sie die Lösung des Problems der Verknappung nicht erneuerbarer Ressourcen darstellen. Wachstumstheoretisch sind Backstop-Technologien somit als exogener technischer Fortschritt einzuordnen. Daraus leitet sich die Erwartung an den technischen Fortschritt ab, wonach in Zukunft stets die erforderlichen Produktionstechnologien im Sinne von faktorvermehrendem technischem Fortschritt zur Verfügung stehen.

Das Problem, das sich in Verbindung mit Backstop-Technologien ergibt, ist, dass die Backstop-Ressourcen mit der Nutzung nicht erneuerbarer Ressourcen kaum konkurrieren können. Die sich ergebenden Produktionsgrenzkosten der erneuerbaren Ressourcen liegen zumeist über den Preisen der nicht erneuerbaren Ressourcen. Ein weiteres Problem ist, dass oft keine substitutiven Ressourcen existieren. Diese Probleme können nur gelöst werden, indem der Staat die Grundlagenforschung für die substitutiven Ressourcen fördert. Weiterhin sollte er auch auf die nicht erneuerbaren Ressourcen preismechanisch einwirken, indem er den Verbrauch der nicht erneuerbaren Ressource besteuert. Dadurch wird die Verfügbarkeit der nicht erneuerbaren Ressource verlängert und der Verfügbarkeitszeitpunkt des Backstop-Substituts verlagert.

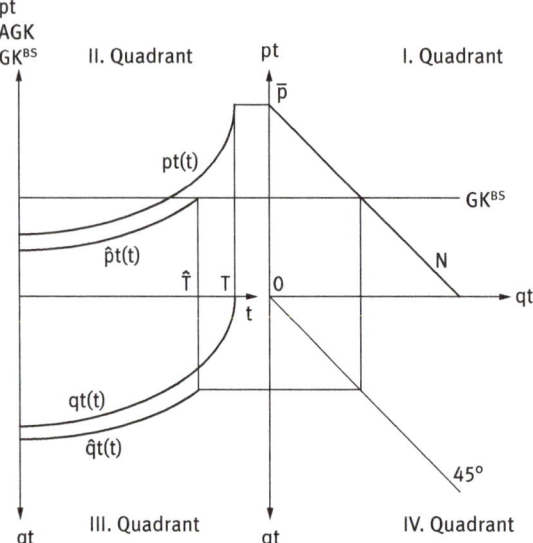

Abbildung 23: Von der nicht erneuerbaren Ressource zum Backup-Substitut
(Quelle: Endres 2013, S. 366)

Ein besonderes Interesse gilt einem friktionsarmen Übergang von der Nutzung einer nicht erneuerbaren Ressource zur Backstop-Technologie. Dieser Übergang wird in der Abbildung 23 dargestellt (Endres 2013). Dabei handelt es sich um eine homogene nicht erneuerbare Ressource Q.

Im zweiten Quadranten wird mit $p_t(t)$ die Entwicklung des Preises der nicht erneuerbaren Ressource ohne Backstop-Substitut dargestellt. Dabei steigt die Differenz zwischen Preis und Abbaugrenzkosten (AGK) mit einer Rate, die dem Zinssatz entspricht. Der erste Quadrant zeigt die Nachfragekurve für die betreffende Ressource, die als in der Zeit invariant angenommen wird. Im dritten Quadranten ist der Zeitpfad der Ressourcenausbeutung $q_t(t)$ dargestellt, den man durch die 45° Linie im vierten Quadranten erhält.

GK^{BS} stellen die Grenzkosten, des Backstop-Substituts dar und werden als konstant angenommen. Diese Grenzkosten bilden zugleich einen Oberpreis für die nicht erneuerbare Ressource, da niemand bereit ist, für die nicht erneuerbare Ressource einen höheren Preis zu bezahlen, als für das vergleichbare Backstop-Substitut. Da die GK^{BS} unter dem prohibitiven Preis liegen, kann der Preis für die nicht erneuerbare Ressource nicht oberhalb der GK^{BS} liegen. Daher werden die Nutzungsgrenzkosten gesenkt und der Preispfad verschiebt sich nach $\bar{p}_t(t)$, da so mehr von der nicht erneuerbaren Ressource abgesetzt und somit abgebaut werden kann, wie im Fall ohne Backstop-Technologie. Daher liegt der Zeitpunkt der Erschöpfung der nicht erneuerbaren Ressource in $\bar{T}$. Das ist eine gleichgewichtige Entwicklung, da die Ressource in dem Zeitpunkt vollständig abgebaut ist, in dem ihr Preis die GK^{BS} erreicht hat. In diesem Zeitpunkt wird von der nicht erneuerbaren Ressource auf die Backstop-Ressource übergegangen.

Endres (2013) geht davon aus, dass eine andere Entwicklung nicht gleichgewichtig sein kann:

> „Ist noch ein Restbestand der nicht erneuerbaren Ressource in der Erde, wenn ihr Preis auf GKBS angestiegen ist, so wird dieser niemals genutzt werden, ist also verschwendet. Ist dagegen die nicht erneuerbare Ressource schon vollständig abgebaut, ehe ihr Preis auf GKBS angestiegen ist, steht in dieser Situation einer positiven Nachfrage kein Angebot gegenüber" (Endres 2013, S. 367).

Dem gegenüber stehen die Positionen von Dasgupta und Heal (1979), Fisher (1981) und Ströbele (1987), die davon ausgehen, dass es immer zu einer vollständigen Erschöpfung des nicht erneuerbaren Ressourcenbestandes kommt. Fände ein Wechsel auf das Backstop-Substitut bereits vor der Erschöpfung des nicht erneuerbaren Bestandes der Ressource statt, so würden die Ressourcenbesitzer wegen geringer Extraktionskosten stets den Preis des Substitutes unterbieten und damit ihre verbliebenen Ressourceneinheiten absetzen. In der Neoklassik ist die Substituierbarkeit der einzelnen Einheiten des Kapitalstocks möglich, was das Zustandekommen von Wachstumsgrenzen verhindert. Die Modellierung des neoklassischen Grundgedankens erfolgt anhand des Modells von Frenkel und Hemmer.

3.1.2 Berücksichtigung der Umwelt im neoklassischen Wachstumsmodell

Frenkel und Hemmer (1999) unterstellen in ihrem Modell eine Produktionsfunktion mit den Produktionsfaktoren Kapital (K) und einer nicht erneuerbaren Ressource (Z):

$$y(t) = f(k(t), z(t))$$

Dabei ist y das Pro-Kopf-Produktionsergebnis oder Pro-Kopf-Einkommen, k die Pro-Kopf-Kapitalausstattung und z der Pro-Kopf-Einsatz der nicht erneuerbaren Ressource. Es wird davon ausgegangen, dass der Arbeitskräftebestand exogen vorgegeben und die Produktionsfunktion linear homogen ist. Es gelten die Inada-Bedingungen (Bedingungen, die an die verwendeten Produktionsfunktionen gestellt werden): Die Grenzproduktivität der Arbeit geht gegen unendlich, wenn die eingesetzte Menge Arbeit gegen null strebt. Umgekehrt strebt die Grenzproduktivität gegen null, wenn die Menge des entsprechenden Faktors unendlich groß wird.

$$\lim(L \to 0)(\partial F/\partial L) = \infty$$
$$\lim(L \to \infty)(\partial F/\partial L) = 0$$

Damit ein positives Produktionsergebnis erreicht wird, muss sowohl Kapital als auch die nicht erneuerbare Ressource zur Verfügung stehen. Ein Verzicht auf einen Faktor würde einen Verzicht auf Produktion bedeuten.

c(t) ist der Pro-Kopf-Konsum, a · z(t) sind die Extraktionskosten der betrachteten Periode. Extraktionskosten sind die Kosten, die durch den Abbau einer erschöpflichen Ressource anfallen. Die Einkommensverwendungsgleichung in Pro-Kopf-Größen zeigt, dass das Volkseinkommen entweder konsumiert, zur Akkumulation von Kapital eingesetzt oder zur Extraktion der nicht erneuerbaren Ressource verwendet wird.

$$y(t) = c(t) + \frac{dk}{dt} + a \cdot z(t)$$

Falls die Nettoerträge der Ressourcenextraktion $((\partial f/\partial z - a) \cdot z(t))$ zur Kapitalakkumulation verwendet werden, erhält man die Investitionsfunktion:

$$\frac{dk}{dt} = \left(\frac{\partial f}{\partial z} - a\right) \cdot z(t),$$

die in die Einkommensverwendungsgleichung eingesetzt, zu folgendem Ausdruck führt:

$$y(t) = c(t) + \frac{\partial f}{\partial z} \cdot z(t)$$

Den rechten Term kann man umformen: Die partielle Produktionselastizität der nicht erneuerbaren Ressource Z wird mit φ belegt:

$$\varphi = \frac{\partial f}{\partial z} \cdot \frac{z(t)}{y(t)}$$

Wird dieser Ausdruck in die durch die Investitionsfunktion modifizierte Form eingesetzt, so erhält man:

$$y(t) \cdot (1 - \varphi) = c(t)$$

Spezifiziert man die zugrunde gelegte neoklassische Produktionsfunktion als linear-homogene Cobb-Douglas-Produktionsfunktion, so ist φ konstant. Dann entspricht $(1 - \varphi)$ der partiellen Produktionselastizität des Kapitals (α).

$$y(t) \cdot \alpha = c(t)$$

Dies führt zur sogenannten Hartwick-Regel:

> „Invest all profits or rents from exhaustible resources in reproducible capital such as machines. This injunction seems to solve the ethical problem of the current generation short changing future generations by „over consuming" the current product, partly ascribable to current use of exhaustible resources" (Hartwick 1977, S. 972).

Sie besagt also, dass ein im Zeitablauf konstanter Pro-Kopf-Konsum möglich ist, falls die Nettoerträge der Ressourcenextraktion zur Kapitalakkumulation verwendet werden. Dabei wird unterstellt, dass die Produktionsfunktion linear homogen ist und die partiellen Produktionselastizitäten von Kapital und der nicht erneuerbaren Ressource konstant sind. Auf die Hartwick-Regel wird in Kapitel 3.2.1 noch näher eingegangen.

Das Pro-Kopf Einkommen bleibt im Zeitablauf konstant, so dass es keine Grenzen für extensives Wachstum gibt: Jedes Bevölkerungswachstum wird von einem gleich hohen Wachstum des Bruttoinlandsprodukts begleitet. Es kommt lediglich zu strukturellen Verschiebungen. Während des Wachstumsprozesses wird der produktionsmindernde Effekt, den der Abbau der Bestände an nicht regenerierbaren Ressourcen hat, durch die investive Verwendung der Rohstoffrenten genau kompensiert. Eine Zunahme sowohl des Pro-Kopf-Einkommens als auch des Pro-Kopf-Konsums sind bei dieser Konstellation möglich, wenn es zu technischem Fortschritt kommt, der nicht durch ein gleich hohes Bevölkerungswachstum und Abschreibungen auf den Kapitalstock aufgebraucht wird (Frenkel, Hemmer 1999, S. 326 ff.). Es wird davon ausgegangen, dass technischer Fortschritt stattfindet. Es wird nicht betrachtet, in welchem Maße er stattfinden muss oder was geschieht, wenn dieser ausbleibt oder sich in die falsche Richtung entwickelt.

In diesem Modell wird nur die Ressourcenextraktion untersucht, Umweltverschmutzungen bleiben unberücksichtigt. Im Modell von Chakraborty werden jedoch neben der Ressourcenextraktion auch die Umweltverschmutzungen modelliert und die damit einhergehenden Umweltschutzausgaben in die Untersuchung integriert.

3.1.3 Berücksichtigung von Umweltverschmutzungen und Umweltschutzausgaben

Chakraborty (1999) stellt ein Modell vor, welches stellvertretend für viele Wachstumsmodelle der neoklassischen Umwelt- und Ressourcenökonomie zu sehen ist. Dabei handelt es sich um eine Struktur, die aus drei Elementen besteht:
1. der Produktion des Sozialprodukts,
2. der natürlichen Umwelt und
3. des Gleichgewichts auf dem Gütermarkt.

Die Produktionsfunktion: $Y = F(K, N, R)$
Y bezeichnet das Produktionsergebnis (den Output), K das eingesetzte Kapital, N die Umweltqualität und R das Ausmaß der extraktiven Umweltnutzung. N und R stehen in einem substitutiven Verhältnis zueinander.

Umwelt: $\dot{N} = E(K, N, A) - R$
Die Gleichung beschreibt die Veränderung der Umweltqualität im Zeitablauf. Diese ist abhängig vom Ausmaß der extraktiven Umweltnutzung R, sowie von der Regenerati-

onsfunktion E (K, N, A), die vom Kapitalbestand K, dem Bestand an Umweltqualität N und der Höhe der Umweltschutzausgaben A abhängig ist.

Gütermarkt: $\dot{K} = Y - C - A$

Das Produktionsergebnis Y kann entweder für Konsum oder für Umweltschutzausgaben verwendet werden. Eine Kombination aus beidem ist ebenfalls bis zur Gesamthöhe des Produktionsergebnisses möglich. Die vorgestellte Struktur ist in der Lage, sowohl Probleme der Verknappung natürlicher Ressourcen als auch Probleme der Umweltverschmutzung abzubilden.

Im Falle der Verknappung erneuerbarer Ressourcen bezeichnet N den Ressourcenbestand und R > 0 den Ressourcenabbau. Die Grenzproduktivitäten der Produktionsfaktoren sind positiv. Die Regenerationsfunktion E (K, N, A) > 0 beschreibt die natürliche Vermehrung der Ressource. Die Hypothese ist, dass die Regenerationsfähigkeit der Ressourcen durch Umweltschutzausgaben erhöht werden kann oder bei zunehmendem Kapitalbestand abnimmt (etwa als Folge der Umweltverschmutzung).

Im Falle der Verknappung nicht erneuerbarer Ressourcen sei die Regenerationsfunktion E(.) = 0. Dann erfolgt die zusätzliche Restriktion, der zufolge die Summe aller Ressourcenextraktionen R im Zeitablauf den Anfangsbestand der Ressource nicht überschreiten darf. Im Falle der Umweltverschmutzung repräsentiert die Variable N den Schadstoffbestand und R < 0 die Schadstoffemission. Durch Umweltschutzausgaben kann man die Schadenswirkungen der Umweltverschmutzung reduzieren.

Dies kann auf zwei Arten geschehen:
- Zum einen wird davon ausgegangen, dass die Grenzproduktivität des Schadstoffbestandes in der ersten Gleichung positiv und die der Emissionen negativ ist, d. h. dass eine Zunahme der Emissionen die Produktion erhöht. Will man die Emissionen verringern, so muss auf Produktion verzichtet werden. Die Regenerationsfunktion beschreibt die Selbstreinigungsfähigkeit der Natur. In einigen Modellen ist sie unabhängig vom Schadstoffbestand, in anderen Modellen nimmt sie mit zunehmendem Schadstoffbestand ab. Des Weiteren kann sie mit zunehmendem Kapitalbestand sinken.
- Zum anderen wird davon ausgegangen, dass die Grenzproduktivität des Schadstoffbestandes in der ersten Gleichung negativ und die der Emissionen positiv ist, d. h., dass eine Zunahme der Emissionen die Produktion senkt. In diesem Fall erhöhen Umweltschutzausgaben die Selbstreinigungsfähigkeit der Natur.

Die Verschlechterung der Umweltqualität hat somit zwei mögliche Konsequenzen: entweder nimmt der Bestand an natürlichen Ressourcen ab oder der Schadstoffbestand nimmt zu. Dies führt dazu, dass die Produktion verringert wird. Dieser Effekt wird als Produktivitätseffekt bezeichnet und beinhaltet eine physische Begrenzung der Produktionsmöglichkeiten.

Im Folgenden wird nun das Wachstumsmodell des optimalen Konsums von Ramsey dargestellt. Diese Gruppe von Modellen (das Ramsey-Modell und dessen

Modifikationen) hat in der Neoklassik ebenfalls eine große Bedeutung. Das resultiert aus der Tatsache, dass das Solow-Swan-Modell mit einer konstanten Sparquote ein Spezialfall des Ramsey-Modells ist (Barro, Sala-i-Martin 2004).

3.2 Wachstumsmodelle des optimalen Konsums

Die moderne Wachstumstheorie findet ihren Ausgangspunkt in dem klassischen Artikel von Ramsey (1928). Ramsey untersucht dabei einen Haushalt, der sein Verhalten über die Zeit optimiert. Damit war er seiner Zeit um mehrere Jahrzehnte voraus. Die Untersuchung ging zu diesem Zeitpunkt weit über die Anwendung in der Wachstumstheorie hinaus. Der Ansatz von Ramsey wurde jedoch bis in die 1960er Jahre nicht angenommen bzw. nicht weiterentwickelt.

Es werden zunächst kurz die Grundannahmen und die Hauptergebnisse des Ramsey-Modells vorgestellt, bevor Modifikationen unter Einbeziehung der Umwelt erläutert werden. Ramsey (1928) untersucht einen Haushalt, der sein Verhalten über die Zeit optimiert. Dazu betrachtet Ramsey eine Volkswirtschaft, die das Nettosozialprodukt Y mit Hilfe von Arbeit A und Kapital K erzeugt. Die neoklassische Produktionsfunktion lautet:

$$Y = F(A, K)$$

Das Sozialprodukt wird für den Konsum C oder für Nettoinvestitionen $I = \dot{K}$ verwendet

$$Y = C + \dot{K}$$

Das Ziel von Ramsey war jedoch nicht die Maximierung des Konsums zu einem bestimmten Zeitpunkt. Dies könnte einen abfallenden Konsum in späteren Perioden zur Folge haben und würde nicht der Optimalitätsbedingung entsprechen. Mit jeder Produktion sind Anstrengung und Mühe verbunden, die Krelle (1988) als „Arbeitsleid" bezeichnet. Für die Optimalitätsbedingung ist das Arbeitsleid gegenüber dem Konsum abzuwägen. Das Ziel des Wirtschaftens ist die Maximierung der folgenden Nutzenfunktion:

$$W = \int_{t=0}^{T} (C, A, t)$$

Der Nutzen des Konsums steigt mit zunehmendem Konsum an, jedoch mit abnehmendem Grenznutzen. Das mit der Arbeit A verbundene „Arbeitsleid" steigt hingegen bei zunehmender Arbeit immer stärker an. Das geht in die Richtung von Wohlbefinden wie es in Kapitel 2 bereits aufgezeigt wurde.

Für das Ramsey-Modell existiert eine eindeutige Lösung. In jedem Zeitpunkt muss das durch einen kleinen zusätzlichen Arbeitseinsatz verursachte „Arbeitsleid" gerade so groß sein, wie der Nutzen des zusätzlichen Konsums, der durch diesen Arbeitseinsatz möglich wird. Ein weiteres Ergebnis ist, dass die Kapitalakkumulation umso größer sein soll, je weiter der Nettonutzen (= Konsumnutzen minus Arbeitsleid) vom maximalen endlichen Konsumnutzen entfernt ist und je geringer der Grenznutzen des Konsums ist (Krelle 1988, S. 661–691).

Frank Plumpton Ramsey

Frank Plumpton Ramsey, der am 22. Februar 1903 in Cambridge geboren wurde, schloss 1923 sein Studium der Mathematik in Cambridge mit großem Erfolg ab. Nach seinem Studium lernte er Deutsch, um Wittgensteins Werk „Logico-Philosophicus" lesen zu können. Es schlossen sich zahlreiche Besuche bei Wittgenstein an, um mit ihm über sein Werk zu diskutieren. Der Kontakt zu Wittgenstein prägte viele seiner weiteren Publikationen. 1924 wurde er nach mehreren Aufenthalten in Wien von der Universität Cambridge als „Fellow" berufen. Zwei Jahre später wurde er Dozent für Mathematik und schließlich Direktor der mathematischen Fakultät am King's College.

Er wurde durch seine zahlreichen Veröffentlichungen schnell bekannt: Er vereinfachte die Sätze der „Principia Mathematica" von Bertrand Russell und Alfred North Whitehead indem er auf seine Erfahrungen mit dem Werk Wittgensteins zurückgriff. Weiterhin arbeitete er intensiv auf dem Gebiet der Kombinatorik und der Graphentheorie und veröffentlichte eine Theorie, die als Satz von Ramsey bekannt wurde. Diese beschäftigt sich mit der Existenz von Unterstrukturen in Teilgraphen.

Obwohl er als Mathematiker tätig war, veröffentlichte er zahlreiche Aufsätze und Bücher, die sich mit volkswirtschaftlichen Themen beschäftigen. Er befasste sich 1927 in „A contribution to the theory of taxation" mit der Theorie der optimalen Besteuerung und stellt die Ramsey-Regel auf. Die Ramsey-Regel gibt an, in welchem Maße die einzelnen Güter in Abhängigkeit von der Preiselastizität zu besteuern sind. 1928 veröffentlichte er zudem „A mathematical theory of saving". In diesem Werk beschäftigt er sich mit dem Investitionsvolumen, welches in einer Volkswirtschaft nötig ist, um nachhaltiges Wachstum aufrecht zu erhalten.

Mit nur 26 Jahren starb Frank Plumpton Ramsey an Hepatitis, mit der er sich bei einer Operation infizierte. Er hinterließ eine Frau und zwei Töchter.

Quellen:
GAP-Groups, Algorithms, Programming: http://www-gap.dcs.st-and.ac.uk
Lunds Universität: http://www.fil.lu.seTU
Wien: http://www.dbai.tuwien.ac.at

Koopmans (1965) und Cass (1965) erweiterten das Modell von Ramsey (1928), indem sie Ramseys Analyse eines Haushalts, der sein Verhalten optimiert, in das neoklassische Wachstumsmodell eingeführt haben, so dass eine endogene Bestimmung der Sparquote möglich ist. Das Gleichgewicht des Modells kann durch ein dezentrales Modell der vollständigen Konkurrenz unterstützt werden, indem die produktiven Faktoren Arbeit und Kapital entsprechend ihrer monetären Grenzproduktivität entlohnt werden (Barro, Sala-i-Martin 2004, S. 26).

In den 1970er Jahren kamen dann weitere Wachstumsmodelle auf, die Verschmutzungen oder nicht erneuerbare Ressourcen inhaltlich behandeln. Dies resultiert aus der Tatsache, dass durch die Abhängigkeit der Volkswirtschaften vom Öl, die Angst in der Bevölkerung aufkam, dass Grenzen des Wachstums eintreten könnten.

Die Wachstumsmodelle können in diesem Kontext in zwei Gruppen von Modellen differenziert werden. Zum einen sind dies Wachstumsmodelle, die die Auswirkungen von Umweltverschmutzungen betrachten und zum anderen handelt es sich um Wachstumsmodelle, die die Auswirkungen der Ausbeutung natürlicher Ressourcen auf das Wirtschaftswachstum untersuchen. In beiden Typen von Modellen geht es dabei um die Maximierung des Konsums. Im Allgemeinen nehmen Wachstumsmodelle, die die Auswirkungen von Umweltverschmutzungen betrachten an, dass eine Verminderung des Wachstums für die Umwelt optimal ist.

3.2.1 Berücksichtigung natürlicher Ressourcen

Wachstumsmodelle, die die Ausbeutung natürlicher Ressourcen berücksichtigen, kommen zu dem Schluss, dass die Erhaltung oder Vernichtung der natürlichen Ressourcen optimal sein kann. Es besteht jedoch eine Abhängigkeit von der Diskontrate und der genutzten Technologie der Gesellschaft. Modelle, die dieses thematisch abhandeln, wurden von Solow (1974b), Stiglitz (1974) und Dasgupta und Heal (1979) entwickelt.

Solow (1974b) untersucht in seinem Modell anhand eines Min-Max-Kriteriums wie hoch der größte mögliche Pro-Kopf-Konsum sein kann, der auch für immer beibehalten werden kann, ohne dass die erschöpflichen Ressourcen zu Ende gehen. Dazu wird der Output Y in Abhängigkeit von Kapital K und Arbeit A untersucht. Weiterhin führt Solow eine natürliche Ressource R ein, die aus einem existierenden Bestand in die Produktion eingeht.

$$Y = F(K, A, R)$$

Wäre eine Produktion ohne den Einsatz der natürlichen Ressource möglich, würde die natürliche Ressource zu Beginn in den Produktionsprozess eingesetzt und würde diesen beschleunigen. Ist der Bestand der natürlichen Ressource aufgebraucht, würde der Produktionsprozess weiterhin fortgesetzt. Die entscheidende Frage ist, wie erschöpfliche Ressourcen in den Produktionsprozess eingesetzt werden. Ist die natürliche Ressource nur beschränkt verfügbar, kann nur ein endlicher Output mit der erschöpflichen Ressource erzeugt werden. Die Extremsituation ist erreicht, wenn die Ressource erschöpft ist und dies einen Produktionsstillstand zur Folge hätte. Hierzu stellt Solow fest:

„(…)we must find the largest constant consumption per head which can be maintained forever with account taken of the finiteness of the pool of exhaustible resource and of the fact that we cannot consume capital that isn't there" (Solow 1974b, S. 35).

Solow kommt also zu dem Ergebnis, dass der erlaubte Pro-Kopf-Konsum von dem anfänglichen Bestand an Kapital abhängig ist. Dieser muss groß genug sein, damit ein erwünschter Lebensstandard möglich ist. Sonst kommt es zu anhaltender Armut und zu einer Erschöpfung der natürlichen Ressourcen. Unklar bleibt hier jedoch, wie dieser anfängliche Bestand an Kapital zustande gekommen ist. Es bleibt weiterhin unberücksichtigt, wie sich Veränderungen der Produktionsstruktur, also zum Beispiel der technische Fortschritt auf die Ressourcen auswirkt.

Dieser Zusammenhang wird von Stiglitz (1974) intensiv analysiert. Er entwickelt ein Wachstumsmodell, in dem die natürlichen Ressourcen erschöpflich sind, der Bestand an natürlichen Ressourcen begrenzt und in dem der Einsatz natürlicher Ressourcen in die Produktion unvermeidbar ist.

Joseph Eugen Stiglitz

Joseph Eugen Stiglitz, der am 9. Februar 1943 in Gary, USA geboren wurde, studierte zunächst am Amherst College, später an der University of Chicago, am Massachusetts Institute of Technology und in Cambridge. Seinen Ph.D. erhielt er 1967 am MIT. Danach wurde er Professor für Ökonomie in Yale, später in Princeton, Oxford und Stanford. Heute lehrt er an der Columbia University in New York. 1993 wurde Stiglitz in den Rat der Wirtschaftsberater um den damaligen US-Präsidenten Bill Clinton berufen. Er arbeitete weiterhin von 1995 bis 2000 für die Weltbank als Chefökonom. An der Weltbank übte er jedoch derart heftige Kritik, dass ihm gekündigt wurde. Er wurde ebenso als Kritiker der Wirtschaftspolitik von George W. Bush bekannt. Stiglitz leitet an der Universität von Manchester das „Brooks World Poverty Institute", ist Vorsitzender des „Committee on Global Thought" an der Columbia University und ist Begründer der „Initiative for Policy Dialogue", die er im Juli 2000 ins Leben rief.

Joseph E. Stiglitz gilt als Keynsianer, der in seinem Werk „The Roaring Nineties" staatliche Eingriffe in das Marktgeschehen empfiehlt. Er stellte in „Whither Socialism" dar, warum das sozialistische System in der ehemaligen UdSSR scheiterte. Später wurde Stiglitz durch seine kritische Auseinandersetzung mit der Globalisierung bekannt. Ebenso erfuhr die von ihm durchgeführte Berechnung der Kosten des Irakkrieges von 2003 eine große Aufmerksamkeit in den Medien.

1984 wurde das „Shapiro-Stiglitz Modell" veröffentlicht, welches erklärt, warum Arbeitslosigkeit nicht durch eine Lohnanpassung kompensiert werden kann. Weiterhin widerlegten Stiglitz et al. die neoklassische Prämisse, dass Märkte bis auf einige bekannte Marktversagensmechanismen effizient sind. Stiglitz und Greenwald zeigen, dass aufgrund von asymmetrischen Informationsverteilungen nur in Ausnahmefällen effiziente Märkte vorliegen können. Für diese Arbeiten erhielt Stiglitz im Jahre 2001 zusammen mit George Akerlof und Michael Spence den Nobelpreis.

Quellen:
Columbia Business School: http://www2.gsb.columbia.edu
Nobelprize.org: http://nobelprize.org

Er bestimmt dabei drei ökonomische Größen, die die Grenzen der Ressourcen aufheben können (Stiglitz 1974, S. 135):
- technischer Fortschritt,
- die Substitution der natürlichen Ressourcen durch den von Menschen geschaffenen Produktionsfaktor (Kapital),
- Skalenerträge.

Dazu integriert er in die Produktionsfunktion zusätzlich zu Kapital K, Arbeit A und der Ressource R den technischen Fortschritt t.

$$Y = F(K, A, R, t)$$

Stiglitz untersucht in seinem Modell ebenfalls, unter welchen Bedingungen ein nachhaltiges Niveau des Pro-Kopf-Konsums möglich ist. Dabei geht es ihm auch um die optimale Rate der Extraktion und die optimale Sparrate unter Berücksichtigung der erschöpflichen natürlichen Ressourcen. Eine Zunahme der Sparrate führt zu einer Erhöhung der Wachstumsrate, steigert das asymptotische Kapital-Output-Verhältnis und ist verbunden mit einer geringeren Rate der Ressourcennutzung. Eine notwendige und hinreichende Bedingung für ein konstantes Niveau des Pro-Kopf-Konsums ohne technischen Fortschritt und ohne Wachstum ist, dass der Anteil der natürlichen Ressourcen in die Produktion niedriger ist als der Anteil an Kapital.

> „The fact that there is a limited amount of natural resources are necessary for production does not necessarily imply that the economy must eventually stagnate and then decline" (Stiglitz 1974, S. 130 f.).

Auch ohne technischen Fortschritt können durch die Kapitalakkumulation die Auswirkungen des verringerten Einsatzes natürlicher Ressourcen in die Produktion ausgeglichen werden, so lange das Kapital stärker genutzt wird als die natürlichen Ressourcen. Mit technischem Fortschritt kann der sinkende Input an natürlichen Ressourcen aufgefangen werden und es kann so auch zu einem positiven Produktionsergebnis kommen.

> „For so long as the input of natural resources declines exponentially, no matter at how small a rate, provided the initial level of input is set correctly, we will just use up our resources. And the technical change can offset the effects of the slowly declining input of natural resources" (Stiglitz 1974, S. 131).

Unberücksichtigt bleibt bei Stiglitz jedoch, dass es durch einen im Verhältnis zu hohen Einsatz natürlicher Ressourcen in die Produktion zu einer Übernutzung der Umwelt und zu einer Erschöpfung der natürlichen Ressourcen kommen kann. Es wird immer davon ausgegangen, dass sich die Umwelt wieder regenerieren kann und Eingriffe in die Umwelt immer wieder abgefangen werden können. Dies wird daher von Dasgupta und Heal (1979) anders interpretiert:

„A variety of other environmental problems are as well best analysed in the context of self-renewable resources. Both water and the atmosphere generally undergo a natural self-cleansing process as pollutants are deposited in them. But the effectiveness of such natural cleansing processes (i.e. the rate at which the pollution disappears) often depends on the rate at which such pollutants are deposited. If the rate of deposits is unduly high over a period of years it may take a long time for the resource to regenerate itself" (Dasgupta, Heal 1979, S. 114)

Dasgupta und Heal (1979) untersuchten, wie die Produktionsmöglichkeiten modelliert werden müssen, damit bei endlichen natürlichen Ressourcen ein mindestens konstanter Pro-Kopf-Konsum unendlich lange aufrechterhalten werden kann. Ihre Argumentation stützt sich ebenso wie die Argumentation von Hartwick auf die Substitutionsmöglichkeiten von knappem natürlichem durch künstliches Kapital (Holstein 2003, S. 33ff.).

> **Exkurs: Die Hartwick-Regel**
> Die Hartwick-Regel besagt, dass ein im Zeitablauf konstanter Pro-Kopf-Konsum möglich ist, wenn die Nettoerträge der Ressourcenextraktion in voller Höhe zur Kapitalakkumulation verwendet werden, die Produktionsfunktion linear-homogen ist und die partiellen Produktionselastizitäten von Kapital und nicht erneuerbarer Ressource konstant sind (Hartwick 1977). Damit bleibt auch das Pro-Kopf-Einkommen im Zeitablauf konstant, so dass es keine Grenzen für ein extensives Wachstum gibt. Jedes Bevölkerungswachstum wird von einem gleich hohen Wachstum des Brutto-inlandsproduktes begleitet. Es kommt jedoch zu strukturellen Verschiebungen: Im Verlauf des Wachstumsprozesses wird der produktionsmindernde Effekt der Bestandsminderung an nicht erneuerbaren Ressourcen durch die investive Verwendung der Rohstoffrenten kompensiert. Zunahmen des Pro-Kopf-Konsums und des Pro-Kopf-Einkommens sind bei dieser Konstellation möglich, wenn technischer Fortschritt stattfindet, der nicht durch ein gleich hohes Bevölkerungswachstum und Abschreibungen auf den Kapitalstock aufgezehrt wird.

Im Mittelpunkt der Betrachtungen von Dasgupta und Heal (1979) steht die Substitutionselastizität der natürlichen Ressource und des künstlichen Kapitals. Ist diese größer als eins, so kann auf die natürliche Ressource (aufgrund der Substitution der natürlichen Ressource durch das künstliche Kapital) im Produktionsprozess verzichtet werden. Somit wird es möglich trotz der endlichen Ressourcen den Produktionsprozess aufrecht zu erhalten und es kommt zu einer vollständigen Substitution der natürlichen Ressource durch künstliches Kapital.

Für eine Substitutionselastizität gleich eins gilt das Ergebnis von Hartwick. Dabei kann bei hinreichend schneller Kapitalakkumulation und bei einer größeren partiellen Produktionselastizität des künstlichen im Vergleich zum natürlichen Kapital die endliche natürliche Ressource substituiert werden. Ist die Substitutionselastizität kleiner eins, so lässt sich prognostizieren, dass aufgrund der Endlichkeit der natürlichen Ressource die Produktion zum Erliegen kommt und ein Zusammenbruch der Ökonomie zu erwarten ist.

Solow (1974), Stiglitz (1974) und Dasgupta und Heal (1979) untersuchten in ihren Modellen die Auswirkungen der Ausbeutung natürlicher Ressourcen auf das Wirtschaftswachstum. Wie gezeigt wurde, kommen sie dabei zu unterschiedlichen Ergebnissen. Es gibt jedoch eine weitere Gruppe von Wachstumsmodellen, die die Auswirkungen von Verschmutzungen auf das Wirtschaftswachstum analysieren. Daher entwickelten eine Reihe von Autoren (z.B. Keeler, Spence und Zeckhauser 1971, Forster 1973, D'Arge und Kogiku 1973, Mäler 1974, Gruver 1976, Brock 1977, Becker 1982, Heal 1982, Tahvonen und Kuuluvainen 1993, Selden und Song 1994 und Stokey 1998) das Grundmodell der dynamischen Optimierung von Ramsey (1928), Koopmans (1965) und Cass (1965) weiter. Auf diese Modelle wird im folgenden Abschnitt eingegangen.

3.2.2 Berücksichtigung von Verschmutzungen

Forster (1973) präsentiert eines der ersten Modelle, welches Wirtschaftswachstum untersucht und dabei Umweltverschmutzung berücksichtigt. Er kritisiert dahingehend die zum Jahr 1973 existierenden Theorien.

> „These theories implicitly assume no wastes are produced by the economic process, or alternatively (...), that if any wastes are generated they can be disposed of at no cost to the community. It is naïve to think that no wastes are produced and fairly obvious that the free disposal assumption of the neoclassical growth model is not satisfied in the real world." (Forster 1973, S. 544)

In seinem Modell entstehen während der Produktion Emissionen. Durch Kontrollen der Verschmutzungen wird der Output einem Säuberungsprozess unterzogen, wodurch der Grad an Umweltverschmutzungen gesenkt werden kann. Werden Umweltverschmutzungen in die Betrachtungen mit einbezogen, so tendiert der Kapitalstock zu einem niedrigeren Niveau als bei der Vernachlässigung der Umweltverschmutzung. Folglich liegt der Konsum der Gesellschaft niedriger als im neoklassischen Modell angenommen. In Forsters Modell geht die Umweltverschmutzung als Emission in die Nutzenfunktion mit ein und stellt Kosten für die Gesellschaft dar. Das wichtigste Ergebnis ist, dass eine optimale Kontrolle der Verschmutzungen zu einem niedrigeren Gleichgewichtsniveau des Kapitals und des Konsums führt. Forster interpretiert die Umweltverschmutzung als einen Teil der bestehenden Umweltprobleme. Der Verbrauch natürlicher Ressourcen bleibt bei ihm unberücksichtigt.

Im Allgemeinen geht bei diesen Modellen die Umweltverschmutzung direkt mit einem negativen marginalen Nutzen in die Nutzenfunktion ein. Somit kann die Verschmutzung als Input in die Produktion oder als ein nicht produktives Nebenprodukt des Produktionsergebnisses interpretiert werden. Eine Ausnahme hiervon bildet Heal (1982), der den Ansatz von Ryder und Heal (1973) weiterentwickelt und von der Annahme ausgeht, dass die Verschmutzung ein Nebenprodukt des Konsums darstellt. Eine andere Ausnahme bildet Mäler (1974), der annimmt, dass die Verschmutzungen dann relativ an Bedeutung gewinnen, wenn die Konsumgüter in ihrem Wert für die Bevölkerung sinken.

Als ein Beispiel dazu wird nun das Modell von Keeler, Spence und Zeckhauser (1971) näher betrachtet. Die Autoren untersuchen Wachstum im Zusammenhang mit einem Verschmutzungsbestand. Dabei gehen sie von folgenden Annahmen aus:

> "The pollutant enters directly into the societal utility function with a negative marginal utility. Its presence may have a diverse effect on production as well. However, in many instances, [...], pollutants will have positive marginal products." (Keeler, Spence, Zeckhauser 1971, S. 20)

Die Autoren gehen von verschiedenen Gütern aus, die in den Konsum, in Investitionen und in eine Säuberung des Verschmutzungsbestandes eingesetzt werden können. Die Wohlfahrt der Gesellschaft hängt somit vom Konsum C und dem akkumulierten Verschmutzungsbestand P ab:

Nutzenfunktion: U(C, P)

Unter Berücksichtigung der Diskontrate ϑ kann die Wohlfahrt der Gesellschaft W dargestellt werden:

$$W = \int_0^\infty U(C, P) \exp(-\vartheta t) dt$$

Keeler, Spence und Zeckhauser (1971) setzen in ihrem Beitrag Arbeit und ein einziges Kapitalgut als Produktionsfaktoren ein. Eine zusätzliche Besonderheit ist, dass der Output nicht nur von der Kapitalakkumulation und dem Konsum abhängt, sondern auch von einer Reduzierung des Bestandes an Verschmutzung. Es sind also Vermeidungsausgaben für die Verschmutzung nötig um die Vielzahl der Verschmutzungsarten zu bekämpfen. Hierzu gehören beispielsweise verschiedene Formen der Wasserverschmutzungskontrolle.

Bei einem gegebenen Arbeitsangebot kann das Produktionsergebnis Y durch eine steigende und konkave Funktion des Kapitalstocks K interpretiert werden:

$$Y = f(K)$$
$$\text{mit } f' > 0, f'' < 0$$

Die Verschmutzung hat in diesem Modell keinen produktiven Nutzen, sondern stellt lediglich ein Nebenprodukt der Produktion dar. Durch empirische Untersuchungen stellen die Autoren fest, dass sich die Situation der Umweltverschmutzung verschlechtert. Die Minderungsrate b der Umweltverschmutzung wird als nicht negativ angenommen. Verschmutzungen können dadurch reduziert werden, dass Vermeidungsausgaben für Verschmutzungen eingeführt werden. Der Einsatz einer Einheit der Produktion reduziert die Umweltverschmutzung um d Einheiten.

α und β sind nicht negative Brüche der Outputausgaben für die Konsum- und Verschmutzungskontrolle, so dass

$$C = \alpha\, f(K) \text{ gilt.}$$

Die Wachstumsrate des Kapitalstocks kann dann wie folgt dargestellt werden:

$$K = (1 - \alpha - \beta)\, f(K) - aK.$$

Die Wachstumsrate des Verschmutzungsbestandes ist:

$$P = (1 - \beta d)\, f(K) - bP.$$

Es wird angenommen, dass der Kapitalstock und der Bestand an Verschmutzungen nicht negativ sind. Das Produktionsergebnis muss also auf die drei Bereiche Kapitalakkumulation, Konsum oder Verschmutzungskontrolle aufgeteilt werden. Das Modell weist darauf hin, dass es keine allgemeingültigen Regeln für den Umgang mit Verschmutzungsproblemen gibt und dass es bisher kein Modell gibt, das ausreichend gut definiert ist und Resultate liefert, die keine weiteren Spezifizierungen verlangen. Die Autoren betonen zwei wichtige Punkte, die in die Betrachtungen eines optimalen Kontrollmodells mit einbezogen werden müssen: Die Verschmutzung beeinflusst entweder den Konsum oder die Produktion oder beides. Dies hat Auswirkungen auf die Nutzen- und die Produktionsfunktion.

> „A second consideration is whether a pollutant has its effect on utility and production as a stock or a flow. If pollution is to be analyzed primarily for its stock effects, then it must be considered a state-variable in the formulation of the optimal control problem, much as physical capital is in the traditional Ramsey model" (Panayotou 2000, S. 60).

Das Hauptresultat ist, dass ein einziges Gleichgewicht existiert, das sich durch das Fehlen oder durch eine positive Verschmutzungskontrollaktivität auszeichnet. Keeler, Spence und Zeckhauser (1971) ignorieren in ihrem Modell jedoch die Möglichkeit der Substituierbarkeit von Kapital und Emissionen. Aufgrund von Energieinputs, ist die Emissionserzeugung mehr an die Rate der Produktion als an die Konsumrate gebunden.

Ein weiterer wichtiger Unterschied ist die Einbettung der Verschmutzung in die Produktionsfunktion. Während Keeler, Spence und Zeckhauser (1971) und Forster (1973) annehmen, dass die Verschmutzung ein konstantes Nebenprodukt der Produktion ohne unabhängigen produktiven Wert ist, erlauben Tahvonen und Kuuluvainen (1993), dass eine produktive Substitution existieren kann. Tahvonen und Kuuluvainen (1993) nehmen in ihrem Modell an, dass die Emissionen ein Nebenprodukt der Produktion sind und vernachlässigen das Potenzial für die Substitution zwischen physischem Kapital und der Verschmutzung wie im Folgenden gezeigt wird. Voraussetzung für die Substitution ist, dass sich das Grenzprodukt des Kapitals ändert (Panayotou 2000, S. 61).

Tahvonen und Kuuluvainen (1993) analysieren dazu ein neoklassisches Wachstumsmodell, das auf Erkenntnissen des Modells von Brock (1977) beruht, mit einem Bestand an Verschmutzung, der eine Substitution zwischen den Emissionen und dem Kapitalstock erlaubt. Wenn die Emissionen optimal kontrolliert werden, ist der Gleichgewichtskonsum geringer als ohne Verschmutzungskontrolle. Das optimale Gleichgewicht existiert jedoch nicht, wenn die marginale Produktivität des Kapitals begrenzt ist. Es wird weiter gezeigt, dass sich eine wettbewerbsfähige Ökonomie mit Verschmutzungsbestandsexternalitäten entlang eines stabilen Wachstumspfades zu einem Gleichgewicht entwickelt, in dem die Niveaus des Konsums und der Kapitalstock suboptimal sind.

Die Autoren entwickeln dazu ein neoklassisches Wachstumsmodell um zunächst die Konsequenzen der Verschmutzung auf lange Sicht zu untersuchen und integrieren anschließend die Ressourcenknappheit in das Modell. Zunächst wird das Wachstum mit einem Bestand an Verschmutzungen untersucht, in dem erneuerbare Ressourcen ignoriert werden.

Dabei ist das Problem eines sozialen Planers:

$$\max W = \int_0^\infty U(C, Z) \exp(-\vartheta t) dt, \; C \geq 0, \; E \geq 0$$

unter den Nebenbedingungen:

$$\dot{K} = F(K, E) - C$$
$$\dot{Z} = E - \alpha Z$$
$$K(0) = K_0 > 0, \; Z(0) = Z_0 \geq 0,$$
$$\lim_{t \to \infty} K(t) \geq 0, \; \lim_{t \to \infty} Z(t) \geq 0,$$

wobei C der Konsum und Z der Bestand an Verschmutzung ist. E sind die Emissionen und K der Kapitalstock. $\alpha > 0$ ist die Rückgangsrate der Verschmutzung, ϑ ist die Diskontrate, U(C, Z) die Nutzenfunktion und F(K, E) die Produktionsfunktion.

Der Nutzen ist also zum einen vom Konsum und zum anderen von dem Bestand an Umweltverschmutzung abhängig. Die Veränderung des Kapitalstocks ist von der Produktionsfunktion und dem Konsum abhängig, wobei die Emissionen als ein Nebenprodukt der Produktion auftreten und nicht verhindert werden können. Die Veränderungen der Verschmutzungen sind abhängig von der Höhe der Emissionen und dem Rückgang der Verschmutzungen, die durch die Rate des Rückgangs der Umweltverschmutzung gekennzeichnet ist. Die Autoren nutzen die Hamiltonsche Funktion zur Lösung des Problems. Sie zeigen, dass multiple Gleichgewichte möglich sind, wenn und nur wenn die Verschmutzung den marginalen Nutzen des Konsums steigert.

Danach werden erneuerbare Ressourcen mit in das Modell integriert. Es werden somit das Wirtschaftswachstum, der Bestand an Verschmutzungen und die erneuerbaren Ressourcen in einem Modell miteinander kombiniert. Das Problem eines sozialen Planers ändert sich nun in Richtung einer sozial optimalen Lösung:

$$\max W = \int_0^\infty U(C, Z) \exp(-\vartheta t) dt, C \geq 0, E \geq 0, H \geq 0$$

unter den Nebenbedingungen:

$$\dot{K} = Q(K, H, E) - C$$
$$\dot{X} = G(X, Z) - H$$
$$\dot{Z} = E - \alpha Z$$
$$K(0) > 0, X(0) > 0, Z(0) \geq 0,$$
$$\lim_{t \to \infty} K(t) \geq 0, \lim_{t \to \infty} X(t) \geq 0, \lim_{t \to \infty} Z(t) \geq 0,$$

mit der Produktionsfunktion Q, der Ressourcenabbaurate H, dem Bestand der erneuerbaren Ressource X und der Wachstumsfunktion des erneuerbaren Ressourcenbestandes.

Die Nutzenfunktion ist weiterhin vom Konsum und dem Bestand an Umweltverschmutzungen abhängig. Es fließt jedoch zusätzlich die Abbaurate erneuerbarer Ressourcen mit ein. Die Änderung des Kapitalstocks im Zeitablauf ist wieder von der Produktionsfunktion und dem Konsum abhängig, wobei in die Produktionsfunktion neben dem Kapital und den Emissionen die Abbaurate der Ressourcen eingeht. Der Bestand der erneuerbaren Ressource im Zeitablauf ist abhängig von einer Funktion zur Bestimmung des Bestandes der erneuerbaren Ressource, in die der Bestand der Verschmutzung und der Ressourcenabbaurate mit eingeht. Die Veränderungen der Verschmutzungen sind wieder abhängig von der Höhe der Emissionen und dem Rückgang der Verschmutzungen, der durch die Rückgangsrate der Umweltverschmutzung gekennzeichnet ist.

Wenn erneuerbare Ressourcen mit in die Betrachtungen einfließen, können Verschmutzungen oberhalb eines verträglichen Niveaus den Gleichgewichtskonsum senken. Dies steht im Gegensatz zu dem Fall, in dem die erneuerbaren Ressourcen nicht im Modell integriert sind. Das Ergebnis ist, dass eine Ökonomie mit unkontrollierter Verschmutzung einen höheren Gleichgewichtskonsum und ein höheres Kapitalniveau besitzt, als eine Ökonomie mit optimal kontrollierter Verschmutzung. Tahvonen und Kuuluvainen (1993) kommen zu dem Ergebnis, dass eine Verschmutzungskontrolle immer den Gleichgewichtskonsum und den Kapitalstock reduziert. Die Existenz eines Gleichgewichtes hängt von der Produktionstechnologie, von der Diskontrate und von der Rate der Regenerationsfähigkeit der Natur durch erfolgte Verschmutzungen ab. Forster (1973) analysierte den Fall der Verschmutzung durch Emissionen und kam zu dem Ergebnis, dass eine optimale Kontrolle der Emissionen zu einem niedrigeren Gleichgewichts-Kapitalstock und einem niedrigeren Konsum führt. Dies steht im Gegensatz zu dem Fall, in dem die Emissionen nicht kontrolliert werden. Tahvonen und Kuuluvainen (1993) erhalten hier ein ähnliches Ergebnis.

Neben den unterschiedlichen Annahmen bezüglich der Integration der Verschmutzung in die Produktionsfunktion kommt es in den verschiedenen Modellen auch zu unterschiedlichen Annahmen bezüglich der Auswirkungen der Verschmutzung auf den Nutzen. Keeler, Spence und Zeckhauser (1971) argumentieren, dass es der Bestand an Verschmutzungen ist, der den Nutzen beeinträchtigt und keineswegs die Emissionen. Dieser Argumentation folgten auch D'Arge und Kogiku (1973) und Tahvonen und Kuuluvainen (1993) und schließlich Panayotou (2000, S. 61) in ihren Beiträgen.

D'Arge und Kogiku (1973) entwickeln ein einfaches Modell in dem Müll erzeugt wird, das Kapital einschließt und die optimalen Investitionen bestimmt. Sie nehmen jedoch an, dass der Einsatz für Kapital im Recyclingprozess liegt und dass dieses nicht als Produktionsfaktor in die Produktion mit eingeht. Dieses Modell wird auf ein optimales Kontrollproblem verallgemeinert, wobei erlaubt wird, dass der Konsum und die Müllerzeugung reguliert werden. Dabei werden die Ressourcenextraktion und die Müllerzeugung integriert.

> "The previously developed model of the economy's interaction with the natural environment cast man in the role of a rabbit (or lemming). Growth rates of population and material flow were assumed to be exogenously determined, and the natural environment was viewed as an unregenerative, non-assimilative volume. In addition, the possibilities of investment in recycling or technical progress toward reducing waste per unit product, reduction in rates of material flow through saving and increasing durability, and altering rates of growth in material flow and population were not considered" (D'Arge, Kogiku 1973, S. 63).

Die Ausbeutung von Ressourcen und eine zunehmende Entstehung von Müll verringern den Nutzen. Daher gilt es als optimal, hohe Konsumraten zu verschieben, bis sie zur Kompensierung für den zunehmenden negativen Nutzen, verbunden mit zunehmender Mülldichte und der Ausbeutung der Umwelt, benötigt werden. Forster (1973) und Gruver (1976) argumentieren beide, dass Verschmutzung durch Emissionen den Nutzen beeinträchtigen wie dies beispielsweise bei der Verschmutzung durch Schwefeldioxide oder die Verschmutzung von Wasser festzustellen ist.

Gruver (1976) untersucht dazu ein neoklassisches Modell, welches dem Modell von Mäler (1974) ähnelt, um die optimale Verteilung der Investitionen auf das Kapital zur Verschmutzungsvermeidung und das direkte produktive Kapital zu untersuchen. Das Modell behandelt die Verschmutzung in Form von Emissionen, die positiv korreliert zum aggregierten Output und negativ korreliert zum Bestand an Kapital sind, das zur Verschmutzungskontrolle und Verschmutzungsvermeidung eingesetzt wird. Die Verschmutzung hat dabei einen negativen Effekt auf den aggregierten Nutzen. Jede eingesetzte Einheit des Kapitals zur Verschmutzungskontrolle senkt die Verschmutzung, aber mit abnehmenden Erträgen.

3.3 Kritische Würdigung und Fazit

Ausgangsbasis für die neoklassische Wachstumstheorie bilden die Arbeiten von Solow (1956) und Swan (1956). In der neoklassischen Wachstumstheorie weisen alle endogen vermehrbaren Produktionsfaktoren zusammen betrachtet fallende Skalenerträge auf. Wenn nur ein Faktor endogen vermehrbar ist, weist dieser Faktor eine bis auf Null fallende Grenzproduktivität auf. Des Weiteren kommt es zu positiven und stetig bestimmbaren Elastizitäten der Substitution zwischen den Produktionsfaktoren. Dadurch wird die Wachstumsrate durch die Rate der Zunahme der nicht endogen vermehrbaren Faktoren bestimmt.

Positiv zu bewerten ist, dass in weiteren Modellen der Neoklassik die Umweltproblematik mit aufgenommen wird. Umweltschäden weisen eine physische Begrenzung der Produktionsmöglichkeiten auf, da sie die Produktivität der endogen vermehrbaren Faktoren herabsetzen. Im Wachstumsgleichgewicht kommt es somit zu Niveaueffekten. Soll nun die Umweltsituation stabil gehalten oder verbessert werden, kommt es zu Schadensvermeidungsausgaben, die zum einen durch eine Reduzierung des Konsums oder zum anderen durch eine Reduzierung der Investitionen in die Produktion möglich werden. Daher liegt das Sozialprodukt im Wachstumsgleichgewicht bei Berücksichtigung der Umweltsituation niedriger als im vergleichbaren Fall ohne Berücksichtigung der Umwelt.

Durch den Einsatz von nicht erneuerbaren Ressourcen in den Produktionsprozess kommt es zu einer Beschränkung des Produktionsprozesses, da es zu einer Aufzehrung der Ressourcen kommt, d.h. der Naturverbrauch nicht mehr konstant ist. Ein zeitlich konstanter oder steigender Konsum kann nur dann erreicht werden, wenn das Bevölkerungswachstum ein Nullwachstum aufweist. Kommt es nun zu exogenem technischen Fortschritt, so ist ein konstanter oder gar zunehmender Konsum pro Kopf bei gleichbleibenden Umweltbedingungen auch bei positivem Bevölkerungswachstum möglich (Solow 1974, Stiglitz 1974). Hierbei wird immer von einem technischen Fortschritt ausgegangen, der als Lösung für die Umweltproblematik gesehen wird. Dieser technische Fortschritt wird jedoch an vielen Stellen nicht näher spezifiziert.

Zusammenfassend ist festzuhalten, dass die Umweltproblematik in der neoklassischen Wachstumstheorie unzureichend diskutiert wurde. Es wurde u.a. auf Backstop-Technologien Bezug genommen, aufgrund derer keine Grenzen von Wachstum zu erwarten sind. Dabei ist jedoch fraglich, ob immer rechtzeitig eine entsprechende Backstop-Technologie zur Verfügung steht. Es wird von einer Substituierbarkeit der einzelnen Arten des Kapitalstocks ausgegangen, die eine ständige Anpassung an sich ändernde Knappheitsverhältnisse erlauben. Daher entstehen keine Wachstumsgrenzen. Es wurde darauf verwiesen, dass ein Verzicht auf die Nutzung der natürlichen Ressourcen und der Umwelt zugunsten künftiger Generationen nicht notwendig sei. Die zentrale Aufgabe liegt darin, Kriterien für die optimale Nutzung der verfügbaren natürlichen Ressourcen abzuleiten (Frenkel, Hemmer 1999). Auch wenn die Nutzung der nicht erneuerbaren Ressourcen weiter optimiert wird, wird es trotzdem zu einer

Verknappung bzw. zu einem vollständigen Abbau von nicht erneuerbaren Ressourcen (z. B. Öl) kommen. Der Zeitpunkt der Verknappung kann durch eine Optimierung des Einsatzes der Ressourcen nur hinausgezögert werden.

Die optimale Nutzung der verfügbaren Ressourcen führt zu dem Konzept der optimalen Abbaurate von Ressourcen, die durch die Hotelling-Regel (Hotelling 1931) beschrieben werden kann.

Exkurs: Die Hotelling-Regel
Die Hotelling-Regel wurde von Harold Hotelling in seinem Artikel ‚The Economics of Exhaustible Resources' von 1931 entwickelt. Der Grundgedanke der Hotelling-Regel ist, dass der Abbau einer Ressourceneinheit und die Anlage des entsprechenden Verkaufserlöses am Kapitalmarkt den gleichen Gewinn erbringen muss wie der Verkauf einer Ressourceneinheit zu einem späteren Zeitpunkt und zu einem höheren Preis. Nach ihr muss die Knappheitsrente also im Zeitablauf mit dem Zinssatz ansteigen. Wenn diese Bedingung verletzt ist, führt eine intertemporale Reallokation zu einer Nutzensteigerung.

Der Preis einer erschöpfbaren Ressource kann nicht identisch mit den (Extraktions-) Grenzkosten sein, wie es sich nach dem Modell der vollständigen Konkurrenz ergeben würde. Wäre dies nämlich der Fall, dann wäre es optimal, den gesamten Ressourcenbestand möglichst schnell zu verbrauchen und die Gewinne in andere, renditebringende Projekte/Ersatzressourcen zu investieren. Ein Besitzer eines Ressourcenbestandes ist also nur dann bereit, Ressourcen im Boden zu belassen, wenn er erwarten kann, dass sich der Wert der im Boden liegenden Ressourcen über die Zeit mit dem Marktzinssatz erhöht. Eine geringere Wertsteigerung würde ihn dazu veranlassen, in der aktuellen Periode mehr zu fördern, eine höhere Wertsteigerung wäre ein Anreiz die Förderung zu verringern. Somit zeigt die Knappheitsrente die Opportunitätskosten der Förderung einer zusätzlichen Ressourceneinheit an. Die Entwicklung der Knappheitsrente mit dem Marktzinssatz wird als Hotelling-Regel bzw. als r-Prozent-Regel bezeichnet. Viele Modelle in der Ressourcenökonomie basieren auf diesem Prinzip.

Vor allem in den Arbeiten von Solow (1974a und 1974b), Stiglitz (1974) und Dasgupta und Heal (1979) wurde gezeigt, dass der entsprechend der Hotelling-Regel erfolgende Abbau einer nicht erneuerbaren Ressource nicht notwendigerweise zu einem Wachstumspfad mit sich verringernden Erträgen führen muss. Das gilt zumindest, wenn eine der folgenden Annahmen bezüglich der Produktionsfunktion zutrifft (Toman et al. 1995, S. 144–148, Pearce et al. 1994, S. 460–464). Die Annahmen gelten unter der Bedingung einer konstanten Bevölkerung:
– Die Substitutionselastizität zwischen der nicht erneuerbaren Ressource und dem künstlichen Kapital ist größer als eins; in diesem Fall ist die nicht erneuerbare Ressource nicht essentiell für die Produktion, d. h. die Isoquante schneidet die Achse des Ressourceneinsatzes.
– Die Substitutionselastizität ist gleich eins (Cobb-Douglas Produktionsfunktion), und der auf künstliches Kapital entfallende Produktionsanteil ist größer als der

auf die nicht erneuerbare Ressource entfallende; in diesem Fall geht die Produktivität der nicht erneuerbaren Ressource bei wachsender Abnahme der Ressourcenvorräte gegen unendlich, d. h. die Isoquante nähert sich asymptotisch den Achsen.
- Durch technischen Fortschritt kommt es zu einem kontinuierlichen Anstieg der Produktivität der nicht erneuerbaren Ressource, der oberhalb der sozialen Diskontrate entsprechenden Abbaurate liegt.

In diesem Kapitel wurde dargestellt, wie die Probleme, die sich aus der Knappheit oder Begrenzung natürlicher Ressourcen ergeben, durch die neoklassischen Modelle abgebildet wurden. Dies wurde anhand des Solow-Swan-Modells und des Ramsey-Modells des optimalen Konsums und durch Modifikationen der Modelle dargestellt. In weiteren Modellen wird die Verschmutzungsproblematik mit in die Betrachtungen einbezogen. Somit tendiert der Kapitalstock zu einem niedrigeren Niveau als bei der Vernachlässigung der Umweltverschmutzung. Folglich liegt der Konsum der Gesellschaft niedriger als im neoklassischen Modell angenommen. An dieser Stelle wird erstmals deutlich, dass die Verschmutzungen und insbesondere die Beseitigung der Verschmutzungen zu einem niedrigeren Konsum und zu einem niedrigeren Gleichgewichtsniveau des Kapitals führen.

Die neoklassische Theorie beschränkt sich jedoch in erster Linie auf Optimalitätsbetrachtungen und vernachlässigte die Frage, ob wirtschaftliches Wachstum trotz beschränkter Ressourcen aufrechterhalten werden kann. Daher spricht man in diesem Zusammenhang auch von dem neoklassischen Wachstumsoptimismus. Im Folgenden werden nun Modelle der endogenen Wachstumstheorie betrachtet. In diesen Modellen werden Umweltprobleme in einigen Modellen explizit berücksichtigt. Es werden jedoch auch hier nur jene Modelle vorgestellt, die die Umweltproblematik integrieren.

4 Umwelt im Rahmen der endogenen Wachstumstheorie

Die endogene Wachstumstheorie ist sehr breit angelegt, so dass nicht von einer geschlossenen Theorie auszugehen ist. Dennoch lassen sich einige Gemeinsamkeiten aufzeigen. In allen Modellen wird Wachstums endogen angestrebt. Es geht also darum ein dauerhaftes Wachstum der Pro-Kopf-Einkommen aus dem Modell heraus (endogen) zu begründen und nicht wie in der Neoklassik durch den Rückgriff auf den exogen vorgegebenen technischen Fortschritt. Eine weitere Gemeinsamkeit ist, dass die Grenzproduktivität des Kapitals als konstant oder auch als zunehmend angenommen wird und nicht mehr wie in der Neoklassik mit abnehmenden Erträgen (Barro 1990, Rebelo 1991).

Die endogene Wachstumstheorie wird durch Arbeiten von Romer (1986), Lucas (1988) und Rebelo (1991), die die Modelle von Arrow (1962), Sheshinski (1967) und Uzawa (1965) erweiterten, eingeleitet. Diese Modelle behandeln jedoch den technischen Wandel nur unzureichend. Erst Romer (1987, 1990) hat Modelle entwickelt, die auch die Forschung und Entwicklung einschließen. Weiterhin entwickelt er Ansätze die von unvollständiger Konkurrenz ausgehen. In den Beiträgen von Aghion und Howitt (1992) und jenem von Grossman und Helpman (1991) wird der technische Fortschritt aus Aktivitäten in Forschung und Entwicklung abgeleitet bzw. begründet.

Die endogene Wachstumstheorie geht weiterhin davon aus, dass alle endogen vermehrbaren Faktoren zusammen nicht abnehmende Skalenerträge aufweisen (Rebelo 1991, Lucas 1988). Wenn nur ein Faktor endogen vermehrbar ist, weist dieser Faktor eine nicht bis auf Null abnehmende Grenzproduktivität auf. Chakraborty (1999) zeigt hierfür zwei Gründe auf. Zum einen die Annahme der Komplementarität zwischen öffentlicher Infrastruktur und privatem Kapital und zum anderen die Nichtrivalität technischen Wissens. Existierendes Wissen kann von mehr als einer Wirtschaftseinheit genutzt werden, ohne dass dadurch die Produktivität verringert wird. Daher hat die Produktion von Wissen nicht abnehmende Grenzerträge (Romer 1986; Smulders 1995).

Durch die nicht abnehmenden Skalenerträge kommt es zu einer veränderten Betrachtung der Beziehung von Wirtschaftswachstum und Umweltschäden. Die Wachstumsrate kann nunmehr von Umweltschäden beeinflusst werden, insbesondere bei der Internalisierung von Umweltexternalitäten. Durch die Externalitäten hinsichtlich des Wissens und der Umwelt kann es zu einer Überlagerung von Wachstumsraten und Niveaueffekten kommen. Wachstum wird somit auch bei konstantem Naturverbrauch möglich (Chakraborty 1999, S. 133).

Der Umwelt kommt dadurch eine steigende Beachtung zu. Wichtig ist hierbei, dass in der endogenen Wachstumstheorie ein weiterer Produktionsfaktor hinzukommt: das Wissen bzw. die Humankapitalbildung. Es wird von verschiedenen Autoren (z. B. Smulders 1995) darauf hingewiesen, dass ökonomische Aktivitäten von der Umwelt abhängen. Dies resultiert aus der Tatsache, dass die Umwelt die Quelle der Ressourcen ist, auf die die ökonomische Produktion angewiesen ist. Das Wirtschaftswachstum und die physikalischen Bedingungen der Umwelt interagieren. Diese ökonomischen Aktivitäten können ökologische Probleme verursachen. Ebenso können verschlechterte physikalische Bedingungen ökonomische Prozesse verhindern. Das wird bereits in dem Ansatz von Georgescu-Roegen deutlich.

> **Exkurs: Georgescu-Roegen**
> Georgescu-Roegen (1971) wandte die Gesetze der Thermodynamik auf die Ökonomie an. Der erste Hauptsatz der Thermodynamik (Gesetz der Material- oder Energie-Erhaltung) besagt, dass Material weder im Produktionsprozess, noch in einem anderen Transformationsprozess erzeugt wird, noch verloren geht. Der zweite Hauptsatz der Thermodynamik zielt darauf ab, dass die Entropie eines geschlossenen Systems und damit des Ressourcenbestandes nur verringert werden kann, indem von außen Energie zugeführt wird. Dennoch können diese physikalischen Gesetze allein wirtschaftliche Wachstumsprozesse nicht erklären, da der ökonomische Prozess nicht nur die physikalischen Gesetzmäßigkeiten benötigt, um ökonomische Güter zu produzieren, sondern eben auch Humankapital.

Der Einsatz von Humankapital in den Produktionsprozess wird unter Berücksichtigung der Umwelt besonders von Smulders (1995) gefordert. Er geht davon aus, dass Wirtschaftswachstum auf zwei Arten generiert werden kann:
- Der Einsatz der natürlichen Ressourcen in den Produktionsprozess wird stetig erhöht. Dies führt unmittelbar an die Grenzen der natürlichen Umwelt indem die nicht erneuerbaren Ressourcen erschöpft werden.
- Unbegrenztes Wirtschaftswachstum ist nur möglich, wenn man das Humankapital in dem Sinne fördert, dass die Effizienz des Ressourcenverbrauchs erhöht wird.

Das Ziel muss jedoch ein ökologisch nachhaltiges Wachstum sein. Somit scheidet die erstgenannte Art des Wirtschaftswachstums aus, da hier das Resultat eine Ausbeutung der Ressourcen ist und keineswegs eine nachhaltige Entwicklung im Sinne der ökologischen Nachhaltigkeit. Die zweite Alternative ist nach dem Postulat der Nachhaltigkeit adäquater. Das heißt, dass das Humankapital gefördert und der Ressourcenverbrauch optimiert werden muss.

Im Folgenden wird ein Überblick über die endogene Wachstumstheorie gegeben. Dabei werden die grundlegenden Modelle von Romer und Lucas erläutert. Anschließend werden wachstumspolitische Modelle der endogenen Wachstumstheorie vorgestellt, die Umweltaspekte berücksichtigen.

4.1 Einführung in die endogene Wachstumstheorie

Auf Grund von Erklärungsdefiziten der Neoklassik waren einige Wissenschaftler darum bemüht, diese Defizite in modifizierten Wachstumsmodellen zu verringern bzw. zu vermeiden. Die Konzentration von Solow (1974) auf den Wachstumsprozess durch Kapitalakkumulation fordert eine Anpassung an das exogene Arbeitskräftewachstum. Dies führt zu dem beschriebenen „Steady State", aus welchem heraus kein weiteres Wachstum möglich ist. Diese Probleme werden in der endogenen Wachstumstheorie diskutiert. Ökonomen, die die endogene Wachstumstheorie begründeten sind – wie schon erwähnt – Paul Romer (1986), Robert Lucas (1988) und Sérgio Rebelo (1991). Sie entwickelten sehr unterschiedliche Modelle um dauerhaftes Wachstum zu begründen. Die Grundidee besteht in der Annahme von konstanten Grenzerträgen des Kapitals, die Wachstum nicht verhindern. Die Modelle gehen weiterhin von endogenem technischen Fortschritt aus.

Die endogene Wachstumstheorie kann in zwei Grundrichtungen unterschieden werden (siehe Tabelle 2). Auf der einen Seite stehen Autoren wie Lucas und Rebelo, die aufzeigen, dass ohne den technischen Fortschritt die Reduktion der Grenzerträge des Kapitals zu verhindern ist. Andere Ökonomen um Romer begründen das Wirtschaftswachstum über die Endogenisierung des technischen Fortschritts.

Tabelle 2: Einordnung der endogenen Theorien (Quelle: Frenkel, Hemmer 1999, S. 173 ff.)

2 Hauptrichtungen der endogenen Wachstumstheorie	
Endogene Modelle mit **konstantem** Technologieparameter	Endogene Modelle mit **variablem** Technologieparameter
– Konstante Kapitalproduktivität: AK-Modell	– Horizontale Innovationen: Das Romer-Modell
– Human- und Sachkapitalakkumulation: Uzawa-Lucas-Modell	– Vertikale Innovationen: Das Aghion-Howitt-Modell

Im Folgenden werden die aufgeführten Grundmodelle der endogenen Wachstumstheorie kurz dargestellt[2], um ein grundlegendes Verständnis für die endogene Wachstumstheorie zu schaffen. Dies ist notwendig, damit die Einführung der Umwelt in diesen Modellen verständlich wird. Anschließend werden noch Modelle aufgezeigt, die sich gezielt mit Emissionen und dem Bestand der Umweltqualität auseinandersetzen. Abschließend werden Modelle der Humankapitalakkumulation diesen Abschnitt abschließen.

---

[2] Ein Überblick über die Grundzüge der endogenen Wachstumstheorie findet sich auch bei Michaelis (2003, S. 157 ff.).

4.2 Das AK-Modell

Das AK-Modell ist ein Modell der endogenen Wachstumstheorie, in dem konkrete Zusammenhänge aufgezeigt werden. Es geht in seiner Struktur auf den Ansatz von Rebelo (1991) zurück.

Sergio Tavares Rebelo

Sergio Tavares Rebelo wurde am 29. Oktober 1959 in Viseu in Portugal geboren. Er studierte Wirtschaftswissenschaften an der Katholischen Universität Portugals, wechselte dann an die Technische Universität von Lissabon und erwarb dort den Master of Science. Unter der Betreuung von António Pinto Barbosa und Aníbal Cavaco Silva, der Präsident Portugals wurde, begann er seine Doktorarbeit. Aufgrund der besseren Forschungsinfrastruktur und einer entsprechenden Förderung ging er in die USA, wo er seine Forschungsarbeiten fortsetzte. Er erhielt hierzu zahlreiche Stipendien, unter anderem von der „University of Rochester", der „Junta Nacional de Investigação Científica e Tecnológica", der „Fullbright Foundation" und der „Sloan Foundation".

Nach dem Studium arbeitete er an der „Northwestern University". Nach zwei Jahren entschied er sich dazu, nach Portugal zurückzukehren um an der Katholischen Universität Portugals und bei der „Bank of Portugal" zu arbeiten. Anschließend zog es ihn in Folge eines Fellowship an das „National Bureau of Economic Research" (NBER) in Boston. Während dieser Zeit erhielt er ein Angebot von der "University of Rochester". Von dort wechselte er an die „Northwestern University". Derzeit arbeitet er als Professor für Internationale Finanzierung an der „Kellogg School of Management" .

Er befasst sich besonders mit Themen des Wirtschaftswachstums und mit internationalen Finanzmärkten. Weiterhin sind Auswirkungen wirtschaftspolitischer Entscheidungen auf das Wirtschaftswachstum zentraler Bestandteil seiner Forschung. Einige wichtige Veröffentlichungen sind: „Government Finance in the Wake of Currency Crises" (2006), „Business Cycles," (2005) und „Policy, Technology Adoption and Growth" von 1994. Sergio Tavares Rebelo wird nach eigenen Aussagen trotz interessanter Stellenangebote aus Wirtschaft und Finanzwelt weiterhin in der Forschung tätig sein, um sich auch zukünftig intensiv mit makroökonomischen Fragestellungen zu beschäftigen.

Quellen:
Luso-American Foundation: http://www.flad.pt
Kellogg School of Management: www.kellogg.northwestern.edu
Centre for Economic Policy Research (CEPR): http://www.cepr.org/

Die einfachste Version einer Produktionsfunktion ohne abnehmende Kapitalproduktivität ist die AK-Funktion. Das Kapital K bildet die einzige Variable zur Beschreibung des volkswirtschaftlichen Produktionspotentials (Y)

$$Y = AK$$

Dabei ist A eine positive Konstante, die das Niveau der Technik wiedergibt. Das Fehlen nicht abnehmender Kapitalproduktivität wird realistischer, wenn das Kapital im weiteren Sinne auch als Humankapital interpretiert wird. In einem Modell mit AK-Funktion ist es möglich, dass es zu einem positiven langfristigen Wachstum pro Kopf ohne jeden technischen Fortschritt kommen kann.

$$y = Y / N = A \cdot k$$

Das Pro-Kopf-Einkommen (y) ist definiert als Division des Outputs (Y) durch die Bevölkerungszahl (N) und hängt bei gegebenem exogenem Technologieparameter A nur von der Pro-Kopf-Kapitalausstattung (k) ab. Die Wachstumsrate dieser Kapitalausstattung wird, wie bereits durch die Neoklassik bekannt, durch g_k beschrieben

$$g_k = s / v - (n + \delta)$$

Der Kapitalkoeffizient v = K / Y ist konstant. Die Formel lässt sich umschreiben zu

$$g_k = s \cdot A - (n + \delta) = g_y$$

Die Identität der Wachstumsrate der Kapitalausstattung und der Wachstumsrate des Outputs ($g_k = g_y$) wird durch die Linearität der AK-Funktion begründet. Die Ersparnis s, die den getätigten Investitionen entspricht, ist größer als die Verringerung der Pro-Kopf-Kapitalausstattung (s * A > n + δ). Diese wird durch Abschreibungen δ und das Bevölkerungswachstum n beeinflusst und nimmt stetig zu. Somit wird langfristiges Wachstum unabhängig von technischem Fortschritt und dem jeweiligen Ausgangszustand erklärt.

Die entscheidenden Determinanten des Wachstums der Pro-Kopf-Größen Produktion und Kapitalausstattung sind die exogen gegebenen Faktoren: Sparquote, Technologieparameter, Bevölkerungswachstum und Abschreibungsrate. Das AK-Modell zählt zur Gruppe der endogenen Modelle, da es die Bedingungen darlegt, die kontinuierliches Wachstum ermöglichen und sich für unterschiedliche Konstellationen Wachstumsraten berechnen lassen. So haben z. B. Länder mit einer hohen Sparquote und einem niedrigen Bevölkerungswachstum hohe Wachstumsraten bzgl. des Pro-Kopf-Einkommens. Diese Annahmen gelten für die meisten Industrienationen und erklären unter anderem deren Wachstumsstärke. Im Gegensatz zum neoklassischen Modell sagt das AK-Modell keine absolute oder bedingte Konvergenz voraus. Dies ist nach Barro und Sala-i-Martin (2004, S. 47) eine Schwäche des Modells, da sie die bedingte Konvergenz als empirischen Tatbestand ansehen.

Das AK-Modell lässt in seiner Struktur sehr wenig Raum für die Implementierung von Umweltvariablen (Pittel 2002, S. 64). Ein Kernelement für die Integration der Umwelt in diese Modelle ist, das die Umwelt immer als Nebenprodukt der Produktion auftritt. Im Modell von van Marrewijk, van der Ploeg und Verbeek (1993) wird die Interaktion zwischen Externalitäten der Produktion und der Umwelt untersucht und eine optimale Steuerregel abgeleitet. Um dies zu erreichen, wird das Modell endogenen Wachstums von Barro (1990)

$$\max \int_0^\infty U(C(t)) \exp(-\vartheta t) dt$$

$$\text{mit } U(C(t)) = \left(\frac{C(t)^{(1-1/\sigma)} - 1}{1 - 1/\sigma} \right),$$

mit der Nutzenfunktion U(C(t)), dem Konsum C im Zeitablauf (t), der Diskontrate ϑ und der konstanten intertemporalen Substitutionselastizität σ der Nutzenfunktion, durch die Wohlfahrtseffekte der Umwelt (E) erweitert:

$$U(C, E) = \left(\frac{[C^\alpha E^{1-\alpha}]^{(1-1/\alpha)}}{1 - 1/\sigma} \right)$$

mit $\sigma \neq 1, 0 < \alpha < 1$

Das hier betrachtete Modell ist modifiziert, damit der Nutzen aus der Umweltqualität, aus der Verschmutzung und aus der Vermeidung von Umweltverschmutzungen betrachtet werden kann. Dazu wird die Umwelt in die Nutzenfunktion integriert. Die Verschmutzung stellt wie bei Xepapadeas (1994) ein Nebenprodukt der Produktion dar und beeinflusst die Umwelt negativ. Demnach ist ein höheres Wachstum immer negativ für die Qualität der Umwelt. Das Ausmaß der Umweltschäden wird somit außer Acht gelassen. Der Staat kann dabei die Qualität positiv durch Finanzausgaben beeinflussen, die für die Vermeidungspolitik eingesetzt werden, zum einen damit die Umwelt sauberer wird und zum anderen als direkte Investitionen in die Umwelt. Durch diese Investitionen sollen Umweltprojekte realisiert werden, wie dies z. B. mit dem „San Bei"-Projekt in China der Fall ist, das 1978 gestartet wurde. Dabei soll eine „grüne Wand" durch das Pflanzen von Büschen und Bäumen den Desertifikationsprozess in der Region stoppen und evtl. sogar umkehren. Dieses Projekt soll Mitte dieses Jahrhunderts beendet werden (van Marrewijk, van der Ploeg und Verbeek 1993, S. 9). Die Autoren gehen davon aus, dass es eine Obergrenze für die Qualität der Umwelt gibt.

Steigende Vermeidungspolitiken führen jedoch zu reduzierten Investitionen in physisches Kapital, was wiederum die Wachstumsrate der Volkswirtschaft senkt. Der Anteil an Einkommen, der für Umweltverbesserungen eingesetzt wird, steigt, wenn die Zeitpräferenzrate steigt, die Relevanz der Umweltqualität in der sozialen Wohlfahrt steigt, die Effektivität der Vermeidungspolitik steigt oder die Produktivität der Arbeit sinkt. Im Zusammenhang zwischen Wirtschaftswachstum und Umwelt kommt es zu einer „Win-win"-Situation. Rücksichtnahme auf die Umwelt benötigt Wirtschaftswachstum und Wirtschaftswachstum kann ohne Rücksicht auf die Umwelt nicht stattfinden (van Marrewijk, van der Ploeg und Verbeek 1993, S. 38). Das Anstreben einer maximalen Wachstumsrate kann nie optimal sein, außer die Umwelt bleibt unberücksichtigt.

Die wichtigsten Resultate sind:
- Die optimale Steuerrate und der Anteil des Nationaleinkommens für die Verminderung der Umweltbelastung steigen, wenn die Produktivität sinkt oder die Relevanz der Umweltqualität steigt.
- Die Rate des Wirtschaftswachstums steigt, während die Umweltqualität sich verschlechtert, unabhängig davon, ob die Rate der Verschmutzung das Niveau oder die Änderungsrate der Umweltqualität tangiert.

4.3 Das Uzawa-Lucas-Modell

Dieses Modell bildet eine weitere Variante der Modelle der endogenen Wachstumstheorie mit einem konstanten Technologieparameter. Einer der bedeutendsten Wissenschaftler der endogenen Wachstumstheorie ist Lucas (1988). Er greift ein Modell von Uzawa (1965) auf und erweiterte dieses. Dieses Modell untersucht die Entstehung von Humankapital. Die bisher dominierende Annahme der ähnlichen Gewinnung von Sach- und Humankapital ist unrealistisch. Daher bildet Lucas Wachstum in einem Zwei-Sektoren-Modell ab. Dabei wird der Einfluss von Humankapital auf das Wirtschaftswachstum untersucht.

Robert Emerson Lucas

Robert Emerson Lucas, Jr. wurde 1937 in Yakima, im US-Bundesstaat Washington geboren. Er studierte Geschichte und Wirtschaftswissenschaften an der „University of Chicago" und schloss 1964 die Arbeiten an seinem Ph.D. ab. Er unterrichtete zunächst an der „Carnegie Mellon University" in Pittsburgh, kehrte 1975 jedoch an die „University of Chicago" zurück.

Robert Emerson Lucas beschäftigt sich insbesondere mit Themen aus dem Bereich der Makroökonomie und mit wirtschaftspolitischen Themen. Seine wichtigsten und bekanntesten Werke waren „Expectations and the Neutrality of Money", welches 1972 im „Journal of Economic Theory" veröffentlicht wurde, sowie „Econometric Policy Evaluation: A Critique" von 1976. 1988 veröffentlichte er den Artikel „On the Mechanics of Economic Development". Er baut seine Theorien auf den Grundannahmen der Mikroökonomie, wie beispielsweise dem Modell des „homo oeconomicus" auf. Damit widersprach er in gewissem Sinne der keynesianischen Stabilisierungspolitik, denn diese beruht darauf, dass sich das Verhalten und die Erwartungen der Individuen nur langsam an veränderte politische Rahmenbedingungen anpassen. Weiterhin hinterfragt Lucas den Aussagewert von empirischen Modellen für die Abschätzung zukünftiger konjunktureller Entwicklungen. Somit ist es aus Sicht von Robert E. Lucas nicht möglich mithilfe einer Nachfragepolitik Einfluss auf das Wirtschaftswachstum zu nehmen. Vielmehr wandte er sich der Angebotspolitik sowie verschiedenen Mechanismen der Wachstumsförderung zu. Durch diese Erkenntnis wurde er zu einem der Begründer der sogenannten „Neuen bzw. endogenen Wachstumstheorie".

Robert Lucas erhielt neben zahlreichen weiteren Auszeichnungen 1995 für seine Arbeiten auf dem Gebiet der Wachstumstheorie den Nobelpreis für Wirtschaftswissenschaften.

Quellen:
University of Chicago, Department of Economics:
http://economics.uchicago.edu/download/rlucasvita.pdf

Rainer Klump, Wirtschaftspolitik, Ausgabe 2006
Nobel Foundation: http://nobelprize.org

Hirofumi Uzawa
Der japanische Wirtschaftsforscher Hirofumi Uzawa wurde 1928 in Yonago, Tottori geboren. Nach seinem Schulabschluss studierte er Mathematik an der „Tokyo University". Er schloss sein Studium mit dem Ph.D. ab, wechselte nach seiner Promotion jedoch aufgrund eines „Fellowship" an die „Stanford University" und begann dort 1956 ein wirtschaftswissenschaftliches Studium. Anschließend wurde er an der „Stanford University" zunächst Assistent, dann Assistenzprofessor und schließlich übernahm er den Lehrstuhl als Professor. Er wechselte an die „University of California", wo er als Assistenzprofessor tätig war und später an die University of Chicago. 1969 kehrte er nach Japan zurück und übernahm einen Lehrstuhl an der wirtschaftswissenschaftlichen Fakultät an der „Tokyo University". Zudem unterrichtete er an der „Niigita University", „Chuo University" und der Universität der Vereinten Nationen. Derzeit arbeitet er an der „Doshisha University". Von 1976 bis 1977 war er Präsident der Ökonometrischen Gesellschaft, 1989 wurde er Mitglied der „Japan Academy".

Uzawa ist vor allem bekannt für seine neoklassisch orientierten wachstumstheoretischen Ansätze, welche er zusammen mit James E. Meade und Mordecai Kurz zwischen 1961 und 1963 erarbeitete. Ergebnis war sein sogenanntes Zwei-Sektoren-Modell, welches als Erweiterung des Solow-Swan Modells eingeordnet werden kann. Zentrale Werke waren: „On a Two-Sector Model of Economic Growth I" welches er 1961 veröffentlichte und „On a Two-Sector Model of Economic Growth II", das den ersten Teil im Jahre 1963 ergänzte. Hirofumi Uzawa wurde 1983 mit dem japanischen Kulturpreis ausgezeichnet und gewann 1997 die „Order of Culture".

Quellen:
The New School http://cepa.newschool.edu/het/profiles/uzawa.htm
Cambridge University: http://assets.cambridge.org

Der erste Sektor betrachtet die Sachgüterproduktion. Die Sachgüter können entweder konsumiert oder investiert werden. Hier bezieht sich das Uzawa-Lucas-Modell auf die neoklassische Produktionsfunktion. Es wird lediglich der Faktor Arbeit durch den Faktor Humankapital H ersetzt

$$Y = F(K, H)$$

Zur Herstellung der Sachgüter wird jedoch nur ein Teil des Humankapitals verwendet. Dieser Anteil wird durch die Variable u (0 < u < 1) beschrieben. Durch die Cobb-Douglas-Produktionsfunktion erhält man

$$Y = A \cdot K^\alpha \cdot (u \cdot H)^{1-\alpha} \text{ mit } 0 < u < 1$$

Der zweite Sektor beschreibt die Entstehung von Humankapital durch den Einsatz eines Teiles des verfügbaren Humankapitals (1 − u). Die Produktionsfunktion dieses Sektors lautet

$$dH(t) = B \cdot (1-u) \cdot H - \delta \cdot H$$

B steht für den Technologieparameter des Bildungssektors mit konstanten Grenzerträgen, $\delta \cdot H$ ist die Abschreibung des Humankapitals. Der Bestand an Humankapital einer Volkswirtschaft steigt somit durch die Erhöhung der Produktivität B, einen geringen Anteil u des Humankapitals in der Sachgüterproduktion, eine Verringerung des Abschreibungssatzes oder einen höheren Anfangsbestand an Humankapital. Die Bildung von Humankapital bedingt somit einen Verzicht der Produktion von Sachkapital.

Das Wachstumsgleichgewicht wird durch g bestimmt. Es wird beschrieben durch

$$g = 1/\eta \cdot (r - \delta - \rho)$$

$1/\eta$ erklärt die intertemporale Substitutionselastizität der Nutzenfunktion, r die Bruttogrenzproduktivität des Sachkapitals und ρ die Zeitpräferenzrate. Ist dieses Gleichgewicht erreicht, wachsen Output, Konsum sowie Sach- und Humankapital mit dieser Rate. Die Humankapitalbildung erhöht die Humankapitalausstattung pro Kopf und somit das endogene Wachstum. Eine Identität zwischen Human- und Sachkapitalwachstum verhindert sinkende Grenzerträge des Kapitals. Ohne eine Erhöhung des Humankapitals gibt es kein langfristiges Wachstum.

4.4 Das Romer-Modell

Das Modell nach Romer (1990) grenzt sich gegenüber den bisher vorgestellten Modellen ab und wird den innovationstheoretischen Modellen der endogenen Wachstumstheorie zugeordnet. Zu den Grundüberlegungen dieser Modelle zählt nicht länger die Annahme eines konstanten Technologieparameters. Der Parameter ist bei Romer variabel und ändert sich durch technischen Fortschritt und Innovationen. Hierzu zählen Produktinnovationen, die neue oder bessere Produkte ermöglichen, sowie Prozessinnovationen. Diese verändern die Abläufe in Unternehmen und daher deren Produktivität und Faktoreinsatzverhältnisse. Als weitere Neuerung führt das Modell eine mehrstufige Produktion ein. Zu Beginn werden Zwischenprodukte gefertigt, die anschließend in Konsumgüter umgewandelt werden. Diese Differenzierung führt zu fortgeschrittener Arbeitsteilung und Spezialisierung, welche bereits Produktivitätssteigerungs- und Wachstumschancen bietet. Zur Erklärung seiner Ansätze entwirft Romer das Zwei-Sektoren-Modell.

Paul Michael Romer
Paul Michael Romer, der 1955 als Sohn des ehemaligen Gouverneurs von Colorado, Roy Romer geboren wurde, studierte an der Universität von Chicago zunächst Physik und Mathematik. Nach dem Bachelor of Science wechselte er zur Volkswirtschaftslehre am Massachusetts Institute of Technology und begann seinen Ph.D. Er wechselte zwischenzeitlich an die Queens University, kehrte aber nach Chicago zurück, wo er 1983 seine Promotion abschloss. Bis 1988 lehrte er als Assistenzprofessor an der University of Rochester, anschließend in Chicago und Berkley. Heute arbeitet er an der Stanford University, ist Fellow am „Hoover Institute" und an der „American Academy of Arts and Science". Bekannt wurde Romer auch durch die Gründung von Aplia im Jahr 2000, einer Online-Lehrplattform.

Paul Romer gilt ebenfalls als einer der Begründer der endogenen Wachstumstheorie. Er erklärt nicht nur die Wachstumsraten, sondern zeigt auch staatliche Eingriffsmöglichkeiten auf. Neben mathematischen Modellen, die seine theoretische Begründung aufzeigen, zeigt er auch die praktischen Folgen von regulierenden Eingriffen durch die Politik auf. In Anlehnung an die These von Solow, wonach Wirtschaftswachstum von technischem Fortschritt abhängt, zeigte er die Abhängigkeit des technischen Wandels vom Handeln der Individuen auf. Eine Rekombination von Produktionsfaktoren führt dazu, dass Produkte von höherem Wert erzeugt werden. Somit führt er das Wirtschaftswachstum auf eine inputminimale und effiziente Faktorkombination und somit auf das Know-how der Volkswirtschaft zurück.

Paul Michael Romer wurde von Paul R. Krugman als der einflussreichste Ökonom der 1980er Jahre bezeichnet und vom Time Magazin 1997 unter die 25 einflussreichsten Amerikaner gewählt. Er wurde unter anderem mit dem Horst Claus Recktenwald-Preis ausgezeichnet.

Quellen:
Wolf-Heimo Grieben, WHU Koblenz: http://www.uni-konstanz.de
Graduate School of Business – Stanford University: http://www.stanford.edu

Der erste Sektor des Modells beinhaltet die Forschung. Damit wird neues Wissen generiert, was sich auch darin zeigt, dass es möglich wird selbst im Stadium der Zwischenprodukte zu Innovationen zu gelangen. Die Grundlage dieser Forschung liegt im öffentlichen Wissen. Es ist das Fundament der F&E-Aktivitäten von Unternehmungen. Durch erfolgreiche Forschung fließt ein Teil des neu entstandenen Wissens zurück in den öffentlich zugänglichen Pool und erweitert somit die Grundlage für neue Forschungen innerhalb dieser Volkswirtschaft. Im zweiten Sektor des Modells werden Zwischengüter erzeugt und zu Konsumgütern zusammengefasst. Diese werden im Markt gehandelt und als High-Tech-Konsumgüter bezeichnet. Sie werden im Gegensatz zur Neoklassik aus mehreren Zwischenprodukten erzeugt.

In diesem Modell begründet sich das Wachstum aus der Verknüpfung von Humankapital, F&E, Wissen, technischem Fortschritt und Innovationen. Qualifizierte Arbeitskräfte werden zur Forschung eingesetzt, erlangen neues Wissen und ermöglichen eine effizientere Produktion von Gütern. Dies führt zu Vorteilen auf dem Markt, wodurch andere Unternehmen motiviert werden, ebenfalls ihre F&E-Ausgaben zu erhöhen. Somit steigt das öffentliche Wissen durch die beschriebenen externen Effekte und die Volkswirtschaft wächst gegenüber anderen Nationen durch Produktivitäts- und Kostenvorteile.

Darauf aufbauend modellierte Romer (1990) endogenes Wachstum durch die Verwendung eines Drei-Sektoren-Modells mit einem Forschungs-, einem Zwischenprodukt- und einem Endproduktsektor. Dabei interpretiert Romer die Zwischenprodukte als Kapitalgüter. Endogenes Wachstum erfolgt durch Forschungsaktivitäten, die nicht nur zu horizontalen Innovationen, sondern auch zu einer Wissensvermehrung führen. Somit kommt es zu einer Steigerung der Produktivität von Forschungsaktivitäten. Der Forschungssektor erzielt durch den Verkauf von Patenten Erlöse, die von den Produzenten der Kapitalgüter benötigt werden. Die Produzenten veräußern die produzierten Kapitalgüter an die Konsumgüterhersteller, die aus einer größeren Kapitalgütervielfalt Produktivitätsvorteile ziehen (Frenkel und Hemmer 1999, S. 263).

Stiglitz (1974) hat die neoklassische Produktionsfunktion erweitert, damit die Nutzung natürlicher Ressourcen mit in die Produktionsfunktion einfließt. Romer (1990) unterscheidet Human- und physikalisches Kapital und benutzt die Stiglitz-Funktion um einen endogenen Innovationsprozess zu erzeugen. Das daraus resultierende Wachstumsmodell ist grundsätzlich neoklassisch fundiert, da die grundlegende neoklassische Produktionsfunktion verwendet wird. Anhand dieser Funktion wird durch eine Kombination von Stiglitz und Romer ein endogenes Wachstumsmodell entwickelt, das die Ausbeutung natürlicher Ressourcen in die Analyse mit einschließt.

Das Modell von Romer-Stiglitz führt zu einer wichtigen Erkenntnis. Trotz eines exponentiellen Bevölkerungswachstums und einer Ökonomie, die auf den ständigen Nutzen von erschöpflichen Ressourcen angewiesen ist, kann der endogene technische Fortschritt eine ausreichende Ressource darstellen, damit der Pro-Kopf-Konsum erhalten bleibt oder sogar wächst. Eine ausreichende Allokation von Humankapital ist dafür verantwortlich, dass auf lange Sicht sowohl eine Ressourcenausbeutung und somit auch ein Sinken des Pro-Kopf-Konsums vermieden werden kann. Folglich kommt im Romer-Stiglitz-Modell der Knappheit der natürlichen Ressourcen keine Bedeutung zu und führt auch nicht automatisch zu einer Begrenzung des endogenen Wachstums.

Jedoch ist das Romer-Stiglitz Modell nicht in der Lage die Bedingungen zu beschreiben, unter denen Innovationen in Ökonomien auftreten. Es wird angenommen, dass in einigen Ländern mit niedrigen Einkommen der Innovationsprozess durch die Rate der Ressourcennutzung beeinflusst wird. Eine zunehmende Ressourcenausbeutung kann soziale Probleme verursachen und zu Konflikten bzw. Fehlentwicklungen auf institutioneller Basis führen. Das führt dazu, dass die Ökonomie nicht fähig ist, neue Innovationen auf den Markt zu bringen. Das aufgezeigte Romer-Stiglitz Modell wird im Folgenden modifiziert, damit Innovationen aufgrund der zunehmenden Ressourcenknappheit „erzwungen" werden können.

Barbier (1996) entwickelte ein sehr einfaches Romer-Stiglitz-Modell endogenen Wachstums, in dem die Ressourcenknappheit und das Bevölkerungswachstum mit eingehen. Damit werden der optimale Wachstumspfad und das Wachstumsgleichgewicht der Ökonomie bestimmt. Er untersucht schwache und starke Wachstumsgleichgewichte. Im schwachen Wachstumsgleichgewicht führt ein bedingter endogener technischer Fortschritt zur Abwendung der Ausbeutung der Ressourcen und zu nachhaltigem Wachstum des Pro-Kopf-Konsums. Im starken Wachstumsgleichgewicht existiert ein optimales Niveau an technischem Wissen, was zu einem positiven Niveau des Pro-Kopf-Konsums und der Rate der Ressourcenextraktion führt. Somit ist der Ressourcenbestand auf lange Sicht noch nicht vollständig abgebaut und es kommt nicht zu einer bindenden absoluten Knappheit.

In den Modellen von Hung, Chang und Blackburn (1993), Verdier (1993) und in Michel und Rotillon (1995) wird das Modell von Romer (1990) um die Umwelt erweitert. Diese Erweiterungen werden im Folgenden erläutert. Hung, Chang und Blackburn (1993) entwickeln ein einfaches Modell, in dem die Produktion von umweltfreundlichen und umweltbelastenden Inputs abhängt. Es wird gezeigt, dass eine Verschlechterung der Umweltsituation zu Unzufriedenheit bei den Konsumenten führt. Daher muss die Umweltbelastung in die Betrachtung der Wachstums- und Wohlfahrtsdiskussion mit einbezogen werden. Das betrachtete Modell geht auf endogene Wachstumsmodelle von Romer (1990), Riviera-Batiz und Romer (1991) und Blackburn und Hung (1992) zurück. Es ist auf die Technologie und die Ressourcenbedingungen ausgerichtet. Umweltbelastende Inputs führen zu höheren Verschmutzungen und einer Verschlechterung der Umwelt. Wenn die Verschmutzungen das Nutzenniveau der Konsumenten belasten, kommt es zu negativen Externalitäten. Die Produktanzahl kann über die Produktionskosten durch die Umweltpolitik gesteuert werden. Dabei ist es möglich über die relativen Produktionskosten die Inputs hin zu einer Umweltverbesserung zu steuern. Dies kann zum einen über verbesserte Produktionsprozesse und/oder über die Herstellung umweltfreundlicher Produkte erfolgen. Dabei kommt es ebenfalls zu Wirtschaftswachstum.

Die Regierung kann das Wachstum über verschiedene umweltpolitische Maßnahmen beeinflussen:
- Veränderung der Profitabilität der Innovationen durch Besteuerung,
- Vergabe von Emissionsstandards,
- Ausweitung oder Begrenzung des Marktes für neue Produkte und
- Förderung des Ideentransfers.

Dabei ist es wichtig zu beachten, dass es durch höhere Kosten der Produktion, durch zusätzliche Abgaben oder Steuern immer auch zu Nebeneffekten auf das Wirtschaftswachstum kommt. Des Weiteren führt jeder Anstieg der Kosten zu einer Zugangsbarriere für neue Unternehmen auf den Forschungssektor, vermindert die Innovationsrate und somit auch die Wachstumsrate. Jeder Anstieg des Humankapitalstockes führt zu einer Erhöhung der Forschungsaktivitäten und somit zu einer höheren Wachstumsrate.

> „A government may have to choose whether to adopt a policy to promote the use of clean technology or just regulate the existing dirty technology" (Hung, Chang, Blackburn 1993, S. 253).

Hung, Chang und Blackburn (1993) betrachten aufbauend auf der Arbeit von Romer (1990) ein endogenes Wachstumsmodell in dem zwei verschiedene Produkte durch F&E entwickelt werden können: ein umweltfreundliches und ein umweltbelastendes Produkt. Sie zeigen, dass in einem stabilen Wachstumsgleichgewicht die Ökonomie nur eines der beiden Produkte produzieren kann und sie unterscheiden die Wachstumsraten und die Wohlfahrt in den beiden betrachteten Gleichgewichten auf lange Sicht. Die Tatsache, dass ein Gut entweder umweltfreundlich oder -belastend ist, macht den Umgang mit diesem Modell schwierig.

Verdier (1993) entwickelt daher ein Modell, in dem das Wachstum als eine Zunahme der Produktpalette eines Gutes in einem monopolistischen Wettbewerb verstanden wird. Jedes Produkt ist charakterisiert durch ein bestimmtes Verhältnis des Outputs zu den Emissionen. Dabei werden umweltfreundliche Produkte in der Entwicklung als kostenaufwändiger angenommen als umweltbelastende Produkte. Die Neuerung besteht darin, dass die Unternehmen während der Forschung und Entwicklung das Verhältnis des Outputs zu den Emissionen eines neuen Produktes wählen können, das sie auf den Markt bringen wollen. Die Schaffung umweltfreundlicher Produkte benötigt mehr Ressourcen im F&E-Sektor. Dies führt auf natürliche Weise zu einem trade-off zwischen dem Wachstum der Produkte und der Umweltfreundlichkeit der entwickelten Produkte: Es kommt zu einem Ausgleich zwischen dem Wachstum und der Sauberkeit der Produkte.

Michel und Rotillon (1995) zeigen, dass es zwei Wege gibt, die man in Bezug auf Verschmutzungen und das Wachstum beachten muss. Zum einen die Suche nach ausgewogenem Wachstum, das Verschmutzungen berücksichtigt. Zum anderen die Charakterisierung von Wachstumspfaden, die Verschmutzung als Externalität mit einbeziehen. Die Autoren folgen der Ansicht Romers (1990): Endogenes Wachstum wird auf die Hypothese positiver Externalitäten aufgebaut, wie Learning by Doing oder die Humankapitalakkumulation. Diese positiven Externalitäten stehen den negativen Externalitäten der Verschmutzung gegenüber. Daraus begründet sich die Frage, ob die positiven oder die negativen Externalitäten dominieren.

Wenn die Verschmutzungen negative Externalitäten auf das Nutzenniveau der Konsumenten ausüben, ist ein unbegrenztes Wachstum trotz Learning by Doing nicht möglich. Unbegrenztes Wachstum bedeutet gleichzeitig unbegrenzte Verschmutzung, da die Verschmutzung proportional zum Produktionsergebnis ist.

> „This general result, obvious in the separable case, has been also proved in the non-separable case: if pollution were bounded, endogenous growth will be unlimited, but this unlimited growth in consumption and capital necessarily implies an unlimited pollution" (Michel, Rotillon 1995, S. 294).

Das zweite Resultat bezieht sich auf das soziale Optimum. In diesem Fall hat die Verschmutzung keinen Effekt auf den marginalen Nutzen des Konsums. Beachtet man sowohl die positiven als auch die negativen Externalitäten, dann tendiert das soziale Optimum zu einem Wachstumsgleichgewicht mit endlichem Konsum und Verschmutzung und einer langfristigen Wachstumsrate von Null. Die Auswirkungen sind, dass das Kapital auf lange Sicht besteuert werden muss. Wenn die Verschmutzungsbeseitigung effizient genug ist, wird die optimale Lösung die Wirtschaft zu unbegrenztem Wachstum führen, unabhängig davon welche Nutzenfunktion betrachtet wird.

Bei anderen Modellen liegt der Fokus auf dem Handel und den sich daraus ergebenden Implikationen für die Umwelt und das Wirtschaftswachstum. Elbasha und Roe (1996) entwickeln ein endogenes Wachstumsmodell, das die Interaktionen von Handel, Wirtschaftswachstum und der Umwelt betrachtet. In vielen Modellen werden Innovationen nicht berücksichtigt, obwohl diese einen bedeutenden „Wachstumsmotor" darstellen. Diese Modelle lassen die positiven Spillover-Effekte auf die Produktion außer Acht und erhalten so als Ergebnis, dass eine optimale Erhaltung der Umweltqualität und des Wirtschaftswachstums gleichberechtigte Ziele sind. Weitere Modelle von Elbasha und Roe beschäftigen sich mit der Analyse des optimalen Wachstums, ohne dass dynamische Gleichgewichte betrachtet werden.

Dazu entwickeln die Ökonomen ein multi-sektorales endogenes Wachstumsmodell. Es wird eine kleine Ökonomie abgebildet, in der zwei Güter gehandelt werden und es findet kein internationaler Handel der Produktionsfaktoren statt. Der technologische Fortschritt erweitert die Zahl der Inputs in den Markt und wird endogen erzeugt. Erfindern werden lebenslange Patente zugesichert und sie können dafür Monopolgewinne abschöpfen. Das Modell schließt die Wohlfahrtseffekte der Umweltqualität und die Beziehung zur Verschmutzung und der Verminderung der Verschmutzung mit ein. Das Modell erlaubt des Weiteren eine Analyse der Effekte der Umweltpolitik auf das Wirtschaftswachstum.

Die wichtigsten Erkenntnisse sind:

> „(…) long-run growth increases with (i) the country's endowments, (ii) the degree of openness provided whatever factor intensity R&D has, exportables have less of it than importables, and (iii) the degree of market power of patents holders. (…) the effects of the environment on growth depend on the elasticity of intertemporal substitution of consumption. If it is greater than one, environment slows growths. If it is, however, less than one, environment increases growth" (Elbasha, Roe 1996, S. 261).

Die Effekte des Handels auf die Umwelt und die Wohlfahrt sind unklar. Sie hängen von den Preiselastizitäten des Angebotes an handelbaren Gütern, den Terms of Trade-Effekten auf das Wachstum und den Verschmutzungsintensitäten ab. Numerische Beispiele zeigen, dass der Handel die Umweltqualität verschlechtert, aber die Wohlfahrt verbessert. Dies wird durch die Substitution zwischen der Umweltqualität und anderen Gütern erreicht, die die Wohlfahrt steigern.

4.5 Humankapitalakkumulation

Eine weitere Gruppe der endogenen Wachstumsmodelle untersucht unter Berücksichtigung der Umwelt die Auswirkungen des Humankapitals auf das Wachstum. Dazu gehören unter anderem Eismont und Welsch (1999) oder Bovenberg und Smulders (1995). Eismont und Welsch (1999) versuchen in ihrem Beitrag einen Zusammenhang zwischen der Ausbeutung natürlicher Ressourcen, der Marktstruktur, der Humankapitalakkumulation und dem Wirtschaftswachstum aufzuzeigen. Dabei gehen sie von einem 2-Sektoren-Modell mit einem Sektor der Ressourcenextraktion und einem Produktionssektor aus. Die Ressourcenknappheit wird nicht durch einen fixen physikalischen Bestand ausgedrückt, sondern durch den Grad in dem die Extraktionskosten steigen, wenn der kumulative Bestand extrahiert wird. Sie erhalten als Ergebnis, dass die Rate der Humankapitalakkumulation positiv von der Ressourcenknappheit abhängt. Die Rate des Wirtschaftswachstums ist jedoch invers von der Ressourcenknappheit abhängig. Die Zunahme der Humankapitalakkumulation, eingeführt durch die Ressourcenknappheit, ist nicht ausreichend um dem entgegenzuwirken.

Die endogene Wachstumstheorie weist weiterhin einige Modelle auf, die das Humankapital fördern und den Ressourcenverbrauch optimieren. Die Modelle werden hier in drei Kategorien aufgeteilt: Ökologie, Technologie und Präferenz. Die Dimension der Ökologie beschreibt, wie die Umwelt durch ökonomische Variablen und Feedback-Mechanismen, wie zum Beispiel Reinvestitionen in die Umwelt beeinflusst wird. Die Dimension der Technologie, gekennzeichnet durch die Produktionsfunktion, beschreibt, wie ökonomische Güter durch natürliche und anthropogene Inputs produziert werden. Die Dimension der Präferenz ist letztlich gekennzeichnet durch die Nutzenfunktion, wobei es sich um den Nutzen sowohl der natürlichen, als auch der anthropogenen Güter handelt. Besonders hervorzuheben sind die Arbeiten von Smulders.

Sjak Smulders

Der Niederländer Sjak Smulders wurde am 08.01.1967 geboren, studierte zunächst an der „Tillburg University", die er 1990 mit dem Master of Economics and Business abschloss. Er wechselte an das „Brabants Conservatorium" und begann anschließend seine Arbeit zum Ph.D., die er 1994 abschloss.

Von 1995 bis 1996 arbeitete er als Assistenzprofessor an der wirtschaftlichen Fakultät der Stanford University und war bis 2001 als Assistenzprofessor an der „Tilburg University". Er war Fellow an der „Tilburg University" sowie an der „Royal Dutch Academy" und dem „Netherlands Network of Economics". 2006 wurde er Professor an der "Tillburg University", wechselte jedoch im selben Jahr an die "University of Calgary".

Die Forschungsschwerpunkte von Sjak Smulders liegen auf der Umweltökonomie, Energiewirtschaft, Wachstumstheorie, Internationalem Handel und dem Arbeitsmarkt. Er veröffentlichte seit 1994 mehrere Bücher und Artikel zu Themen des endogenen Wirtschaftswachstums, der Umweltökonomie, nachhaltiger Entwicklung und der Energiewirtschaft. 2007 veröffentlichte er zusammen mit Lucas Bretschger „Sustainable Resource Use and Economic Dynamics". Sie befassen sich in diesem Buch intensiv mit der nachhaltigen Entwicklung in Bezug auf Ressourcenknappheit, internationaler Konzentration des Energieverbrauchs und sogenannten „sauberen Technologien".

Quellen:
RePEc Research Paper in Economics: http://econpapers.repec.org/RAS/psm68.htm
Tilburg University: http://center.uvt.nl/cs/members/smul.html
University of Calgary: http://www.ucalgary.ca/EES/smulderssjak

Smulders (1995) untersuchte den Zusammenhang zwischen dem Wirtschaftswachstum und der Umweltbelastung und zeigte, unter welchen Bedingungen ein unbegrenztes Wirtschaftswachstum mit begrenzten natürlichen Ressourcen möglich ist. Hierzu das Modell:

(1) $\dot{N} = E(N, R_0) - R$ (Ökologie)

(2) $\dot{H} = F(N, R, H) - C$ (Technologie)

(3) $W = \int_0^\infty U(C, H, N) \exp(\vartheta t) \, dt$ (Präferenz)

mit: N   Natur
E(.)   Regenerationsfunktion
R   Emissionen
H   Bestand an Wissen (Humankapital)
F   Output
C   Konsum
W   Intertemporaler Nutzen
U(.)   Nutzenfunktion
ϑ Diskontrate
t   Zeitindex

Die Dimension der Ökologie
Smulders gliedert sein Modell in die zuvor beschriebenen Dimensionen, wobei die erste Gleichung für die Dimension der Ökologie näher untersucht wird:

$$\dot{N} = E(N, R_0) - R$$

Die Natur, gemessen in physikalischen Einheiten (natürliche Ressourcen oder Umweltqualität), wird in der Gleichung als N dargestellt. R erfasst sowohl die Extraktion natürlicher Ressourcen (die Natur N ist die Quelle) wie auch die Müllbeseitigung (die Natur N ist die Senke). Die Regenerationsfunktion ist sowohl abhängig von der Natur (N) und dem exogen vorgegebenen Solarenergiezufluss (R_0). Umwelterhaltung ist somit möglich, wenn der Ressourcenbestand konstant ist. Erneuerbare Ressourcen können beispielsweise in dem Maß verbraucht werden, wie sie wiederhergestellt werden. Der Verbrauch nichterneuerbarer Ressourcen sollte weitestgehend eingeschränkt werden.

Die Dimension der Technologie
Die folgende Gleichung zeigt, dass die Produktion in Zusammenhang mit Konsum und Wissen steht. Folglich muss in Wissen investiert werden. Die Produktionsfunktion hängt von Wissen und von natürlichen Inputs ab, wobei eine höhere Umweltqualität eine höhere Produktivität bedeutet.

$$\dot{H} = F(N, R, H) - C$$

mit: N Natur
R Emissionen
H Bestand an Wissen (Humankapital)
F Output
C Konsum

Die Dimension der Präferenz
Die Dimension der Präferenz wird durch die Nutzenfunktion repräsentiert, wobei als Variablen der Konsum, das Wissen und die Umweltqualität betrachtet werden.

$$W = \int_0^\infty U(C, H, N) \exp(\vartheta t)\, dt$$

mit: N Natur
H Bestand an Wissen (Humankapital)
C Konsum
W Intertemporaler Nutzen
U(.) Nutzenfunktion
ϑ Diskontrate
t Zeitindex

S sei der Bestand an Verschmutzung, $\bar{E}$ sei der aktuelle Bestand hoher und niedriger Entropie zusammengefasst zu einer Konstanten. Der Bestand an Verschmutzung (S) und die Umweltqualität (N) stehen wie folgt zueinander in Verhältnis:

$$S = \bar{E} - N$$

Damit die Veränderung im Bestand der Verschmutzung deutlich wird, wird N dieser Gleichung durch die folgende Gleichung ersetzt:

$$\dot{S} = R - \delta(S, R_0)$$

wobei $\delta(S, R_0) = \delta(\bar{E}- N, R_0) = E(N, R_0)$ die Absorptionskapazität der Umwelt darstellt. Diese Gleichung zeigt, dass es möglich ist, die Umweltqualität so lange zu erhalten, wie die Veränderung des Bestandes an Verschmutzung nicht positiv ist. Der Verbrauch natürlicher Ressourcen beispielsweise muss dafür unterhalb oder auf gleicher Ebene mit der Regenerationskapazität der Umwelt liegen.

Zusammenfassend kommt Smulders zu dem Ergebnis, dass es durch die Schaffung neuen Wissens möglich ist, Wirtschaftswachstum mit einer gleichzeitigen Umwelterhaltung abzustimmen. Das erklärt sich daraus, dass das Wissen sowohl in die Dimension der Technologie als auch der Präferenz eingeht. Wirtschaftliches Wachstum bedarf somit auch Investitionen in den Humankapitalstock. Smulders kommt zu dem Schluss:

> „The challenge is to find and implement environmental and economic policies that stimulate society's ingenuity and that employ it in the right direction in order to achieve sustainable development" (Smulders 1995, S. 337).

In diesem Modell bleibt unberücksichtigt, wie sich eine allgemeine Verschlechterung der Umweltqualität auf die Umweltsituation auswirkt. Zum Beispiel kommt es durch die Abnahme der Waldflächen zu einer sinkenden Assimilationsfähigkeit der Natur. Dies wird im folgenden Modell berücksichtigt. Bovenberg und Smulders (1995, 1996) untersuchen in ihrem Modell den Zusammenhang zwischen Umweltqualität und wirtschaftlichem Wachstum in einem endogenen Wachstumsmodell, welches umweltschutztechnisches Wissen mit einbezieht. Das Modell stellt sich wie folgt dar:

(1) $\dot{N} = E(N, R)$ (Ökologie)

(2) $F = F(N, K_F, R_F)$ (Technologie)

$\dot{h} = H(N, K_H, R_H)$

(3) $W = \int_0^\infty U(C, N) \cdot \exp(\vartheta t)\, dt$ (Präferenz)

mit: F(.) Produktionsfunktion zur Produktion eines Sachgutes
H(.) Produktionsfunktion zur Erzeugung umweltschutztechnischen Wissens
K Kapital
R Emissionen

Die Dimension der Ökologie

$$\dot{N} = E(N, R)$$

Wirtschaftliche Aktivitäten erfordern in diesem Modell die Natur als erneuerbare Ressource. Für jedes Verschmutzungs- oder Emissionsniveau P existiert ein konstantes Niveau der Umweltqualität N. Die Regenerationsfähigkeit der Natur kompensiert die negativen Effekte der Umweltverschmutzung, so dass die Umweltqualität im Zeitablauf konstant bleibt. Steigt das Verschmutzungsniveau, reduziert sich die Regenerations- und Absorptionskapazität der Umwelt. Ist die Umweltqualität auf einem hohen Niveau, kann die Natur sehr einfach Verschmutzungen oder Emissionen absorbieren. Diese Verschmutzung schadet der Regenerationskapazität nur wenig. Im Gegensatz dazu schädigen höhere Verschmutzungsniveaus die Natur zunehmend. Die beste Umweltqualität ergibt sich dann, wenn keine Verschmutzung vorhanden ist. Die Natur kann jedoch weder das Stadium erreichen, indem es keine Verschmutzung gibt, noch kann sie immer fortwährende Verschmutzungen auffangen, da die Regenerationsfähigkeit zu einem bestimmten Zeitpunkt erschöpft ist.

Die Dimension der Technologie

$$F = F(N, K_F, R_F)$$

$$\dot{h} = H(N, K_{II}, R_{II})$$

Die Dimension der Technologie ist aufgegliedert in zwei Sektoren. Im ersten Sektor wird ein Sachgut produziert, das entweder konsumiert oder investiert werden kann. Dieser Sektor wird als kapitalproduzierender Sektor bezeichnet. Der zweite Sektor, der als Wissens- oder umwelttechnischer F&E-Sektor bezeichnet wird, erzeugt umwelttechnisches Wissen. In diesen Sektor wird lediglich investiert, da der Output nicht für den Konsum genutzt wird, sondern nur zur Akkumulation von umweltschutztechnischem Wissen dient.

Das Modell besteht aus drei Arten von Kapital: natürliches Kapital (N), „physisches" Kapital (K) und umweltschutztechnisches Wissen (h). Man kann zwischen natürlichem Kapital (N) und anthropogenem Kapital (h und K) einerseits und rivalisierendem Kapital (K) und nicht rivalisierendem Kapital (N und h) andererseits unterscheiden. Das Kapital K zählt zu dem rivalisierenden Kapital, da es nur in einen der beiden Sektoren eingesetzt werden kann. Das umweltschutztechnische Wissen andererseits ist eine nicht rivalisierende Kapitalart, da es zur Produktion in beiden Sektoren eingesetzt wird.

Die Dimension der Präferenz

$$W = \int_0^\infty U(C, N) \cdot \exp(\vartheta t)\, dt$$

Die Dimension der Präferenz zeigt, dass Individuen Nutzen sowohl aus Konsumgütern, als auch aus der Umweltqualität ziehen.

Das Modell verdeutlicht folgende Zusammenhänge:
- Wenn in umweltschutztechnisches Wissen investiert wird, entsteht dadurch eine Verringerung der Investitionen in Sachkapital. Dies erklärt sich aus der Rivalität des Kapitals.
- Der Anstieg der Umweltqualität verringert den statischen Grenznutzen der Umweltqualität.
- Die Konsumenten antizipieren den Anstieg ihres Grenznutzens in der Zukunft und sind infolgedessen bereit, Nutzen von der Zukunft in die Gegenwart umzuschichten.

Bovenberg und Smulders kommen zu dem Schluss, dass nachhaltiges Wachstum möglich und sogar optimal ist, wenn der Konsum, das Wissen und das Kapital steigen, während die Verschmutzung und das natürliche Kapital konstant bleiben. In diesem Modell wird im Gegensatz zu Smulders (1995) berücksichtigt, dass die Umweltqualität Veränderungen unterliegt und diese maßgeblichen Einfluss auf die Modellaussagen haben. In diesem Modell bleibt jedoch die technische Entwicklung außer Acht, die Smulders in seinen weiteren Veröffentlichungen integriert hat. Dies wird im Folgenden aufgezeigt. Smulders (1997, 1998) untersucht in seinem Modell wie eine Ökonomie im Zeitablauf von der technologischen Entwicklung abhängt. Dabei wird die Art und Menge der Güterproduktion bestimmt, die dem Ökosystem nicht schaden. Dabei werden Modelle verglichen, in denen die Grundannahmen gleich sind, jedoch der technische Fortschritt einmal exogen und einmal endogen bestimmt wird.

Das Modell ist eine Verallgemeinerung der Modelle von Smulders (1995) und Bovenberg und Smulders (1995, 1996) und behandelt ein einzelnes Gut. Der Nutzen dieses Gutes wird vom Konsum dieses Gutes als auch von der Umweltqualität determiniert. Damit die Umweltqualität verbessert werden kann, ist es notwendig in das Naturkapital zu investieren und die Verschmutzungen auch auf Kosten einer sinkenden Produktion zu reduzieren.

Das Modell stellt sich wie folgt dar:

(1) $\dot{N} = E(N) - P$ (Ökologie)

(2) $Y = Y(k, h_1, h_2, N, P) = C + K + qh_1$ (Technologie)

(3) $W = \int_0^\infty U(C, N) \exp(-\vartheta t)\, dt$ (Präferenz)

mit: N   Umweltqualität oder der Bestand an Naturkapital
E(N)   Selbsterneuerungskapazität der Umwelt
P   Ausbeutung natürlicher Ressourcen und Auffangbecken für Müll
C   Konsumgüter
$\dot{K}$ neue Kapitalgüter

$\dot{h}_1$ neues Wissen
h technisches Wissen
N nicht rivalisierende Leistung der Umwelt (Die Umweltqualität N geht mit in die Produktionsfunktion ein, da eine höhere Umweltqualität zu einer höheren Produktivität führt.)
ϑ Zeitpräferenz oder Nutzen- Diskontrate

Das Kapital, das Wissen und die Umweltqualität sollen dieselbe Ertragsrate besitzen. Der Ertrag des Umweltkapitals besteht aus 4 Termen: der Beitrag zum Nutzen, der Beitrag zur Produktivität, der Beitrag zum ökologischen Prozess und ein Kapitalgewinn aufgrund zukünftiger Zuwächse in der Produktivität der genutzten natürlichen Ressourcen. Ob eine konstante Wachstumsrate mit konstanter Umweltqualität lösbar ist, hängt von den Annahmen der Produktionsfunktion ab. Besitzt diese konstante Erträge, ist ein ausgeglichenes Wachstum möglich. Dies setzt voraus, dass die Elastizität der Substitution von natürlichen Ressourceninputs und von menschengeschaffenem Input eins ist.

Die marginale Absorptionsfähigkeit der Umwelt fällt mit zunehmender Umweltqualität, so dass weitere Verbesserungen der Umwelt durch eine weitere Verhinderung von Emissionen zunehmend schwerer werden. Je sauberer die Umwelt ist, desto schwerer wird eine weitere Verbesserung. Dies hängt auch wesentlich vom Ausgangsniveau der Umweltqualität ab. Verglichen werden zwei Ökonomien A und B, die sich nur im Grad der Endogenität des technischen Fortschritts unterscheiden. A hat keinen endogenen technischen Fortschritt während B einen bedingten endogenen Fortschritt aufweist. Während alle anderen Parameter gleich sind, kommt es für eine gegebene Umweltqualität beim Pro-Kopf-Konsum und den Investitionen in die Umwelt zu niedrigeren Werten in B als in A. Das optimale Niveau der Umweltqualität ist in der Ökonomie mit endogenem technischem Fortschritt niedriger.

Die Frage ist, wie stark die Verschmutzungen reduziert werden sollen bzw. wie stark die Umweltqualität verbessert werden soll. Dabei hat die Ökonomie B mit endogenem Fortschritt die Umwelt weniger belastet als die Ökonomie A ohne umwelttechnischen Fortschritt. Wenn technischer Fortschritt endogen ist, dann sollte die Umweltpolitik in drei Aspekten modifiziert werden. Die Gesamtlast der Investitionen, die optimale Richtung der Investitionen und das optimale Timing der Investitionen hängen sehr stark davon ab, wie sensibel der technische Fortschritt in Bezug auf die Forschung und Entwicklungstendenzen ist.

Gesamtlast der Investitionen:
Wenn der technische Fortschritt ein Resultat aufwändiger Forschung und Entwicklung, also kein freies Gut ist, dann wird in die Forschung investiert und ein geringeres Einkommen kann konsumiert werden. Dies führt dazu, dass die Investitionen in die Umwelt geringer sind, so dass daraus auch ein geringeres Niveau an Umweltqualität folgt.

Richtung der Investitionen:

„(...) the direction of investment may be diverted from the environment towards production. If improvements in environmental quality improve the long-run productivity of the economy, investment in production becomes more attractive relative to investment in the environment, so that optimal environmental quality is lower. The higher the contribution of endogenous technology accumulation, the more sensitive the productivity of the economy is to changes in energy input levels and environmental quality, since the influence of an exogenous source of productivity improvements is lower." Smulders 1997, S. 19).

Eine Umweltpolitik hat gegensätzliche Effekte auf die Produktivität. Eine Reduzierung der Verschmutzung führt zu Produktivitätseinbußen, jedoch führt eine verbesserte Umweltqualität wieder zu einer steigenden Produktivität. Wenn ersteres dominiert, kommt es durch die Umweltpolitik zu einem Produktivitätsschock, die Erträge fallen und die Investitionen werden vermehrt in den Bereich der Umweltverbesserungen eingesetzt.

Timing der Investitionen:

Die Existenz von endogenem technischem Fortschritt bereitet das Grundprinzip für eine schnellere Durchsetzung der Umweltpolitik. Dieser Ansatz konzentriert sich sehr stark auf die Investitionen und vernachlässigt den Bestand der Natur. Es wird nur auf die Auswirkungen der Innovationen auf die Natur eingegangen, jedoch werden mögliche Verbesserungen der Natur durch Umweltschutzausgaben vernachlässigt. Dies wird in dem folgenden Modell zusammengeführt.

Smulders und Gradus (1996) vertreten die Auffassung, dass Umweltverschmutzung durch ökonomische Aktivitäten entsteht und dass Investitionen wiederum der Umwelt zugutekommen sollen (also integrierte Technologien), damit Umweltschäden von Beginn an vermieden bzw. bestehende Umweltschäden beseitigt werden. Das Modell berücksichtigt die Umweltschutzausgaben in expliziter Form und vernachlässigt dafür die Bestandseffekte von Umweltschäden. Die Frage ist, unter welchen Bedingungen nachhaltiges Wirtschaftswachstum einerseits und die Erhaltung der Umweltqualität andererseits miteinander vereinbar sind und welcher Einfluss die zunehmende Umweltsensibilisierung der Bevölkerung auf das Wirtschaftswachstum hat.

Hier das Modell:

(1) $R = E(K, A)$ (Ökologie)

(2) $F = \begin{cases} F(K, R), \text{ wenn } R \leq \bar{R} \\ 0, \text{ wenn } R > \bar{R} \end{cases}$ (Technologie)

(3) $W = \int_0^\infty U(C, E) \cdot \exp(\vartheta t) \, dt$ (Präferenz)

mit: R Emissionen
E(.) Regenerationsfunktion
K Kapital

A Umweltschutzausgaben
F Output
C Konsum
W Intertemporaler Nutzen
U(.) Nutzenfunktion
ϑ Diskontrate
t Zeitindex

Die Dimension der Ökologie

$$R = E(K, A)$$

Die Nettoemissionen R der Dimension der Ökologie steigen mit zunehmendem Kapitaleinsatz und sinken mit zunehmenden Umweltschutzausgaben.

Die Dimension der Technologie

Die Dimension der Technologie wird wieder durch die Produktionsfunktion dargestellt, wobei der Output mit zunehmendem Kapitaleinsatz steigt und mit zunehmenden Umweltschutzausgaben sinkt. Im zweiten Fall, wenn $R > \bar{R}$ ist, kann die Natur keine Umweltregeneration mehr durchführen und ein positives Produktionsergebnis ist nicht mehr möglich.

$$F = \begin{cases} F(K, R), & \text{wenn } R \leq \bar{R} \\ 0, & \text{wenn } R > \bar{R} \end{cases}$$

Die Dimension der Präferenz
Der Nutzen hängt nicht nur vom Konsum, sondern auch von der Qualität der Umwelt ab, hier gemessen durch das aggregierte Niveau der Verschmutzung.

$$W = \int_0^\infty U(C, E) \cdot \exp(\vartheta t)\, dt$$

Die Frage ist daher, welche Bedingungen erfüllt sein müssen, damit das Wirtschaftswachstum mit einer konstanten positiven Rate wächst und nachhaltig ist.
Dies ist möglich, wenn folgende Bedingungen erfüllt sind:
1. $\beta - \chi(\lambda - \gamma) = 1$ (konstante Skalenerträge);
2. die Substitutionselastizität zwischen R und K in F(K, R) eins beträgt;
3. $R \leq \bar{R}$ (ökologisch nachhaltiges Wachstum);
4. $\lambda \leq \gamma$.

wobei β, χ, λ und γ Produktions- und Verschmutzungselastizitäten sind:

$$\chi \equiv -\frac{\partial F/\partial R}{F/R}$$

$$\beta \equiv \frac{\partial F/\partial K}{F/K}$$

$$\gamma \equiv -\frac{\partial E/\partial A}{E/A}$$

$$\lambda \equiv \frac{\partial E/\partial K}{E/K}$$

Die Verschmutzungselastizität des Kapitals (λ) ist positiv, während die Produktionselastizität der Emissionen (χ) und die Verschmutzungselastizität der Umweltschutzausgaben (γ) negativ sind.

- Die erste Bedingung stellt sicher, dass die Produktionselastizität des Kapitals positiv ist. Sollte die erste Bedingung nicht erfüllt sein, dann kommt es zu einem Nullwachstum oder zu unbegrenztem Wachstum. Nullwachstum kommt dann in Betracht, wenn die Produktionselastizität der Umweltschutzausgaben größer als eins wäre, um somit die negativen Wirkungen der Schadstoffemissionen auf die Produktion auszugleichen: das Verschmutzungsniveau steigt und das Produktivitätsniveau sinkt. Daraus folgt, dass Wirtschaftswachstum und nachhaltige Entwicklung nicht kompatibel sind, da ein Wachstum, das aus einer Verringerung der Emissionen hervorgeht auf Dauer nicht möglich ist. Im Gegensatz dazu wäre Wachstum unbegrenzt möglich, wenn die Skalenerträge und die Produktionselastizität der Umweltschutzausgaben so groß sind, dass es zu zunehmenden Skalenerträgen kommt ($\beta - \chi (\lambda - \gamma) > 1$).
- Bedingung 2 soll garantieren, dass die erste Bedingung gültig ist, solange die Wirtschaft sich entlang einem ausgewogenen Wachstumspfad entwickelt.
- Die dritte Bedingung ist die ökologische Nebenbedingung, die eine ausreichende Umweltqualität für eine nachhaltige Produktion garantiert.
- Die vierte Bedingung besagt, dass die Verschmutzungselastizität der Umweltschutzausgaben mindestens so groß sein muss, wie die Verschmutzungselastizität des Kapitals. Somit steigen die Emissionen nicht, wenn die Umweltschutzausgaben und der Kapitalbestand mit der gleichen Rate wachsen. So steigen die Schadstoffemissionen nicht über die ökologische Belastbarkeit des Systems.

Die Verschmutzung ist ein Nebenprodukt ökonomischer Aktivitäten. Das Modell zeigt zwei gegensätzliche Positionen der Interaktion von Wirtschaftswachstum und Verschmutzungen auf.

> „On the one hand, growth causes pollution, meaning that economic growth can be the environment's enemy, but on the other hand, growth generates resources for abatement which may give rise to optimism" (Smulders, Gradus 1996, S. 525).

Das Modell zeigt, wann das Wirtschaftswachstum und der Umweltschutz kompatibel bzw. optimal sind und wie die Umweltpolitik das Wirtschaftswachstum beeinflusst. Dabei wird die Umweltpolitik als ein Schub verstanden, die Präferenzen in Richtung einer saubereren Umwelt zu verschieben oder als die Einführung von Steuern, damit die Externalitäten internalisiert werden. Die Autoren charakterisieren ihr Modell wie folgt:

> „Hence, an important characteristic of the present model is that if technology allows for feasibility of growth (...), the economy reaches sustainability only if it also actually realizes non-negative economic growth" (Smulders und Gradus 1996, S. 512).

Das Modell zeigt, dass Umweltschäden zu Wachstumseinbußen führen, selbst wenn wirtschaftliches Wachstum dauerhaft möglich wäre.

> „Die Autoren zeigen, dass die optimale Wachstumsrate umso eher zunimmt, je stärker die Nettoemissionen durch die Kapitalakkumulation bei konstantem Anteil der Umweltschutzausgaben zurückgehen(...), je kleiner die gesellschaftliche Diskontrate ist und je geringer die Präferenz des Umweltschutzes im Ausgangsfall war" (Chakraborty 1999, S. 139).

4.6 Determinanten für die Berücksichtigung der Umweltqualität, der Ressourcen und der Emissionen

Es wurde in den bisherigen Modellen stets die Umwelt berücksichtigt. Jedoch erfolgte dies immer nur in Teilaspekten. Während Bovenberg und Smulders (1995) die Umweltqualität und die Ressourcen mit in ihre Betrachtungen einbeziehen, ist in den Modellen von den Butter und Hofkes (1995) der Fokus auf die Umweltqualität und die Emissionen gerichtet.

In keinem der Modelle wird jedoch die Umweltqualität im Zusammenhang mit der Ausbeutung der Ressourcen und den anfallenden Emissionen betrachtet. Dies soll hier in den eigenen Überlegungen im Mittelpunkt stehen, welche das Modell von Jörg (2007) modifizieren.

Das Modell stellt sich wie folgt dar:

(1) $\dot{N} = \frac{dN}{dt} = E(N, R, P, A)$ (Ökologie)

(2) $Y = Y(K, N, A)$ (Technologie)
$Y = K + C + A$

(3) $W = \int_0^\infty U(C, N) \cdot \exp(-\vartheta t) \, dt$ (Präferenz)

mit: N Umweltqualität
E(.) Regenerationsfunktion
R Ausbeutung natürlicher Ressourcen
P Emissionen
A Umweltschutzausgaben
Y Produktionsergebnis
K Kapital

C   Konsum
W   Wohlfahrt
ϑ Zeitpräferenzrate

Die Dimension der Ökologie

In diesem Modell fließen die Qualität der Natur, die Ausbeutung natürlicher Ressourcen, die Emissionen und die Umweltschutzausgaben mit ein. Dabei ist zu analysieren, welche Auswirkungen die einzelnen Einflussfaktoren haben und inwieweit die Umweltqualität auf gleichem Niveau gehalten, beziehungsweise verbessert werden kann.

$\dot{N} = \frac{dN}{dt} = E(N, R, P, A)$

mit: $N = N_b - P + A - R$
$P = F(K, A, R)$
$A = G(N_b, N, P, R)$
$R = H(K, C, A)$

Mit: N_b Umweltqualität zu Beginn
F(.), G(.), H(.)   Funktionen

Eine steigende Umweltqualität und Verbesserungen durch steigende Umweltschutzausgaben führen beide im Zeitablauf zu einer Verbesserung der Umweltqualität. Steigende Emissionen und eine zunehmende Ausbeutung natürlicher Ressourcen führen auf der anderen Seite im Zeitablauf zu einer Verschlechterung der Umweltqualität (siehe Abbildung 24).

Es sind im Folgenden die wichtigsten Einflussfaktoren zu untersuchen. Damit die Umweltqualität $\dot{N}$ konstant bleibt, muss gelten:

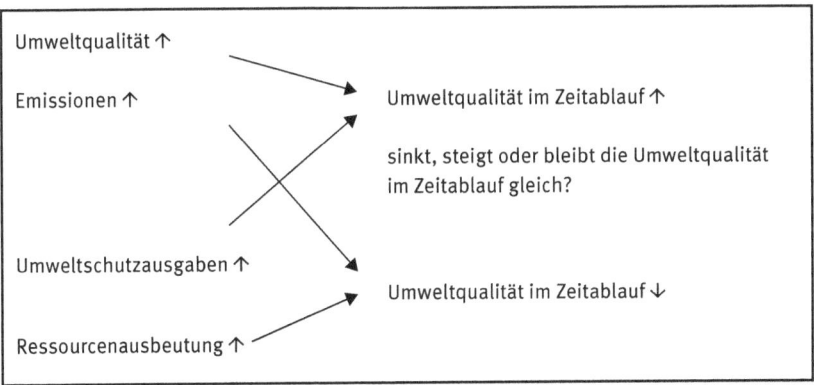

Abbildung 24: Auswirkungen der einzelnen Variablen auf die Umweltqualität

$$\dot{N} = N + A = P + R$$

Die Auswirkungen einer Verbesserung der Umweltqualität (N) und der Verbesserung der Umweltqualität aufgrund von Umweltschutzausgaben (A) (N + A) entsprechen dem Ausmaß der negativen Auswirkungen auf die Umweltqualität (Ressourcenentnahme (P) und den Emissionen (R) (P + R). Hierbei handelt es sich nur um eine vereinfachte symbolische Darstellung, da es im Zusammenhang jeweils um die Auswirkungen der einzelnen Variablen auf die Umweltqualität geht und nicht um nominale Werte. Eine Verbesserung der Umweltqualität im Zeitablauf kann nur dadurch erreicht werden, dass die Summe der positiven Effekte (also Umweltqualität N und Umweltschutzausgaben A) größer ist als die Summe der negativen Effekte (also Emissionen und Ressourcenausbeutung). Für diese Verbesserung gibt es zwei Möglichkeiten: einerseits durch eine Verstärkung der positiven Effekte (N + A) bei gleichbleibenden negativen Effekten (P + R) oder andererseits durch gleichbleibende positive Effekte (N + A) bei sinkenden negativen Effekten (P + R):

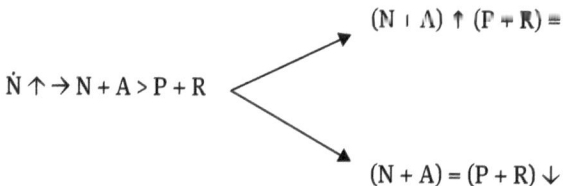

Eine Verschlechterung der Umweltqualität basiert auf demselben Prinzip. Dies wird jedoch hier außer Acht gelassen, da dies kein erstrebenswertes Ziel ist. Als nächstes ist zu untersuchen, wie auf die einzelnen positiven und negativen Effekte Einfluss genommen werden kann. Dabei wird die Umweltqualität (N) wie folgt definiert:

$$N = N_b - P + A - R$$

Die Umweltqualität zu Beginn N_b ist die grundlegende Einflussvariable für die Umweltqualität, da zu diesem Zeitpunkt das Ausmaß der Verschmutzung (kann auch Null sein) erst deutlich wird und wovon die einzuleitenden Umweltschutzmaßnahmen abhängig sind. Dabei tragen die getätigten Umweltschutzausgaben (A) zu einer Verbesserung und die angefallenen Emissionen (R) und die ausgebeuteten Ressourcen (P) zu einer Verschlechterung der Situation bei.

Ein gutes Ausgangsniveau der Umweltqualität zu Beginn hat positive Auswirkungen auf die gesamte Umweltqualität. Durch steigende Emissionen und/oder steigenden Verbrauch der natürlichen Ressourcen kommt es zu einer Verschlechterung der Umweltqualität, die dann durch zusätzliche Umweltschutzausgaben wieder verbessert werden kann. Die Emissionen sind somit abhängig von dem eingesetzten Kapital, den getätigten Umweltschutzausgaben und dem Ausmaß der Ressourcenentnahme:

$$P = F(K, A, R)$$

Bei einem höheren Einsatz von Kapital in der Produktion kommt es, ceteris paribus, zu höheren Emissionen, da dies auch mit einem höheren Einsatz an Ressourcen einhergeht. Dies kann wieder durch höhere Umweltschutzausgaben amortisiert werden. Die Umweltschutzausgaben sind abhängig von dem Zustand der Umwelt (dem Umweltzustand zu Beginn und der Umweltqualität), den Emissionen und dem Ausmaß der verbrauchten Ressourcen:

$$A = G(N_b, N, P, R)$$

Bei einer hohen Umweltqualität und einer hohen Umweltqualität zu Beginn werden die Umweltschutzausgaben entsprechend gering sein, wobei bei einer geringen Umweltqualität und einer geringen Umweltqualität zu Beginn die Umweltschutzausgaben hoch sein werden. Steigende Emissionen und ein steigender Verbrauch natürlicher Ressourcen führen wieder zu höheren Umweltschutzausgaben. Die Ausbeutung der natürlichen Ressourcen hängt maßgeblich von dem eingesetzten Kapital in die Produktion, dem angestrebten Konsum und den Umweltschutzausgaben ab:

$$R = H(K, C, A)$$

Bei einem erhöhten Einsatz von Kapital in die Produktion kommt es wieder, ceteris paribus, zu einem erhöhten Verbrauch der Ressourcen und gleichzeitig zu höheren Emissionen. Derselbe Effekt wird durch eine Zunahme des Konsums erreicht, der die Produktionskapazitäten mehr auslasten wird und somit kommt es wieder zu einem Verbrauch der Ressourcen. Steigende Umweltschutzausgaben, in der Form, dass sie zu Verbesserungen des Produktionsprozesses führen, resultieren in einer Abnahme des Ressourceninputs. Zusammenfassend kann dies wieder in einem Schaubild dargestellt werden, wobei es sich auch hier wieder um die Auswirkungen der einzelnen Variablen handelt und nicht um nominale Werte.

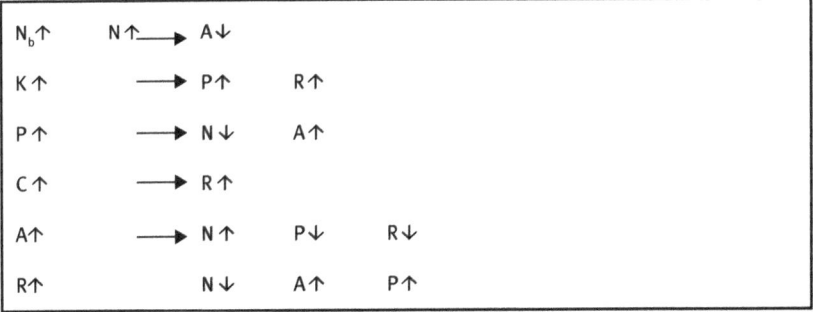

Abbildung 25: Übersicht über die Auswirkungen der einzelnen Variablen

Aus der Abbildung 25 wird unmittelbar deutlich, dass
- eine bessere Umweltqualität zu Beginn zu einer guten Umweltqualität und zu sinkenden Umweltschutzausgaben führt,
- ein erhöhter Kapitaleinsatz zu höheren Emissionen und einer verstärkten Ausbeutung natürlicher Ressourcen führt,
- erhöhte Emissionen in einer schlechteren Umweltqualität und höheren Umweltschutzausgaben resultieren,
- erhöhter Konsum zu einer Ausbeutung von natürlichen Ressourcen führt,
- erhöhte Umweltschutzausgaben in einer verbesserten Umweltqualität und in einer Verringerung der Emissionen und in einer Verringerung des Abbaus natürlicher Ressourcen resultieren und
- eine erhöhte Ausbeutung natürlicher Ressourcen zu einer Verschlechterung der Umweltqualität führt und ebenso in höheren Umweltschutzausgaben und höheren Emissionen resultiert.

Die Dimension der Technologie
Produktionsfunktion: $\quad Y = Y(K, N, \Lambda)$
Gütermarkt: $\quad Y = \dot{K} + C + A$

Die Dimension der Technologie ist durch eine Produktionsfunktion gekennzeichnet, aufgrund derer der Output mit zunehmendem Kapitaleinsatz steigt, mit zunehmender Umweltqualität und mit zunehmenden Umweltausgaben sinkt. Je mehr Kapital in die Produktion eingesetzt wird, desto höher ist das Produktionsergebnis. Eine steigende Umweltqualität wird durch eine Abnahme des Verbrauchs an Ressourcen oder durch eine Verminderung der Emissionen oder durch zunehmende Umweltschutzausgaben erreicht. Alle diese Faktoren führen zu einem verminderten Produktionsergebnis.

In den Technologiebereich könnte in einem weiteren Schritt das Humankapital integriert werden. Wegen der bereits umfangreichen Modellstruktur wird darauf jedoch verzichtet.

Die Dimension der Präferenz

$$W = \int_0^\infty U(C, N) \cdot \exp(-\vartheta t)\, dt$$

Die Dimension der Präferenz zeigt, dass Individuen Nutzen sowohl aus Konsumgütern, als auch aus der Umweltqualität ziehen.

Bedingungen für eine Umwelterhaltung oder -verbesserung
Die Qualität der Umwelt soll erhalten bzw. verbessert werden. Dafür ist es notwendig, dass die Auswirkungen der einzelnen Faktoren auf die Umwelt untersucht werden. Dabei haben die Umweltschutzausgaben positive Auswirkungen, ebenso wie eine gute Umweltqualität zu Beginn der Beobachtungsperiode. Die Entnahme und ein eventuel-

ler Verbrauch der Ressourcen und der Ausstoß von umweltgefährdenden Emissionen haben negative Effekte auf die Umweltqualität. Die Frage ist, welchen Effekt eine einzelne oder auch kombinierte Maßnahmen auf die Umweltqualität haben.

Gute Umweltqualität zu Beginn
Eine gute Umweltqualität zu Beginn der Beobachtungsperiode führt zu einer höheren Assimilations- und Regenerationsfähigkeit der Umwelt. Daher könnten gleichbleibende Emissionen und die Entnahme der Ressourcen, sofern sie unterhalb der Assimilations- und Regenerationsgrenze liegen, die Umwelt nicht nachhaltig schädigen. Sollten die Grenzen weit unterschritten werden, käme es sogar zu einer Verbesserung der Umweltqualität. In diesem Szenario wären Umweltschutzausgaben nicht erforderlich, da die Umwelt auf natürliche Weise Umweltbelastungen beseitigen könnte.

Die Umweltqualität zu Beginn stellt jedoch ein Fixum dar und ist vorgegeben. Darauf kann kein Einfluss genommen werden. Nur im Sinne der Nachhaltigkeit könnte zu Ende der Beobachtungsperiode eine verbesserte Umweltqualität an die folgenden Generationen weitergegeben werden, die dann in ihrer Betrachtung eine bessere Ausgangsbasis hätten.

Erhöhte Umweltschutzausgaben
Durch hohe Umweltschutzausgaben kommt es in diesem Modell zu sinkenden Emissionen und zu einer geringeren Entnahme von Ressourcen. Dies lässt sich daraus begründen, dass Umweltschutzmaßnahmen in zwei Richtungen greifen:
- Einsatz in den Produktionsprozess
- Einsatz von Umweltschutzmaßnahmen

Umweltschutzmaßnahmen können z. B. in Form von Subventionen an Unternehmen in den Produktionsprozess eingesetzt werden. Dabei soll es zu einer Verschiebung von einer umweltbelastenden zu einer umweltfreundlichen Produktion kommen. Dies kann z. B. durch den Einsatz integrierter Umwelttechniken erfolgen. Das wird in Kapitel 1 näher thematisiert. Eine zweite Möglichkeit, Umweltschutzausgaben einzusetzen, wäre eine Verbesserung der Assimilationskapazität durch die Schaffung neuer Waldflächen, die Erforschung und Entwicklung umweltfreundlicher Substitute für nicht erneuerbare Ressourcen oder die Erhaltung von Pflanzen- und Tierarten durch den Artenschutz (Biodiversität). Steigen die Umweltschutzausgaben, kommt es durch verbesserte Produktionsprozesse zu geringerem Ressourcenverbrauch, zu geringeren Emissionen und zu einer höheren Assimilations- und Regenerationsgrenze. Damit könnte die Umwelt nachhaltig erhalten, vielleicht auch verbessert werden. Dafür wären jedoch erhebliche Investitionen notwendig.

Verringerte Entnahme der Ressourcen
Kommt es zu einer verringerten Entnahme von Ressourcen, so würde das bei unveränderten Produktionsprozessen zu einem Rückgang der Produktion führen, da der

Output von den eingesetzten Ressourcen abhängt. Erst durch einen verbesserten Produktionsprozess kommt es bei geringerem Ressourceninput zu einem gleichen Output, bzw. bei gleichem Input zu einem höheren Output. Daher müssten die Veränderungen im Produktionsprozess bereits stattgefunden haben, damit es zu einer Einsparung an Ressourcen kommen könnte. In diesem Sinn ist eine Verringerung der Ressourcen eine Reaktion auf bereits zuvor erfolgte Maßnahmen.

Sind diese Maßnahmen bereits erfolgt, so zeigt sich eine positive Auswirkung auf die Umweltqualität, da es bei gleichbleibendem Produktionsergebnis zu einer geringeren Entnahme der Ressource kommt und eine Annäherung an die Regenerationsfähigkeit (für erneuerbare Ressourcen), bzw. eine Verlangsamung des Abbaus (nicht erneuerbarer Ressourcen) erfolgen könnte.

Emissionsminderungen
Eine Verringerung des Emissionsausstoßes hätte unmittelbar positive Folgen für die Umwelt. Die Umwelt würde weniger belastet. Bei einer entsprechenden Verringerung der Emissionen könnte es sogar möglich werden, dass die Natur die Emissionen wieder assimilieren könnte.

Dennoch bleibt festzuhalten, dass eine Verringerung der Emissionen wieder mit veränderten Produktionsprozessen oder einer veränderten Präferenzstruktur der Konsumenten verbunden ist. Durch die Integration additiver Umwelttechniken können Emissionen des Produktionsprozesses gefiltert werden. Dennoch kommt es weiterhin zu Abfällen. Durch integrierte Umwelttechniken kommt es zu veränderten Produktionsprozessen, die das Anfallen der Emissionen verringern oder vermeiden (v. Hauff 1998, S. 9). Daher müssen auch hier zuvor Veränderungen im Produktionsprozess stattfinden, bevor es zu einer Verringerung der Emissionen kommt. Somit handelt es sich auch hier wieder um eine Reaktion auf bereits erfolgte Maßnahmen.

Durch eine Veränderung der Konsumstruktur kann es zu einer Umstellung auf umweltfreundlichere Produkte kommen, z. B. durch eine zunehmende Sensibilisierung der Bevölkerung. Dies hätte wiederum Änderungen im Produktionsprozess zur Folge und würde ebenfalls zu einer Entlastung der Umwelt führen.

Zusammenfassende Beurteilung
Sowohl eine verringerte Entnahme der Ressourcen als auch Emissionsminderungen führen zu Umweltentlastungen bzw. -verbesserungen. Dennoch sind beides Folgen eines veränderten Produktionsprozesses und somit nur Reaktionen auf vorangegangene Maßnahmen.

Diese Maßnahmen wären z. B.
- die Einführung und Durchsetzung umweltpolitischer Maßnahmen (z. B. Subventionen, Abgaben oder Auflagen, Zertifikatslösungen),
- umweltbewusste Unternehmen und Unternehmer (kommt es in Unternehmen zu Umstrukturierungen oder einer Neuanschaffung von Anlagen, könnten umwelt-

bewusste Unternehmen auf umweltfreundlichere Produktionsprozesse umsteigen) und
- veränderte Präferenzen der Konsumenten.

Finden diese Maßnahmen nicht statt, kommt es bei gleichbleibendem Produktionsergebnis nicht zu sinkenden Emissionen und nicht zu einer verringerten Entnahme der Ressourcen. Nur bei einem geringeren Produktionsergebnis kann es dann zu einer Entlastung der Umwelt kommen.

Die einzig mögliche Maßnahme für eine Entlastung der Umwelt sind die Umweltschutzausgaben. Durch höhere Umweltschutzausgaben kommt es zu positiven Effekten wie zum Beispiel zu verringerten Emissionen, zu einer geringeren Entnahme der Ressourcen und zu einer Verbesserung der Umweltqualität. Dennoch müssten die Umweltausgaben sehr hoch sein, um eine nachhaltige und im Gesamtkontext ausreichende Umweltverbesserung zu gewährleisten. Daher ist die Erreichung einer verbesserten Umweltqualität alleine durch den Einsatz der Umweltschutzausgaben nicht zu gewährleisten. Um zu einer Umweltverbesserung zu gelangen, ist eine Unterstützung der Umweltschutzausgaben durch umweltpolitische Maßnahmen nötig, die dann zu Änderungen im Produktionsprozess und damit zu verringerten Emissionen und einem verringerten Ressourceninput führen.

4.7 Erkenntnisse der Modelle

Die hier betrachteten makroökonomischen Modelle weisen untereinander ähnliche Ziele und Vorgehensweisen auf. Im Allgemeinen werden in den Modellen der Bestand der Natur oder die Verschmutzungen untersucht. Es wurden funktionelle Nutzenfunktionen und Produktionsfunktionen, wenn auch unterschiedlicher Ausprägung, gewählt. Das Anliegen ist, die Probleme eines sozialen Planers zu lösen.

Bei der Lösung dieses Problems, wird die Ähnlichkeit zu den Ergebnissen der Literatur über die Environmental Kuznets Curve (Panayotou 1993, Grossman und Krueger 1995) deutlich. Wie Selden und Song (1994) zeigen, ist die umgedrehte U-förmige Relation zwischen der Umwelt und dem Wachstum in vielen Modellen der 1970er Jahre erkennbar (Forster 1973). Später verglichen auch viele Autoren wie Lopez (1994) und Stokey (1998) explizit ihre theoretischen Resultate mit den Ergebnissen von Grossman und Krueger (1995).

Die Resultate der endogenen Wachstumsmodelle sind abhängig von der Spezifizierung der Nutzen- und Produktionsfunktion.

"(…) the assumption of additive separability with respect to consumption and pollution is not a harmless simplification. Much the macroeconomic theoretical support for the Environmental Kuznets Curve depends on this specification" (Panayotou 2000, S. 78).

Van den Bergh und Nijkamp (1998) kommen in Anbetracht der vorliegenden Modelle zu dem Schluss, dass sowohl die neoklassischen als auch die endogenen Wachstumsmodelle in der Analyse des Zusammenhangs von Wirtschaftswachstum und Umwelt den Aspekt bzw. Anforderungen der globalen Umwelt vollständig ausblenden. Sie entwickelten daher ein Modell, das die möglichen Interaktionen zwischen der regionalen Umwelt und der globalen Umwelt, beschränkt auf einen 2-Länder-Fall, untersucht. Es werden auf der einen Seite die Auswirkungen im Fall einer Koordinierung der Umweltpolitik in den Regionen und auf der anderen Seite Auswirkungen bei fehlender Koordinierung untersucht. Die Autoren kommen zu folgenden Schlüssen:
- Findet eine Koordination statt, so kommt es zu geringeren Wachstumsraten, falls die Umweltexternalitäten die Technologieexternalitäten dominieren (und umgekehrt).
- Multiregionale Externalitäten können eine Nichtnachhaltigkeit für das globale System und auch für jede Region bedeuten, regionale Nachhaltigkeit ohne globale Nachhaltigkeit ist nicht möglich.
- Symmetrische Regionen können multiple Gleichgewichte aufweisen, nicht lineare Umweltprozesse können das Fehlen eines Gleichgewichtes zur Folge haben.
- Technologisch positive Externalitäten benötigen eine Koordination der Investitionspolitik.
- Durch die Koordination kommt es zu Wachstums-/Investitionspolitik, Handelspolitik und Umweltpolitik.
- Durch fehlende Koordination kommt es dazu, dass Trittbrettfahrer ihre Erträge steigern können, indem sie selbst auf Maßnahmen verzichten und von dem Nutzen der durchgeführten Maßnahmen anderer Länder partizipieren. Dieses Trittbrettfahrertum wird sich im Zeitablauf verstärken bis es zu Rückkopplungen kommt. Wenn eine Region eine geringe Umweltqualität aufweist, hat dies große Auswirkungen auf die globale Umweltsituation.

Welsch und Eisenack (2002) üben daher Kritik an der Diskussion bezüglich der Umweltressourcen und dem umwelttechnischen Fortschritt (z. B. Aghion und Howitt 1998, Barbier 1999 oder auch Scholz und Ziemes 1999), da in keinem Beitrag die natürliche Ressource mit Kosten versehen wird. Die Beiträge basieren stets auf der Hotelling-Regel, nach der der Bestand der Ressourcen als fix angesehen wird und die Nutzung kostenfrei ist. Die Autoren gehen in ihrem Modell von sinkenden Energiekosten während des letzten Jahrhunderts aus, was mit der Hotelling-Regel nicht mehr zu erklären ist. Das Modell basiert wieder auf dem Modell von Romer (1990) und erweitert es um die Auswirkungen der Energiekosten auf den technischen Fortschritt und das langfristige Wirtschaftswachstum. Dabei wird der Effekt auf das Wachstum in zwei Effekte unterteilt: zum einen die Auswirkungen auf die Wachstumsrate in Form der Anzahl der Ausprägungen der Kapitalgüter und zum anderen die Wachstumsrate der Inputniveaus für jede Ausprägung. Während sinkende Energiekosten auf letzteres

positive Auswirkungen haben, sind die Auswirkungen sinkender Energiekosten auf das erstere
- positiv abhängig von der Elastizität des marginalen Nutzens, der kleiner als Eins ist,
- nicht abhängig von der Elastizität des marginalen Nutzens, der gleich Eins ist,
- negativ abhängig von der Elastizität des marginalen Nutzens, der größer als Eins ist.

Der Gesamteffekt der sinkenden Energiekosten auf das Wirtschaftswachstum ist positiv. Der Wert hängt invers von der repräsentativen Konsumentenelastizität des marginalen Nutzens ab. Durch die Diskussion werden weitere Felder für künftige Untersuchungen deutlich. Es sollten zum einen empirische Verifizierungen zur Untermauerung der theoretischen Ergebnisse vorgenommen werden. Des Weiteren besteht ein Bedarf für Modelle, die zwischen den Extremen einer dezentralisierten Welt, in der Industriesektoren ohne Grenzen verschmutzen und einer optimalen, aber hoch stilisierten Welt, in der Verschmutzungsabgaben optimal erhoben und zu jedem Zeitpunkt erfasst werden, liegen.

Die Arbeit von Ligthhard und van der Ploeg (1994) begann in diesen makroökonomischen Modellen eine eher realistische Rolle der Regierung zu schaffen. Gleiches gilt für die Arbeit von Bovenberg und Smulders (1995, 1996), in der die Steuern, die durch die Regierung erhoben werden, relativ sub-optimal niedrig sind.

> "These models suggest that extensions motivated by the results of the „double-dividend" hypothesis (Sandmo 1975, Goulder 1995) regarding the interaction of traditional and environmental taxes, and extensions that draw on the results of the literature regarding the cost of sub-optimal regulation (Gray 1987, Jaffe, et al 1995) may be both interesting and useful" (Panayotou 2000, S. 78 ff.).

Die endogene Wachstumstheorie hat zunehmend den technologischen Wandel in den Fokus der Forschung gestellt. Dabei werden häufig Umwelttechnologien wie z. B. die Windkraft in Modelle integriert. Es wird so meist auf politische Erfordernisse im Rahmen der Forschungs-, Umwelt- oder Energiepolitik hingewiesen. Ein weiterer Forschungszweig beschäftigt sich zunehmend mit den ökonomischen Auswirkungen des Klimawandels. (Vollebergh, Kemfert 2005, S. 141; v. Hauff, Huber 2015; Martens et al. 2016, S. 305). Der Fokus veränderte sich zuletzt zunehmend in Richtung eines verlangsamten Wachstums, sogar hin zu einem Nullwachstum. Dazu werden in Kapitel 6 die neueren Ansätze der Beziehung von Wachstum und Umwelt dargestellt. Dabei beschäftigen sich die Modelle auch insbesondere mit den Kapital- und Finanzmärkten (z. B. Jackson, Victor 2015).

Nachdem die Beziehung zwischen Wachstum und Umwelt zunächst in der traditionell neoklassischen Wachstumstheorie und anschließend in der endogenen Wachstumstheorie analysiert und aufgezeigt wurde, geht es im Folgenden um die Beziehung von Wachstum und Umwelt im Rahmen der Ökologischen Ökonomie.

5 Ökologische Ökonomie

Die Ökologische Ökonomie ist in den 1980er Jahren aus der Kritik an der neoklassischen Ökonomie entstanden. Sie wurde durch Arbeiten von Nicholas Georgescu-Roegen, Kenneth Boulding und Karl W. Kapp Anfang bis Mitte der 1970er Jahre inspiriert (Georgescu-Roegen 1971, Boulding 1976, Kapp 1979). Sie kam Mitte der 1980er Jahre zunächst in den USA unter der Bezeichnung „Ecological Economics" auf. Im Herbst 1987 wurde die International Society of Ecological Economics (ISEE) gegründet. In den folgenden Jahren fand sie auch ihren Weg nach Deutschland. Da die Ökologische Ökonomie im Rahmen des ökonomischen Mainstreams noch wenig bekannt ist, sind einige Grundlagen notwendig. Nur so lassen sich die Beziehung von Wachstum und Umwelt in der Ökologischen Ökonomie und die Abgrenzung zur neoklassischen Theorie besser nachvollziehen.

Die Ökologische Ökonomie steht nicht für eine umfassende Theorie. Der Begriff steht vielmehr für die interdisziplinäre Zusammenführung von verschiedenen Wissenschaften (Ökologie, Ökonomie, Soziologie, Politologie, Naturwissenschaften), welche gemeinsam die vielfältigen Dimensionen der ökologischen Nachhaltigkeit berücksichtigen und so disziplinübergreifende und damit der Wirklichkeit angenäherte Analysen und Lösungen aufzeigen (Brown, Timmermann 2015; Spash 2017). Daher ist bis heute eine einheitliche inhaltliche Struktur und eine konsistente theoretische Fundierung nicht gegeben. Das gilt zumindest dann, wenn man als Ökonom/Ökonomin mit neoklassischen Modellen bzw. Theorien „aufgewachsen" ist. In jüngster Vergangenheit gibt es daher auch eine kritische Diskussion zu der theoretischen Fundierung der Ökologischen Ökonomie (vgl. u. a. Anderson, M'Gonigle 2012, S. 37 ff., Spash, 2013, S. 351 ff.). Von Spash wird auch eine Weiterentwicklung der empirischen Fundierung gefordert (2013).

Dennoch wird die Ökologische Ökonomie oft als Wissenschaft dargestellt, die einen leitbildartigen Rahmen sowohl für die Ressourcen- und Umweltökonomik als auch für alternative Ansätze bietet (Costanza et al. 2001, S. 60 ff.). Sie interpretiert die Ökologie und die Ökonomie neu, indem sie beispielsweise die stofflichen und energetischen Paradigmen der Ökologie auf ökonomische Fragestellungen anwendet. In diesem Kontext bieten Common und Stagl einen sehr verständlichen Einstieg (2005): Das griechische Wort Oikos ist hier die Verbindung zwischen Ökonomie und Ökologie. Ökologie bedeutet die Haushaltsführung der Natur während Ökonomie die Haushaltsführung der Wirtschaft einer Gesellschaft bedeutet.

> "Ecology can be defined as the study of the relations of animals and plants to their organic and inorganic environments and economics as the study of how humans make their living, how they satisfy their needs and desires" (Common, Stagel 2005, S. 1).

Im Hinblick auf die dringenden Umweltprobleme stellt Shemlev treffend fest:

> "When he (she) starts to study ecological economics, the student embarks on an exciting interdisciplinary journey, which will bring answers to important questions, help to understand the ecological-economic system in all its intricacy and lead to new insights. Ecological economics emerged as a response to the pressing environmental problems of the twentieth century and the inability of neoclassical economic theory to solve them or provide adequate explanations for the unprecedented decline in biodiversity, the changing climate, increased generation of waste, all caused by the pursuit of economic growth." (Shemlev 2012, S. 3)

Auch die Ansätze der neoklassischen Theorie finden Eingang in die Diskussion der Ökologischen Ökonomie. Dabei werden die Grenzen der Neoklassik aufgezeigt und kontrovers diskutiert. Die daraus entstehenden theoretischen Überlegungen sollen dem Anspruch an nachhaltige Entwicklung im Sinne der Ökologischen Ökonomie genügen. Anfänglich tendierte die Ökologische Ökonomie dazu, soziale, kulturelle und politische Dimensionen der ökonomischen Entwicklung zu vernachlässigen. Die Vertreter der Ökologischen Ökonomie beschränkten sich vorwiegend auf biophysikalische Analysen. Heute betonen jedoch Vertreter der Ökologischen Ökonomie, dass untersucht werden müsse, ob und inwieweit mit Wachstum im Zusammenhang stehende sozioökonomische Aspekte wie soziale und generationsübergreifende Gerechtigkeit oder kulturelle Vielfalt, im Hinblick auf eine erhaltenswerte Ökologie berücksichtigt werden müssen.

Im Folgenden wird zunächst die Kritik der Ökologischen Ökonomie an der neoklassischen Theorie dargestellt, bevor dann die eigentlichen Grundlagen der Ökologischen Ökonomie vorgestellt werden. In einem weiteren Unterkapitel wird dann auf die Beziehung zwischen der Ökologischen Ökonomie und dem Wirtschaftswachstum eingegangen. Das Kapitel endet mit einer kurzen Zusammenfassung.

5.1 Grundlagen der Ökologischen Ökonomie

Die Ökologische Ökonomie versteht die Ökonomie als ein Subsystem des Ökosystems, welches endlich, nicht wachsend und materiell geschlossen ist. Dabei bildet die Ökologische Ökonomie – wie schon erwähnt – kein geschlossenes Theoriegebäude, wie es die neoklassische Theorie darstellt. Das Ziel ist vielmehr, gewonnene Erkenntnisse aus verschiedenen Disziplinen zusammenzuführen, zu diskutieren und schließlich zu neuen, umfassenderen Lösungsansätzen zu gelangen.

Oft wird das Buch von Costanza, Cumberland, Daly, Goodland und Norgaard (2001) „Einführung in die Ökologische Ökonomik" als wichtige Grundlage der Ökologischen Ökonomie genannt. In diesem Buch wird die Ökologische Ökonomie inhaltlich wie folgt bestimmt:

> „Die transdisziplinäre Sichtweise vermittelt eine übergreifende Perspektive, die das Wissen der einzelnen Disziplinen verbindet und eine Lösung der immer drängender werden[den] Probleme ermöglicht, die innerhalb einzelner Disziplinen nicht gelöst werden können. In diesem Sinne ist

die Ökologische Ökonomik nicht als Alternative zu einer der bestehenden Wissenschaften zu betrachten. Vielmehr beruht sie auf einer neue[n] Sichtweise der Probleme, welche die bestehenden Ansätze ergänzt und einige Defizite des disziplinären Ansatzes beseitigt" (Costanza et al. 2001, S. 94 f.)

Costanza et al. (2001, S. 95 ff.) formulierten für die Ökologische Ökonomie folgende vier Kernaussagen:
- Die Vertreter der Ökologischen Ökonomie sehen die Erde als geschlossenes thermodynamisches und nicht als materiell wachsendes System an, in dem die Wirtschaft ein Subsystem darstellt. Daher existieren Grenzen für die Ressourcenentnahme.
- Es wird ein nachhaltiges Gesellschaftssystem mit hoher Lebensqualität aller Bewohner im Rahmen der natürlichen Grenzen angestrebt.
- Die Vertreter der Ökologischen Ökonomie erkennen, dass die Analyse von komplexen Systemen mit großen Unsicherheiten behaftet ist. Es kommt zu irreversiblen Prozessen und diese erfordern deshalb einen vorbeugenden Ansatz.
- Es werden agierende und nicht reagierende Institutionen und Politiken benötigt.

Robert Costanza
Robert Costanza wurde am 14. September 1950 in Pittsburgh in Pennsylvania, USA geboren. Er studierte Architektur und Raum- und Umweltplanung an der „University of Florida". Er promovierte 1979 zu dem Thema „Systemökologie". Zunächst arbeitete er in Tallahassee im Umweltministerium in der Energieberatung. 1980 bis 1981 arbeitete er an der „Louisiana State University" und führte Forschungen zur Küstengestaltung durch. 1982 ging er nach Urbana an die „University of Illinois", wo er als Gastprofessor tätig war. Ab 1984 arbeitete er als Professor am „Center for Wetland". Zwischen 1988 und 1991 war er für das „Chesapeake Biological Laboratory" auf den Salomonen tätig um dann 1991 eine Professur an der „University of Maryland" anzutreten. Er arbeitete zwischenzeitlich auch an der „Royal Swedish Academy of Sciences" in Stockholm. Seit 2002 unterrichtet er an der „University of Vermont".

1982 wurde er „Kellogg National Fellow". 1992 wurde er mit dem „Biology Distinguished Achievement Award" der „Society for Conservation" ausgezeichnet. Darüber hinaus erhielt er 1989 den Kenneth Boulding Memorial Award für seine herausragenden Arbeiten auf dem Gebiet der Ökologischen Ökonomie. Im Jahre 2000 erhielt er zudem den Ehrendoktortitel der Naturwissenschaften von der Universität von Stockholm. 2002 wechselte er an das Institut für Ökologische Ökonomie an der „Maryland University", wo er als Direktor tätig ist. Darüber hinaus war er Professor am Zentrum für Umweltökonomie auf den Salomonen und am „College Park Biology Department" tätig. Costanza ist Mitbegründer und ehemaliger Präsident der Internationalen Vereinigung für Ökologische Ökonomie (ISEE) und Herausgeber des Journals „Ökologische Ökonomie" bis zum September 2002. Derzeit ist er für acht weitere internationale Magazine, die sich mit Ökologischer Ökonomie beschäftigen, tätig.

Quellen:
University of Vermont: http://www.uvm.edu
University of Wisconsin: http://www.secfac.wisc.edu

Die Ökologische Ökonomie hat nach Costanza drei interdependente Ziele:
- ökologisch nachhaltige Größenordnung,
- eine gerechte Verteilung und
- eine effiziente Allokation (Costanza et al. 2001, S. 96 ff.).

Dazu ist eine breit akzeptierte Vorstellung, wie eine nachhaltige Gesellschaft aussehen soll, notwendig. Um diese Vorstellung zu konkretisieren und umzusetzen sind Methoden zur Analyse und Modellentwicklung, sowie neue Institutionen und Instrumente notwendig. Die Neoklassik hat sich dagegen mit der Allokation ausführlich, mit der Verteilung weniger und mit der Größenordnung gar nicht befasst. Die Allokation beschäftigt sich mit der Fragestellung der Zuteilung von knappen Ressourcen auf alternative Verwendungen. Um eine effiziente Allokation zu erreichen, ist eine marktwirtschaftliche Wirtschaftsordnung zu schaffen. Die Preisbildung vollzieht sich auf der Basis von Nachfrage und Angebot. Die Frage nach der Verteilung von Ressourcen auf Individuen ist eng mit der Forderung nach intergenerationeller Gerechtigkeit verbunden. Ungleichheit soll dabei auf ein gewisses Niveau begrenzt werden. Transfermechanismen, wie Steuern und Sozialhilfe, stellen hierfür sinnvolle Instrumente dar. Die Besserstellung der Armen kann dabei nur bedingt durch ein höheres Wachstum gelöst werden.

Die ökologische Nachhaltigkeit beschäftigt sich mit den natürlichen Kapazitäten des Ökosystems und dem Ausmaß des Durchsatzes von Materie/Energie aus der Umwelt in Form von Rohstoffen mit niedriger Entropie und zurück in die Umwelt in Form von Abfällen mit hoher Entropie. Ein möglicher Indikator ist das Produkt aus der Bevölkerungszahl und dem Ressourcenverbrauch pro Kopf. Ziele sind die entnommenen Ressourcen zu erneuern und die Abfälle zu absorbieren.

Die Ökologische Ökonomie fordert dabei eine nachhaltige Entwicklung. Die zukünftige Tragfähigkeit der Natur darf im Gegensatz zu den gegenwärtig praktizierten Kosten-Nutzen-Abwägungen nicht diskontiert werden (Costanza et al. 2001, S. 97). Die Ökologische Ökonomie lehnt eine Kosten-Nutzen-Analyse zwar nicht ab, fordert aber gewisse Voraussetzungen, um den Anforderungen der Ökologischen Ökonomie gerecht zu werden. So sind Kosten-Nutzen-Analysen bei der Bewertung eines Naturschutzprojektes oft hilfreich. Werden sämtliche relevanten Kosten und Nutzeffekte einbezogen, so übertreffen die Nutzeneffekte bei Naturschutzprojekten oft bei weitem die ökonomischen Kosten. Die Bereiche der effizienten Allokation, der gerechten Verteilung und der Nachhaltigkeit hängen zwar eng zusammen, lassen sich jedoch eigenständig behandeln. Ein effektives Vorgehen wäre, die Probleme nacheinander anzugehen und dann entsprechende Instrumente einzusetzen.

Dabei sollte die nachhaltige Entwicklung nicht durch Preise bestimmt werden, sondern durch einen gesellschaftlichen Entscheidungsprozess unter Berücksichtigung der ökologischen Grenzen. Die Verteilung sollte ebenfalls nicht durch Preise bestimmt werden, sondern durch gesellschaftliche Entscheidungsprozesse auf der Grundlage einer gerechten Vermögensverteilung. Abhängig von diesen gesellschaftlichen Entscheidungen können dann die knappen Ressourcen durch individuelles Handeln auf Märkten einer effizienten Allokation zugeführt werden. Der Ökologischen Ökonomie zufolge sollen zuerst die ökologischen Grenzen der Umwelt bestimmt und schließlich Instrumente angewendet werden, die gewährleisten, dass der Durchsatz der Wirtschaft innerhalb dieser Grenzen bleibt.

Dann muss eine gerechte Verteilung der Ressourcen erreicht werden, indem Eigentumsrechte vergeben und Transfers durchgeführt werden. Eigentümer haben den Anreiz, ihren Besitz zu schützen, damit sie ihn in Zukunft noch nutzen können. Nutzen Menschen Ressourcen dagegen kollektiv, ohne dass Regeln für ihre Nutzung existieren, so werden diese der Erfahrung nach höchstwahrscheinlich übernutzt (Property-Rights-Ansatz). Schließlich kann durch den Marktmechanismus eine effiziente Allokation der Ressourcen erreicht werden. Die Märkte müssen um die Umweltgüter ausgeweitet werden, die bisher noch nicht durch Märkte abgedeckt werden. So sieht die Ökologische Ökonomie ein unbegrenztes Wachstum als unmöglich an. Die Steigerung des Durchsatzes ist jedoch nicht unbegrenzt möglich. Die Generierung von Wachstum erfordert Naturkapital und das verbleibende Naturkapital stellt den begrenzenden Faktor dar.

Aus Sicht der Ökologischen Ökonomie ist Naturkapital und anthropogenes Kapital nicht substitutiv, sondern komplementär: Sollte anthropogenes Kapital perfekt durch Naturkapital substituierbar sein, müsste auch der Umkehrschluss gelten, nämlich, dass Naturkapital durch anthropogenes Kapital ersetzbar ist. Es wird anthropogenes Kapital benötigt, um Naturkapital effizient zu nutzen und es wird Naturkapital benötigt, um anthropogenes Kapital zu generieren. Allein daraus wird ersichtlich, dass die beiden Kapitalarten komplementär sind (Brown, Timmermann 2015, S. 97). Hinzu kommt, dass offensichtlich eine Ressource zwar durch eine andere Ressource ersetzt werden kann, die Substitution zwischen Umwandlungshilfsmitteln und umzuwandelnder Materie allerdings zu Problemen führt. Z. B.: Ein Haus kann nicht mit der Hälfte des benötigten Holzes gebaut werden, auch wenn doppelt so viele Arbeiter eingesetzt werden. Darüber hinaus wird von den Vertretern der Ökologische Ökonomie die Position vertreten, dass die ökologische Krise nicht durch eine Internalisierung negativer externer Effekte (Umweltschäden) lösbar ist.

Der knappe Faktor ist nach den Vertretern der Ökologischen Ökonomie zufolge das Naturkapital. Demnach sollte in Naturkapital investiert werden. Dafür ist jedoch ein Politikwandel nötig, der nicht die Produktivität und den Wert des anthropogenen Kapitals erhöht, sondern des Naturkapitals. Für die Erhöhung der Produktivität werden drei mögliche Ansätze gesehen:

> „(1) Erhöhung des Stromes (Nettozuwachs) der natürlichen Ressourcen je Einheit des natürlichen Kapitalbestands (begrenzt durch die biologischen Wachstumsraten), (2) Steigerung des Produktoutputs je Einheit Ressourceninput (begrenzt durch Massengleichgewicht) und vor allem (3) die Steigerung der Nutzungseffizienz, mit der die Ressourcen in (Dienst-)Leistungen für die Endverbraucher umgewandelt werden (begrenzt durch die Technologie)" (Costanza et al. 2001, S. 105f.).

Da die dritte Möglichkeit am meisten Potential impliziert, sollte die Konzentration auf diese erfolgen. Aus Sicht der Ökologischen Ökonomie ist die Tragfähigkeit der Erde weiterhin für die menschliche Bevölkerung begrenzt. Wie viele Menschen von der weltweiten landwirtschaftlichen Nutzfläche ernährt werden können, ist nicht genau zu bestimmen. Daher ist es notwendig, dass sich die Forschung diesem Thema verstärkt widmet. Nach Daly (1977) ist es notwendig die Gesamtwirkung, welche die Erde zu tragen hat, aus dem Produkt des Ressourcenverbrauchs pro Kopf und der Bevölkerungszahl der Erde zu errechnen. Wie dieser Verbrauch verteilt wird, wird durch die Gesellschaft bestimmt. Der Maximalwert an Menschen scheint wenig aussagekräftig. Allein die Begrenzung der Bevölkerungszahl ist nach Costanza et al. (2001) nicht ausreichend. Es sind soziale und ökonomische Änderungen notwendig (z. B. Verringerung der Armut). Die Geburtenrate sinkt einer Weltbank–Studie zufolge um 3%, wenn das Einkommen der Armen um 1% steigt. Dabei gibt es Ökonomen, die nicht die Bevölkerungszahl als relevanten Faktor für die Ressourcennutzung ansehen, sondern den Ressourcenverbrauch, besonders die Überkonsumtion der Wohlhabenden. Diese Aussagen gehen konform mit den Aspekten des begrenzten Wachstums und intergenerationeller Gerechtigkeit.

Herman Edward Daly

Der US-amerikanische Wirtschaftswissenschaftler Herman Edward Daly wurde 1938 in Houston, USA geboren. Er studierte nach dem Abschluss der High School 1956 an der Rice University in Houston Wirtschaftswissenschaften. Das Studium schloss er 1961 mit dem MBA ab. Im Anschluss begann er seine Doktorarbeit an der Vanderbilt University und erlangte 1967 den Ph.D. Er arbeitete ab 1967 an der „Louisiana State University" als Assistenz-Professor, danach als Gastprofessor an der „University of Ceara" in Brasilien (1967–1968). Er kehrte für ein Jahr zurück an die „Louisiana State University" um im Anschluss an die „Yale University" zu wechseln. Nach nur einem Jahr kehrte er erneut nach Louisiana zurück Er war im Anschluss Gastprofessor an der „Australian National University" und Fulbright-Gastdozent. 1988 bis 1994 war er bei der Weltbank tätig.

Er befasst sich unter anderem mit der wirtschaftlichen Entwicklung der Gesellschaft, einem Nachhaltigkeitsmanagement und dem Erhalt der Umwelt. Er veröffentlichte Artikel zu verschiedenen Bereichen der Wirtschaftswissenschaften. Er schrieb einige 100 Artikel sowie zahlreiche Bücher. Zu den wichtigsten Werken gehören: **Steady-State Economics** *(1977; 1991)*, **Valuing the Earth** (1993), **Beyond Growth** (1996), und **Ecological Economics and the Ecology of Economics** (1999). Er ist zusammen mit dem Theologen John B. Cobb Jr. Mitautor des Buches **For the Common Good** (1989; 1994), wofür er den Grawemeyer Award bekam, der wie in diesem Fall für Ideen bezüglich einer besseren Weltordnung vergeben wird. Im Jahre 1996 wurde er ehrenhalber mit dem alternativen Nobelpreis ausgezeichnet. Er erhielt auch den **Heineken Prize for Environmental Science** der königlichen Niederländischen Akademie der Künste und Wissenschaften und 1999 den Sophie Preis für sein Engagement für ökologische Belange.

Quellen:
University of Maryland: http://www.publicpolicy.umd.edu/facstaff/faculty/Daly.html
School of Cooperative Individualism: http://www.cooperativeindividualism.org

Daly schlägt einen Sozialvertrag zwischen Nord und Süd vor. Der Norden müsste demnach das „kopflose Streben" nach quantitativem Wachstum aufgeben. Die Verteilung des Wohlstandes zum Süden hin, muss stabile Bevölkerungszahlen nach sich ziehen. Der Bestand des Naturkapitals muss wiederaufgebaut und die Artenvielfalt erhalten werden (Costanza et al. 2001, S. 311ff.). Das Verhältnis der Ökologischen Ökonomie zur Nachhaltigkeit deckt sich mit den Forderungen und Ansichten der starken Nachhaltigkeit. Auf diese Thematik wird im nächsten Kapitel eingegangen.

5.2 Kritik der Ökologischen Ökonomie an der Neoklassischen Theorie

Die Vertreter der Ökologischen Ökonomie vertreten die Auffassung, dass die Neoklassik die Interaktion zwischen ökonomischen Aktivitäten und natürlicher Umwelt nur unzureichend abbildet.

> „Zu Recht ist die aus der neoklassischen Produktionstheorie stammende Vorstellung der unbegrenzten Substituierbarkeit der Naturressourcen von der ökologischen Ökonomie attackiert worden: Kapital würde als vollständig künstlicher, „naturloser" Produktionsfaktor verstanden, und Produktion als ohne Inanspruchnahme von Naturressourcen prinzipiell möglich, wenn letztere schließlich (nahezu) vollständig von Arbeit und Kapital ersetzt würden" (Priewe 2002, S. 9).

Die explizite Nutzenorientierung der Neoklassischen Theorie und das daraus resultierende anthropozentrische Weltbild führt dazu, dass der Umwelt als menschlicher Existenzgrundlage eine zu geringe Bedeutung zukommt. Weitere Annahmen bzw. Erkenntnisse der Neoklassik verstärken diese Tendenz. Im Folgenden wird die Kritik der Ökologischen Ökonomie an grundlegenden Annahmen der Neoklassischen Theorie dargelegt.

Die Ökologische Ökonomie geht weit über den Mainstream der Volkswirtschaftslehre bzw. Umweltökonomie hinaus. In der neoklassischen Theorie stehen das Individuum und dessen Streben nach Gewinn und Nutzenmaximierung im Mittelpunkt des Interesses. Die Ökologische Ökonomie geht dagegen von einer makroökonomischen Perspektive aus. Im Mittelpunkt der Begründung steht die Bedeutung ökologischer Systeme für die Sicherung bzw. Verbesserung der menschlichen Lebensbedingungen, d. h. der Wohlfahrt für die gesamte Gesellschaft.

Die neoklassische Umweltökonomie postuliert, dass der Selbststeuerungsmechanismus des Marktes im Prinzip funktioniert, wobei ein Korrekturbedarf bei Vorliegen negativer externer Effekte notwendig wird. Im Falle von Umweltschäden handelt es sich um negative externe Effekte, d.h. um Effekte, die außerhalb des Marktmechanismus entstehen und somit nicht durch den Preismechanismus geregelt werden. Diese Korrektur, d.h. die Kompensation negativer externer Effekte, wird durch Maßnahmen einer aktiven Umweltschutzpolitik in Form von Internalisierungsstrategien geleistet.

Am einfachsten ist natürlich, dass der Verursacher von Umweltbelastungen und der Betroffene der Umweltbelastungen sich im Rahmen von Verhandlungen auf eine Kompensation einigen (Coase-Theorem). Da diese Internalisierungsstrategie jedoch nur in sehr einfachen Konstellationen möglich ist, bedarf es staatlich vorgegebener Maßnahmen wie Gebote, Verbote oder einer Zertifikatslösung (hierzu das Kyoto-Abkommen). Dadurch wird die Natur in das Konstrukt von relativen Preisen und Präferenzen, von Kosten und Nutzen integriert. Umweltprobleme werden somit als Externalität mit Wachstumsverlust deklariert und werden mit Markt- und/oder Politikversagen begründet (Holstein 2003, S. 62ff.).

Die Ökologische Ökonomie grenzt sich hinsichtlich der Lösung von Umweltproblemen von der neoklassischen Umweltökonomie deutlich ab. Entsprechend dem Verständnis der Ökologischen Ökonomie geht es nicht nur um die Beseitigung von externen Effekten. Daher ist die ökologische Krise nicht nur durch Internalisierungsstrategien zu lösen. Es muss vielmehr darum gehen, die Ökonomie in die Natur zurückzuführen, d. h. sie wieder in die Natur einzubinden. Hier gibt es einen eindeutigen Bezug zur Industrial Ecology (Isenmann, v. Hauff 2007). Ein zentrales Anliegen ist die Berücksichtigung von Irreversibilitäten in Ökosystemen, was in der neoklassischen Umweltökonomie kaum thematisiert wird.

Weiterhin erkennen die Vertreter der Ökologischen Ökonomie das Problem, dass es zu intergenerationellen Ungleichheiten und somit zu einer nicht nachhaltigen Entwicklung kommen kann. Die zentrale Kritik der Ökologischen Ökonomie an der neoklassischen Umweltökonomie besteht also darin, dass die neoklassische Theorie mit ihrer einseitigen Betonung der marginalen Gleichgewichtsanalyse nicht in der Lage ist, komplexe Phänomene ganzheitlich zu erfassen, wie es im Prinzip die ökologische Realwelt erfordert.

Ausgangspunkt für einen Gegenentwurf zum neoklassischen Paradigma, bilden meist Vorstellungen einer evolutorischen Entwicklung von Wirtschaft und Umwelt. Die Ökologische Ökonomie ist, wie schon erwähnt, ganz wesentlich von dem Beitrag von Georgescu-Roegen „The Entropy Law and the Economic Process" d. h. dem Entropiegesetz geprägt (Georgescu-Roegen 1971). In Anlehnung an die Thermodynamik kann somit auch der Wirtschaftsprozess so interpretiert werden, dass er als Verzehr eines endlichen Vorrates von natürlichen Ressourcen begriffen wird. Neben Energie wird auch Materie unwiderruflich so umgesetzt, dass sie nicht mehr nutzbar sind. Auf der Grundlage der evolutionären und von Unwissenheit und Unsicherheit geprägten Weltsicht der Ökologischen Ökonomie reicht daher der Preis als Lenkungsfunktion für wirtschaftliche Aktivitäten nicht aus.

Vielmehr muss eine Kombination eines Kapitalstocks geschaffen und erhalten werden, der sowohl aus natürlichem als auch aus vom „Menschen geschaffenen Kapital" besteht. Daraus begründet sich das Paradigma „Strong Sustainability" oder „Starke Nachhaltigkeit", welches das zentrale Paradigma der Ökologischen Ökonomie ist. Sie stellt die Substituierbarkeit von Natur- durch Sachkapital grundsätzlich in Frage. Costanza et al. definieren in diesem Kontext Nachhaltigkeit sehr prägnant, wonach ein nachhaltiges System ein System ist, das überlebt bzw. fortdauert (Costanza, Patten 1995, S. 194). Auf diese Thematik wird im nächsten Kapitel dann detailliert eingegangen.

Weiterhin bewertet die Neoklassik die Natur anhand ihrer Nützlichkeit für den Menschen und etabliert so ein anthropozentrisches Weltbild. Die natürliche Umwelt wird auf preisbewertete Produktionsfaktoren und Konsumgüter reduziert. Die Umwelt bzw. das Naturkapital werden als substituierbar angesehen. Die Natur als Life Support System wird dabei vernachlässigt. Die Ökologische Ökonomie vertritt die gegenteilige Position. Die Konsequenzen dieses Naturbildes werden im Folgenden dargestellt.

Der Ökologischen Ökonomie zufolge können Umweltgüter oft nicht befriedigend monetarisiert werden, da ihr Wert oft nicht direkt erfassbar ist und ihre Bedeutung für die Zukunft nicht geklärt ist. Ein typisches Beispiel hierfür ist die Biodiversität. Die Kosten der Naturnutzung könnten demnach langfristig gesehen höher sein, als der Nutzen, der heute in einem ökonomischen Vorhaben aus den Naturgütern gezogen wird. In der Neoklassik wird nur derjenige Teil der natürlichen Inputfaktoren berücksichtigt, für dessen Nutzung ein Preis entrichtet werden muss, was die Ökologischen Ökonomen verneinen. Es besteht die Gefahr, dass manche Umweltgüter nicht berücksichtigt werden, da sie kurzfristig gesehen „nichts kosten", oder aufgrund des komplexen und intransparenten Zusammenhangs aus der Betrachtung ausgelassen werden.

Was die perfekte Substituierbarkeit betrifft, halten Vertreter der Ökologischen Ökonomie der Neoklassik entgegen, ökologische Zusammenhänge und damit verbundene Restriktionen zu ignorieren. Daly (2000) zeigt beispielhaft anhand einer durch den Klimawandel zum Erliegen kommende Landwirtschaft, dass die Produktion nicht durch Wachstum in anderen Sektoren ausgeglichen werden kann. Das ökologische Kapital unterliegt ganz offensichtlich nicht der Substituierbarkeit. So ist Nahrung bzw. Landwirtschaft z. B. komplementär und eine monetäre Bewertung nur bei marginalen Mengen sinnvoll. Sonne oder Sauerstoff zu monetarisieren, macht keinen Sinn.

> „Wenn die Eigenschaften von Gütern allein durch unterschiedliche Preise zum Ausdruck kommen, ist ein Vorrang für den Umweltschutz vor anderen Aktivitäten zur Bedürfnisbefriedigung nicht zu erklären" (Holstein 2003, S. 67).

Folgt man dem Naturbild der Ökologischen Ökonomie und misst der Natur einen Selbstwert zu, so kann man sie nicht mehr ausschließlich als Ressource betrachten und aus ethischen Gründen nicht monetarisieren. Zukünftige Verlierer von Umweltveränderungen können aus Sicht der Neoklassischen Theorie durch Substitution entschädigt werden. Demnach können Einkommen oder Konsumgüter den Nutzen kompensieren, der durch den Verlust an Umwelt verloren gegangen ist. Will man aber alle Betroffenen befragen, was nur gerecht wäre, so ist dies intergenerationell gesehen kaum möglich. Die fragwürdige „willingness to accept" Klausel, soll aus Sicht der Ökologischen Ökonomie nicht als selbstverständlich angesehen werden.

Ein weiterer Kritikpunkt der Ökologischen Ökonomie an der Neoklassik betrifft die Diskontierung. Das Verfahren der Diskontierung mag für kurzfristige, rein monetäre Verfahren sinnvoll sein, kann jedoch zu einer starken Minderschätzung von weit in der Zukunft liegenden Ereignissen führen. Auch Naturschutzprojekte müssten dann die gleiche Rendite wie ein ökonomisches Vorhaben erbringen, da es sonst optimal wäre, das Kapital der anderen Verwendungsmöglichkeit zur Verfügung zu stellen. So würde eine anspruchsvolle Klimapolitik abgelehnt werden (Ott, Döring 2008, S. 121). Im Kontext der Suche nach einem nachhaltigen Entwicklungspfad ist für die Ökologische Ökonomie das Prinzip der Diskontierung oft kontraproduktiv. Darüber hinaus ist aus Sicht der Ökologischen Ökonomie die zukünftige Entwicklung ungewiss; es können keine Aussagen über die Präferenzen, die Auswirkungen heutigen Wirtschaftens und über die Lebensbedingungen zukünftiger Generationen getroffen werden. Die Ökologische Ökonomie sollte der Unsicherheit der künftigen Entwicklung und der Wahlfreiheit zukünftiger Generationen gerecht werden.

Ein letzter hier aufgezeigter Kritikpunkt betrifft das wirtschaftliche Wachstum. Dieses Thema soll hier nur kurz aufgegriffen werden, da im Folgenden der Thematik ein eigenes Unterkapitel gewidmet ist.

Daly zeigt die Position der Ökologischen Ökonomie gegenüber der Neoklassik klar auf:

> „Neoklassische Ökonomie ist wie die klassische Physik eine spezielle Lehre, die annimmt, dass wir von jeglichen Grenzen weit entfernt sind – (...), im Falle der Ökonomie von den Begrenzungen der ökologischen Tragfähigkeit, oder der Sättigung der Konsumentenbedürfnisse" (Daly 1987, S. 2).

Das Streben nach immer stärkerem Wachstum ist nach der Erkenntnis der Vertreter der Ökologischen Ökonomen auf lange Frist zum Scheitern verurteilt, da die Umweltbelastung und Ressourcennutzung zwangsläufig dazu führen wird, dass das globale Ökosystem irreversibel geschädigt wird. Daher ist nach Daly ein sofortiges Einlenken unerlässlich.

5.3 Wirtschaftswachstum in der Ökologischen Ökonomie

Da bereits die Grundlagen der Ökologischen Ökonomie erläutert wurden und auf die Kritik an der Neoklassik eingegangen wurde, wird im Folgenden das Wirtschaftswachstum in der Ökologischen Ökonomie dargestellt. Für das Wirtschaftswachstum und die Umwelt sind im Kontext der Ökologischen Ökonomie ganz allgemein folgende Faktoren bestimmend: die Bevölkerungszahl, der Konsum pro Kopf und die Produktionstechnologien. In diesem Zusammenhang kommen Common und Stagl (2005, S. 210) zu einer IPAT-Identität:

$$I = P \times A \times T$$

mit I   Auswirkungen (Impact)
    P   Bevölkerungszahl (Population)
    A   Wohlstand (Affluence)
    T   Technologie (Technology)

Bei ansonsten gleichbleibenden Bedingungen, kommt es bei einer steigenden Bevölkerungszahl wegen des steigenden Konsums und damit auch zu einer steigenden Produktion zu negativen Auswirkungen auf die Umwelt. Dabei stellt I die Ausbeutung der Umwelt dar. Die Umwelt wird zum einen als Quelle z. B. in Form von Öl- oder Kohleentnahmen und zum anderen als Senke z. B. für Emissionen genutzt. I kann dabei in verschiedenen Einheiten wie Tonnen oder Litern gemessen werden. P ist die Bevölkerungszahl (Einheit Kopf) und A stellt den Wohlstand dar, gemessen am Bruttoinlandsprodukt (Einheit Dollar/Kopf). Den Wohlstand anhand des Indikators Bruttoinlandsprodukt zu messen ist fragwürdig (dies wurde bereits diskutiert). In dem Modell von Common und Stagl (2005) wird dieser Indikator jedoch zugrunde gelegt. Die Technologie wird in Dollar des BIP gemessen.

Daraus ergibt sich für obige Gleichung die folgende Darstellung in Einheiten:
Anzahl (Kopf) × Dollar/Anzahl (Kopf) × Einheiten/Dollar

Die Anzahl kürzt sich ebenso wie die Währung aus der Gleichung und damit bleibt als Einheit für die Auswirkungen „Einheiten" stehen. Common und Stagl betonen daher:

> "The point here is to emphasise that IPAT is an accounting identity – given the definitions, I equals PAT must always be true. IPAT is a tautology – it states what must be true" (Common und Stagl 2005, S. 212).

Die IPAT-Identität kann keine verlässlichen Aussagen über die Zukunft treffen. Sie liefert nur Anregungen für eine Auseinandersetzung mit verschiedenen Szenarios. Die Bevölkerungszahl beispielsweise ist für die Umweltbelastung ein wichtiger Faktor. Je höher die Zahl der lebenden Menschen auf der Erde ist, desto stärker wird die Umwelt beansprucht. Dies erklärt sich z. B. aus höheren Emissionen oder einem höheren Ressourcenverbrauch. Costanza et al. (2001) gehen davon aus, dass bei einer wachsenden Bevölkerungszahl auf Dauer die Tragfähigkeit der Erde überschritten wird. Auch die Technologie hat für das Wirtschaftswachstum und den Umweltschutz eine große Bedeutung (Auf diesen Zusammenhang wird in Kapitel 7 detailliert eingegangen).

Die zuvor erläuterte IPAT-Identität liefert jedoch keinen Hinweis darüber, wie z. B. der Wohlstand bestimmt wird. Dafür wird hier im Folgenden ein Wachstumsmodell betrachtet.

$$Y = K^\alpha \times L^\beta \times R^\delta \quad \text{mit } \alpha + \beta + \delta = 1$$

mit Y Output (Produktionsergebnis)
K Kapital
L Arbeit
R Einsatz natürlicher Ressourcen

Für das Produktionsergebnis Y müssen in die Produktion Kapital, Arbeit und natürliche Ressourcen eingesetzt werden. Eine Produktion ohne den Einsatz von natürlichen Ressourcen in den Produktionsprozess ist nicht möglich. In der Ökologischen Ökonomie besteht ein Konsens darüber, dass eine stetige Steigerung des Verbrauchs natürlicher Ressourcen nicht zukunftsfähig ist. Strittig ist, in wie weit damit ein gezielter Verzicht auf wirtschaftliches Wachstum verbunden ist. Daly (1973) und andere Vertreter der Ökologischen Ökonomie sehen ein weiteres Wirtschaftswachstum als Steigerung des Niveaus des realen Bruttoinlandsproduktes als nicht vertretbar an. Sie begründen ihre Position damit, dass die Lebensqualität durch quantitatives Wirtschaftswachstum kaum mehr gesteigert werden kann (Majer 1999, S. 319). Die Tragfähigkeit einzelner Ökosysteme ist schon seit Jahrzehnten überschritten. Dazu tragen insbesondere Länder mit einem hohen Pro-Kopf-Einkommen bei, indem sie die globalen Energievorräte ausbeuten und die Atmosphäre schädigen (z. B. durch Kohlendioxid-Emissionen).

Daly (1999) und andere Vertreter der Ökologischen Ökonomie fordern daher eine Gleichgewichts-Ökonomie (Steady-State-Economy). Darunter versteht Daly, der ganz wesentlich von John Steward Mill inspiriert wurde, ein Wirtschaftssystem, das darauf ausgerichtet ist, eine konstante Ausstattung mit materiellen Gütern zu gewährleisten, die für ein „gutes Leben" ausreicht. Der Ansatz basiert auf der Vorstellung, dass „an economy that does not grow nor shrink physically in the long run" (Daly 2005, S. 125). Die quantitativen Grenzen des Wachstums begründet Daly mit den beiden Gesetzen der Thermodynamik. Im Gegensatz zu der neoklassischen Wachstumsökonomie kommt er zu der Überzeugung, dass quantitatives Wachstum ab einem bestimmten Punkt nicht nur an Grenzen stößt, sondern auch unwirtschaftlich ist. Dies wird von ihm wie folgt begründet: Ein Unternehmer strebt ein optimales Niveau wirtschaftlicher Aktivitäten an. Wird dieses Niveau durch weitere Aktivitäten überschritten, kann dies dazu führen, dass zusätzliche Kosten (marginale Kosten) den zusätzlichen Nutzen (marginaler Nutzen) übersteigen.

Betrachtet man dies aus makroökonomischer Sicht, so aggregiert man die genannten Größen auf die gesamtwirtschaftliche Ebene. Es kommt dazu, dass immer mehr natürliche Ressourcen (green flow) verwendet werden, um materielle Güter (brown flow) herzustellen. „As we expand the brown flow, we reduce the green flow." (Daly, Farley 2011, S. 70). Danach sind die ökologischen Grenzen des Wachstums dann erreicht, wenn die marginalen Kosten gleich groß sind wie der marginale Nutzen des Wachstums. In diesem Punkt hat eine Volkswirtschaft eine optimale Größe erreicht. Ein Problem hierbei ist jedoch, dass die Vertreter der Ökologischen Ökonomie nicht ausreichend aufzeigen, wie eine Steady-State-Economy konkret auszugestalten ist. Eine weitere Kritik, die besonders von neoklassischen Ökonomen vorgetragen wird, zielt auf die Frage der makroökonomischen Effekte ab, die nicht in ausreichendem Maße analysiert werden. Im Rahmen einer Marktwirtschaft ohne Wachstum sind u. a. zu nennen: negative Wirkungen auf den Arbeitsmarkt, die Verteilung, die Armut, der Finanzsektor, der Handel und das Steuersystem.

So ist das Bruttoinlandsprodukt nicht nur die Summe der erzeugten Güter, sondern auch die Summe des erzielten Volkseinkommens. Einen Wachstumsverzicht zu fordern kommt der Forderung gleich, das gesamtwirtschaftliche Einkommen einzufrieren. Daher ist die Zielsetzung einer Gleichgewichtsökonomie schwer umzusetzen. Bis heute wurde in dem Kontext einer Steady State Economy noch nicht in befriedigendem Maße aufgezeigt, wie ein auf Wachstum aufgebautes Wirtschaftssystem umzubauen ist, damit eine Gleichgewichtsökonomie funktionieren kann. Binswanger fordert daher eine minimale Wachstumsrate der Weltwirtschaft von etwa 1,8% pro Jahr, damit es nicht zu deutlichen Schrumpfungsprozessen mit den damit verbundenen Belastungen kommt (Binswanger 2006, S. 368). Tichy zeigt für eine Wirtschaft ohne Wachstum dagegen ansatzweise die Konsequenzen für die Wirtschaftspolitik auf, wenn er feststellt, dass arbeitsmarkt- und verteilungspolitische Absicherungsmaßnahmen unverzichtbar sein werden. Das wird seiner Meinung nach jedoch auf absehbare Zeit nicht durchdacht und im Detail ausgearbeitet werden (Tichy 2009, S. 9). Die Diskussion über eine Wirtschaft ohne Wachstum wurde in neueren Ansätzen weitergeführt, die in dem folgenden Kapitel vorgestellt werden.

6 Neuere Ansätze zu der Beziehung von Wachstum und Umwelt

In Anlehnung an die Ökologische Ökonomie wurden in jüngerer Vergangenheit eine Reihe weiterer Ansätze zu der Beziehung Wachstum und Umwelt entwickelt. Sie zielen, zumindest für Industrieländer, auf ein Null-Wachstum (Postwachstumsökonomie) oder auf ein schrumpfendes Wachstum (Degrowth) ab. Dabei werden teilweise auch, entsprechend dem Paradigma der nachhaltigen Entwicklung, die soziale Dimension und das Postulat der Gerechtigkeit mit einbezogen. So wird in neueren Publikationen vermehrt darauf hingewiesen, dass eine wachsende Einkommensdisparität sich negativ auf die wirtschaftliche Entwicklung auswirken kann.

In diesen Ansätzen geht es teilweise aber auch um die gesellschaftliche Relevanz und die ökologischen Auswirkungen des Konsums, wie bereits in Abschnitt 2.2 erläutert wurde. Die folgenden Ausführungen wenden sich zunächst der Postwachstumsökonomie zu. Daran anschließend wird in dem Abschnitt 6.2 das LowGrow-Modell vorgestellt, das ganz wesentlich von dem kanadischen Ökonom Peter Victor entwickelt wurde. In Abschnitt 6.3 wird der Degrowth-Ansatz, in dem ein schrumpfendes Wachstum gefordert und begründet wird, aufgezeigt. Abgeleitet aus dem Paradigma einer „Green Economy", wie sie bei der Konferenz in Rio de Janeiro 2012 eingefordert wurde, lässt sich dann in Abschnitt 6.4 der Ansatz eines Green Growth begründen.

6.1 Die Postwachstumsökonomie

In Anlehnung an die Steady-State-Economy gibt es im Rahmen der Postwachstumsgesellschaft bzw. Postwachstumsökonomie eine neuere Diskussion, in der eine Wirtschaft ohne Wachstum gefordert wird. Die Diskussion zu den beiden Ansätzen weist unterschiedliche Motive bzw. Schwerpunkte hinsichtlich der Beziehung Umwelt und Wachstum auf. Die folgenden Ausführungen beschränken sich exemplarisch auf einige wenige Erkenntnisse (v. Hauff 2015, S. 92ff.). Das verbindende Element der beiden Ansätze zur Ökologischen Ökonomie ist die Erhaltung und Stabilisierung der Natur bzw. der ökologischen Systeme. In einigen Publikationen zu diesen Ansätzen geht es auch um eine Stabilisierung der sozialen Systeme. Dies wird in dem folgenden Zitat deutlich: „Der Glaube an die Grenzenlosigkeit menschlicher Expansion und Bedürfnisse und das Vertrauen in die technische Machbarkeit blockieren die Einsicht, dass die natürlichen Ressourcen endlich und die Ökosysteme verletzlich sind und immer mehr Konsum kaum glücklicher macht" (Seidl, Zahrnt 2011, S. 9).

Daraus begründet sich die Forderung nach einer Veränderung von Lebensstilen und, in diesem Zusammenhang, besonders der Konsumstile. Dies bedeutet eine Abkehr von dem heute in der Mainstreamökonomie und der Politik dominierenden „Wachstumszwang". In diesem Zusammenhang wird häufig auch ein Transformationsprozess gefordert, der weit über partielle Reformen hinausgeht. Wirtschaftswachstum hat sich nach Auffassung der Vertreter der Postwachstumsgesellschaft seit den 1970er Jahren in den Industrieländern nicht als vielseitiger gesellschaftlicher Problemlöser bestätigt. So trage beispielsweise Wirtschaftswachstum kaum mehr zu einem hohen Beschäftigungsniveau bei. Weiterhin habe Wirtschaftswachstum nicht zu einer Verringerung, sondern eher zu einer Erhöhung sozialer Ungleichheiten beigetragen und die Staatsverschuldung sei trotz positiver Wachstumsraten ständig weiter gestiegen. Weiterhin stoße Wirtschaftswachstum immer stärker auf gesättigte Märkte.

Tim Jackson, britischer Ökonom, gehört als Vertreter der Postwachstumsökonomie zu den renommiertesten Kritikern eines exponentiellen Wachstums. In seinem Buch „Prosperity without Growth", das viel Beachtung erfährt, vertritt er die Auffassung, dass Wohlstand ohne Wachstum für hoch entwickelte Volkswirtschaften der westlichen Welt kein utopischer Traum ist, sondern eine finanzpolitische und ökologische Notwendigkeit. Nachdem er zu der Erkenntnis kommt, dass in reichen Nationen die Grundbedürfnisse im Überfluss gedeckt sind und eine Vermehrung der Konsumgüter den materiellen Komfort kaum noch steigern kann, stellt er die Frage.

> „Können ständig steigende Einkommen für die bereits Wohlhabenden weiterhin legitimer Mittelpunkt ihrer Hoffnungen und Erwartungen sein – in einer Welt mit endlichen Ressourcen und engen ökologischen Grenzen, in einer Welt, die immer noch gekennzeichnet ist durch Inseln des Wohlstands inmitten eines Ozeans der Armut? Oder gibt es vielleicht einen anderen Weg hin zu einer nachhaltigen, gerechteren Form des Wohlstandes?" (Jackson 2013, S. 4)

Neben grünen Konjunkturprogrammen, wie sie teilweise nach der Finanzkrise zum Beispiel von Südkorea aufgelegt wurden, fordert er auch eine ökologisch ausgerichtete Makroökonomie, die zu einem „Green New Deal" führen soll. Hierzu zeigt er das Wachstumsdilemma auf: Einerseits geht es darum, die wirtschaftliche Stabilität zu erhalten, und andererseits muss innerhalb der ökologischen Grenzen gewirtschaftet werden. Ayres fordert daher einen „anderen Motor des Wachstums, der auf der Grundlage von nicht umweltbelastenden Energiequellen arbeitet und anstelle umweltbelastender Produkte nicht materielle Dienstleistungen verkauft" (Ayres 2008, S. 292).

In diesem Zusammenhang wurden Modelle entwickelt, bei denen es unter anderem um die Notwendigkeit geht, persönliches Eigentum zu reduzieren, aber auch die Nutzung von Kapitalressourcen zu verbessern und die Materialintensität der Wirtschaft zu erhöhen. Die Grundidee dabei ist, anstelle von materiellen Produkten entmaterialisierte Dienstleistungen herzustellen und zu verkaufen, so z. B. der Verkauf von Energiedienstleistungen wie Wärme, Beleuchtung und Kommunikation anstelle von Energie aus fossilen Brennstoffen. Weiterhin geht es um den Verkauf von Mobilität anstelle des Besitzes von Autos und die Weiterentwicklung von Recycling.

6.2 Das LowGrow-Modell

Das LowGrow-Modell kann als Weiterentwicklung der Postwachstumsökonomie eingeordnet werden. Hier geht es um die Frage, welche gesamtwirtschaftlichen Auswirkungen bei einem Null-Wachstum zu erwarten sind. Im Mittelpunkt steht also eine makroökonomische Analyse der wirtschaftlichen Auswirkungen eines Null-Wachstums. Die Ökonomen Victor und Rosenbluth (2007) nennen zunächst drei Gründe, weshalb Regierungen wirtschaftlich hoch entwickelter Staaten über Alternativen zu dem bestehenden Wachstumsmodell nachdenken sollten:
- Es herrscht Ressourcenknappheit,
- Wachstum führt in hoch entwickelten Staaten zu einem abnehmenden gesellschaftlichen Wohlstand,
- politische Ziele wie Vollbeschäftigung und Abbau von Armut können in westlichen Industrieländern auch ohne Wachstum erreicht werden.

Victor (2008) hält in diesem Kontext vielen Vertretern, die eine Wirtschaft ohne Wachstum bzw. eines schrumpfenden Wachstums fordern, vor, dass sie zu ihren Erkenntnissen ohne die Anwendung entsprechender Modelle und der Berücksichtigung empirischer Methoden der modernen Ökonomie kamen. Sie beschränken sich vielmehr auf qualitative Informationen, um ihre Argumente illustrieren bzw. belegen zu können. Der Ansatz von Victor basiert daher auf einem computergestützten Modell für die kanadische Wirtschaft. Damit möchte er die Wirkungen unterschiedlicher Wachstumsszenarien auf makroökonomische Indikatoren untersuchen. Sein Simulationsmodell enthält unter anderem die Variablen Konsum, öffentliche Ausgaben, Investitionen, Beschäftigung, Handel und die Menge der Produktion. Auf der Grundlage statistischer Daten für die kanadische Volkswirtschaft entwickelte er drei Szenarien. So kam er zu Prognosen, wie sich Indikatoren wie die Arbeitslosenquote, die Armutsquote, das Pro-Kopf-Bruttoinlandsprodukt, die Verschuldungsquote und die Treibhausgasemissionen in dem Zeitraum von 2005–2035, abhängig von der Höhe des Wirtschaftswachstums, entwickeln. Die Erkenntnisse der drei Szenarien sollen kurz aufgezeigt werden (Victor 2008):
- **Szenario 1 (business as usual):** In diesem Szenario geht er davon aus, dass sich das Bruttoinlandsprodukt, ähnlich wie in den vergangenen 25 Jahren, weiterentwickelt und die Wirtschaftspolitik sich nicht wesentlich verändert. Bei einem jährlichen Wachstum von 2,5% würden die gesellschaftlichen Probleme, wie die Arbeitslosenquote, auf etwa dem gleichen Niveau bleiben, während die Armut und öffentliche Verschuldung ansteigen würden und die Treibhausgasemissionen um 80% zunehmen.
- **Szenario 2 (no and low growth):** Dieses Szenario zeichnet sich dadurch aus, dass sich das Wachstum stark verlangsamt bzw. ganz zum Erliegen kommt. Es kommt zu keinen kompensierenden politischen Maßnahmen. Die gesamtwirtschaftliche Entwicklung wäre verheerend. Das Pro-Kopf-Bruttoinlandsprodukt

würde stagnieren, die Armut, die Arbeitslosigkeit und die Verschuldung würden stark ansteigen, wodurch soziale Unruhen zu erwarten wären. Diesen Zustand bezeichnet er als „no grow disaster".

- **Szenario 3 (low growth):** Das Szenario zeigt, dass gesellschaftlicher Wohlstand auch ohne Wachstum zu erreichen ist. Er geht von der Annahme aus, dass das Pro-Kopf-Bruttoinlandsprodukt zunächst sehr viel langsamer wächst und dann ab dem Jahr 2028 völlig stagniert. Es kommt zu staatlichen Maßnahmen wie eine Einkommensumverteilung und andere Regierungsprogramme sowie die Verringerung der wöchentlichen Arbeitszeit. Die Folge wäre: Die Arbeitslosen- und Armutsquote werden in der 1. Phase noch ansteigen und dann bis 2035 deutlich unter das Ausgangsniveau sinken. Die Verschuldung und die Treibhausgasemissionen verringern sich im Vergleich zu 2005 um jeweils 30% und stagnieren ab 2018 auf einem geringen Niveau.

Victor plädiert für Szenario 3, wobei dieses, wie aufgezeigt wurde, durch gezielte politische Maßnahmen realisiert werden könne. Eine zentrale Rolle hierbei spielt, neben einer Reihe von anderen Maßnahmen, die Reduktion der gesamten und durchschnittlichen Arbeitszeit. Neben der Reduktion der Arbeitszeit soll es auch zu einer breiteren Verteilung der Arbeit auf eine größere Zahl von Menschen kommen. Dies würde sich auf die Beschäftigungsquote positiv auswirken. Er gibt jedoch zu bedenken, dass sich diese Maßnahmen in der Realität nicht in vollem Maße umsetzen lassen, da es zu Widerständen in der Bevölkerung bzw. bestimmten Gruppen in der Bevölkerung kommt. Diese Überlegungen wurden in jüngster Zeit von Victor und Jackson weiter vertieft. Dabei geht es ihnen darum, die Risiken von Wachstum und gleichzeitig die Folgerisiken einer Wirtschaft ohne Wachstum zu minimieren.

In jüngerer Vergangenheit haben sich besonders Jackson und Victor mit verschiedenen spezifischen Fragestellungen zu dem LowGrow-Ansatz beschäftigt. So wenden sie sich beispielsweise der von Piketty vertretenen These zu, wonach geringe Wachstumsraten die Ungleichheit erhöhen. Danach wäre die Entwicklung zu einer stagnierenden Wirtschaft mit einer größeren Ungleichheit verbunden, was durchaus mit einer Verschlechterung der Lebenssituation assoziiert werden kann. Jackson und Victor kommen auf Grund ihrer Untersuchungen zu der Erkenntnis, dass es bei sinkenden Wachstumsraten durchaus zu einer steigenden Einkommensungleichverteilung kommen kann. Sie stellen jedoch fest, dass diese Entwicklung nicht unvermeidbar ist: Auch unter einer anfänglich sehr ungleichen Verteilung des Eigentums an Produktivvermögen sind durchaus Szenarien vorstellbar, in denen die Einkommen sich längerfristig mit einer relativ gemäßigten progressiven Besteuerungspolitik annähern (Jackson, Victor 2016, S. 2015).

Eine andere sehr wichtige Fragestellung in diesem Zusammenhang ist, ob eine kapitalistische Wirtschaft und eine „Steady State-Economy" bzw. nicht wachsende Wirtschaft miteinander kompatibel sein können, oder ob in einer kapitalistischen Wirtschaft ein „growth imperative" inhärent ist, d.h. nur durch Wachstum eine positive Entwicklung möglich ist. Dies ist heute die dominierende Position in der Ökonomie. Sie zeigen dagegen das Potential einer stationären, nicht wachsenden Wirtschaft im Rahmen einer „credit creation and interest-bearing debt" auf. „To the end, we presented a stock-flow consistent (SFC) system dynamics model (FALSTAFF) of a hypothetical closed economy with private ownership and credit-based money" (Jackson, Victor 2015, S. 32 ff.).

6.3 Der Degrowth-Ansatz

Vertreter des Degrowth-Ansatzes fordern, zumindest für Industrieländer, nicht nur eine Wirtschaft ohne Wachstum, sondern eine Reduktion von Wachstum. Vordenker des in neuerer Zeit etablierten Degrowth-Ansatzes ist der Pariser Ökonom und Philosoph Serge Latouche (2009). Die Vertreter des Degrowth Ansatzes streben eine „grundlegende Transformation" als Alternative zur Wachstumsökonomie an. Entsprechend müssen die wachstumsabhängigen und wachstumsfördernden Bereiche und Institutionen in Gesellschaft und Wirtschaft umgestaltet, d. h. von Wirtschaftswachstum „befreit" werden. Damit soll die existenzielle Abhängigkeit vieler ökonomischer, aber auch gesellschaftlicher Bereiche, vom wirtschaftlichen Wachstum überwunden werden.

Die Vertreter kritisieren analog zu den Vertretern der Postwachstumsökonomie, besonders die mangelnde Einsicht, wonach die natürlichen Ressourcen endlich und die Ökosysteme verletzlich sind und immer mehr Konsum kaum glücklicher macht. Es geht ihnen um ein neues Paradigma für Industrieländer. Dabei kann man feststellen, dass es nicht nur um die Beziehung zwischen Wachstum und Umwelt geht, sondern dass hier auch die soziale Dimension nachhaltiger Entwicklung und somit die Gesellschaft in ihrer Beziehung zu Wachstum mit einbezogen wird. Einige Grundprinzipien sind:
– die Betonung auf die Qualität des Lebens statt auf die Quantität des Konsums legen;
– Erfüllung der grundlegenden menschlichen Bedürfnisse für alle erreichen;
– gesellschaftliche Veränderungen, die durch eine Reihe von individuellen und gemeinschaftlichen Aktivitäten begründet sind, anstreben;
– substantielle Verringerung der Abhängigkeit von wirtschaftlichen Aktivitäten und dafür mehr Freizeit haben;
– Beachtung der Grundsätze der Gleichheit, der partizipativen Demokratie, der Achtung der Menschenrechte und Respekt gegenüber der kulturellen Vielfalt.

Das Ziel ist also, die Risiken des Wachstums zu beseitigen. Es gibt neuere Beiträge, die sich z. B. dem Transformationsprozess, der auf ein Degrowth abzielt, zuwenden. So stellen Asara et al. fest, dass Degrowth die ideologische Rolle des kapitalistischen Wachstums enthüllt und die Debatte über die Beziehungen zwischen Wirtschaft,

Gesellschaft und Nachhaltigkeit einschließlich ihrer kognitiven und politischen Interaktionen eröffnet (Asara et al. 2015, S. 381).

Dagegen geht es Escobar um die Beziehung von Degrowth und des Postwachstumsansatzes im Kontext einer Transformation. Er kommt zu der Schlussfolgerung: Die Neuausrichtung eines Transformationsdiskurses PD (Postdevelopment) und DG (Degrowth) sollte darauf abzielen, den Blick von der Globalisierung als der Universalisierung der Moderne auf die Globalität als dem Kampf um die Erhaltung und Förderung der Pluralität zu verschieben (Escobar 2015, S. 460). Die konkreten Folgen einer Reduktion von Wachstum wurden von den Vertretern dieses Ansatzes bisher jedoch noch nicht in ausreichendem Maße analysiert. In diesem Zusammenhang unterscheidet sich dieser Ansatz ganz wesentlich von dem LowGrow-Modell.

6.4 Green Growth

Es wurde gezeigt, dass Vertreter der neoklassischen Ökonomie teilweise auch heute noch davon ausgehen, dass man das bisherige ressourcenintensive Wachstum weiterführen kann und dabei nur bestimmte Modifikationen vorzunehmen hat (Jänicke 2011, S. 1). Wie im Rahmen der wachstumskritischen Ansätze aufgezeigt wurde, scheitert dies jedoch zum einen an der Knappheit der Rohstoffverfügbarkeit und zum anderen an der Aufnahmekapazität der Erde für Abfälle und Emissionen. Daher kam es zu den Ansätzen bzw. Modellen des Null-Wachstums bzw. des Degrowth. Die wachstumskritischen Ansätze basieren auf der Annahme, die ökologischen Probleme lösen zu können. Dabei handelt es sich bei Nullwachstum nur um die Umwandlung der Rohstoffe in Produkte und Emissionen auf dem zu hohen Niveau des Vorjahres.

Das Hauptziel sollten jedoch radikale Schrumpfungen (De-Growth) bei den ressourcenintensiven und/oder emissionsfördernden Verfahren und Produkten und ein zunehmendes Wachstum bei umwelt- und ressourcenschonenden Technologien und Dienstleistungen sein. (Jänicke 2011, S. 1). Eine Alternative ist, dass es in den ressourcenintensiven und/oder emissionsfördernden Branchen zu einem Transformationsprozess in Richtung ressourcen- bzw. emissionsmindernden Produktionsverfahren bzw. Produkten kommt. Ein Beispiel hierfür ist der Transformationsprozess der Energieerzeugung von fossilen Stoffen zu regenerativen Energieträgern.

Festzustellen bleibt, dass die Umweltdiskussion in alle Bereiche der Wachstumspolitik Einzug gehalten hat. In diesem Zusammenhang hat der Begriff des „Green Growth" in den letzten Jahren eine zunehmende Bekanntheit erlangt. Zu Beginn war mit dem Begriff Green Growth nur das Wachstum der „Öko-Industrie" gemeint (EU Commission 2010). In neueren Publikationen hat der Begriff jedoch eine Erweiterung erfahren. Es wird nun die gesamte Volkswirtschaft unter diesen Begriff subsumiert und betrifft sowohl die Qualität des Zuwachses als auch des Produzierens allgemein. Das Wirtschaftswachstum ergibt sich somit aus Investitionen in die Veränderungen der gesamten Produktionsprozesse auf umwelt- und ressourcenschonende Verfahren und Produkte. Es geht damit um einen umfassenden ökonomischen Innovationsprozess.

6.4.1 Inhaltliche Abgrenzung von Green Growth

Zwischen dem Ziel eines hohen Wirtschaftswachstums auf der einen Seite und einer Reduktion von Umweltbelastungen auf der anderen Seite besteht, wie hinreichend bekannt, ein potenzieller Zielkonflikt. Das Konzept eines „Green Growth" soll diesen Zielkonflikt überwinden bzw. verringern. Eine einheitliche Definition bzw. inhaltliche Abgrenzung von Green Growth findet in der Literatur jedoch nicht statt. Dabei gilt zu berücksichtigen, dass eine Green Economy und damit auch ein Green Growth darauf abzielen sollten, das Paradigma der nachhaltigen Entwicklung zu realisieren. Bei allen Definitionen zu Green Growth gibt es jedoch eine Gemeinsamkeit: Im Mittelpunkt einer auf Green Growth ausgerichteten Wirtschaft steht die Ressourcen- und Energieeffizienz. Damit sollen ökonomische Systeme und „grüne" Wachstumsstrategien und -maßnahmen zusammengeführt werden (Prognos 2014, S. 3). Dabei bleibt jedoch zumindest die soziale Dimension unberücksichtigt.

Besonders internationale Organisationen haben in den vergangenen Jahren eine Definition für Green Growth vorgenommen. Diese Definitionen werden im Folgenden kurz dargestellt.

Die OECD definiert Green Growth wie folgt:

> „Green growth means promoting economic growth while reducing pollution and greenhouse gas emissions, minimizing waste and inefficient use of natural resources, and maintaining biodiversity. Green Growth means improving health prospects for populations and strengthening energy security through less dependence on imported fossil fuels. It also means making investment in the environment a driver for economic growth [...]" (OECD 2012).

Dabei handelt es sich um eine sehr breit angelegte Definition mit den Zielen, das Wirtschaftswachstum zu fördern und die Umweltverschmutzung zu reduzieren, aber auch die Biodiversität zu erhalten, die Gesundheit der Bevölkerung zu fördern und die Sicherheit der Bereitstellung von Energie zu garantieren. Das Green Growth wird damit zum Wachstumstreiber. Auf diese Weise soll der bestehende Zielkonflikt zwischen einem ressourcen- und emissionsintensiven Wachstum und dem Umweltschutz verringert werden.

Eine engere Definition wird seit 2010 von der Deutschen Gesellschaft für Technische Zusammenarbeit (GTZ, heute: Deutsche Gesellschaft für Internationale Zusammenarbeit (GIZ)) für Green Growth genutzt. Dabei wird der Vermeidung von Umweltbelastungen gegenüber dem Wirtschaftswachstum klar Vorrang gegeben.

> „Green growth is a strategy for promoting economic growth with the goal of adding an ecological quality to existing economic processes and creating additional jobs and income opportunities

with a minimal environmental burden. This primarily means seeking a relative or absolute decoupling of economic growth and environmental degradation, depending on the local context." (GTZ 2010).

Die UN-Organisation United Nations Economic and Social Commission of Asia and the Pacific (UNESCAP) greift auf drei unterschiedliche Definitionen des Green Growth zurück.

„Green Growth is a policy focus for the Asia and Pacific region that emphasizes environmentally sustainable economic progress to foster low-carbon, socially inclusive development." (UNESCAP I 2012).

„Green Growth advocates growth in GDP that maintains or restores environmental quality and ecological integrity, while meeting the needs of all people with the lowest possible environmental impacts. It is a strategy that seeks to maximize economic output while minimizing the ecological burdens. This new approach seeks to harmonise economic growth and environmental sustainability by promoting fundamental changes in the way societies produce and consume." (UNESCAP II 2008).

„Green growth is environmentally-sustainable economic progress that fosters low carbon, socially inclusive development. The concept of Green Growth is centered on the premise that – while there remains a critical need for Asia-Pacific countries to grow in order to meet basic development goals – this growth will only be possible if it is undertaken equitably and sustainably. Improving the eco-efficiency of an economy on both the micro and macro levels is the means by which this can be achieved." (UNESCAP III 2009).

Die aufgezeigten Definitionen der UNESCAP enthalten unterschiedliche Schwerpunkte bzw. Ausrichtungen. Die erste Definition bezieht sich nur auf den asiatischen Raum und ist relativ weit gefasst. Die zweite Definition ist in den angestrebten Zielen konkreter. Es wird eine Zielharmonie zwischen dem Wirtschaftswachstum und der ökologischen Nachhaltigkeit angestrebt, wobei die Problematik darin besteht, den ökonomischen Output zu maximieren bei gleichzeitiger Minimierung der Umweltbelastung (Prognos 2014, S. 8). Die dritte Definition zielt besonders auf eine niedrige Kohlenstoffintensität ab. Der Fokus wird jedoch um eine gesellschaftliche Komponente erweitert.

Eine sehr weite Definition der Vereinten Nationen im United Nations Environment Programme (UNEP) stellt das menschliche Wohlergehen in den Vordergrund.

„A Green Economy can be defined as one that results in improved human well-being and social equity, while significantly reducing environmental risks and ecological scarcities" (UNEP 2010).

Mit dieser exemplarischen Auflistung von Definitionen wird deutlich, dass es bisher nicht gelungen ist, sich auf eine einheitliche Definition von Green Growth international zu verständigen. Allen Definitionen ist jedoch die Kompatibilität von Wirtschaftswachstum und Umweltschutz gemeinsam. Kompatibilität wird in diesem Zusammenhang dahingehend interpretiert, dass es keine Zielhierarchie geben kann, indem eines der Ziele höher als das andere gewichtet ist. Die Ziele stehen somit gleichrangig nebeneinander.

> „Ohne Zielhierarchie scheitert die Bestimmung eines Optimums jedoch daran, dass die Nutzen beider Ziele nicht miteinander vergleichbar sind. Hierzu wäre eine aufwändige Operationalisierung notwendig, ohne dass deren Erfolg gewährleistet wäre. Die Schwierigkeiten liegen in nicht abgrenzbaren und bislang nicht eindeutig monetarisierbaren Externalitäten und mit großen Unsicherheiten behafteten Komplexitäten in den Wirkungen der Emissionen. Es kommt jedoch noch eine weitere Schwierigkeit hinzu: So wie der Nutzen einer intakten Umwelt als Lebens- und Produktionsgrundlage unbestritten ist, ist der Grad der akzeptablen Umweltverschmutzung (in der Praxis) nicht ableitbar. Klar ist nur: Weder die vollständige Nutzung noch die vollständige Nicht Nutzung der Umwelt können ein Optimum darstellen" (Prognos 2014, S. 13).

Betrachtet man das Green Growth im Zusammenhang mit dem Paradigma der nachhaltigen Entwicklung, so stellt die OECD fest, dass die Nachhaltigkeit als übergeordnetes Konzept des Green Growth gelten soll.

> „Das umweltverträgliche Wachstum soll nicht an die Stelle der nachhaltigen Entwicklung treten, sondern ist eher als Unteraspekt davon zu betrachten. Es ist ein enger gefasstes Konzept, aus dem sich eine umsetzbare Politikagenda ergibt, die zur Erzielung konkreter, messbarer Fortschritte an den Schnittstellen zwischen Wirtschaft und Umwelt beitragen kann. Es gewährleistet eine starke Fokussierung auf die Förderung der notwendigen Voraussetzungen für Innovationen, Investitionen und Wettbewerb, woraus sich neue Quellen wirtschaftlichen Wachstums entwickeln können, die mit widerstandsfähigen Ökosystemen vereinbar sind" (OECD 2012, S. 6).

Gemeinsame Kernelemente der Nachhaltigkeit und des Green Growth sind, dass Naturkapital für die Zukunft erhalten, die Lebensqualität sichergestellt und Wirkungen auf das Naturkapital mit einbezogen werden sollen (siehe Abbildung 26). Die Konzeption der Nachhaltigkeit geht darüber noch hinaus und berücksichtigt neben dem Naturkapital weitere Kapitalarten, wie beispielsweise das Humankapital (Statistisches Bundesamt 2012a, S. 8). Es konnte gezeigt werden, dass der Fokus des Green Growth bisher überwiegend auf dem physischen und dem Naturkapital liegt.

Der Fokus auf die Nachhaltigkeitsdimensionen Ökologie und Ökonomie des Green Growth macht deutlich, dass die soziale Dimension des umfassenderen Nachhaltigkeitsparadigmas weitgehend unberücksichtigt bleibt. Das Green Growth ist gleichzeitig als ein kurzfristig angelegtes politisches Rahmenwerk für konkrete Instrumente und Empfehlungen zu sehen, während das Nachhaltigkeitskonzept den Charakter einer langfristig angelegten Strategie besitzt. Dabei soll Green Growth dazu beitragen, die Transformation zu mehr Nachhaltigkeit zu fördern (Statistisches Bundesamt 2012a, S. 9).

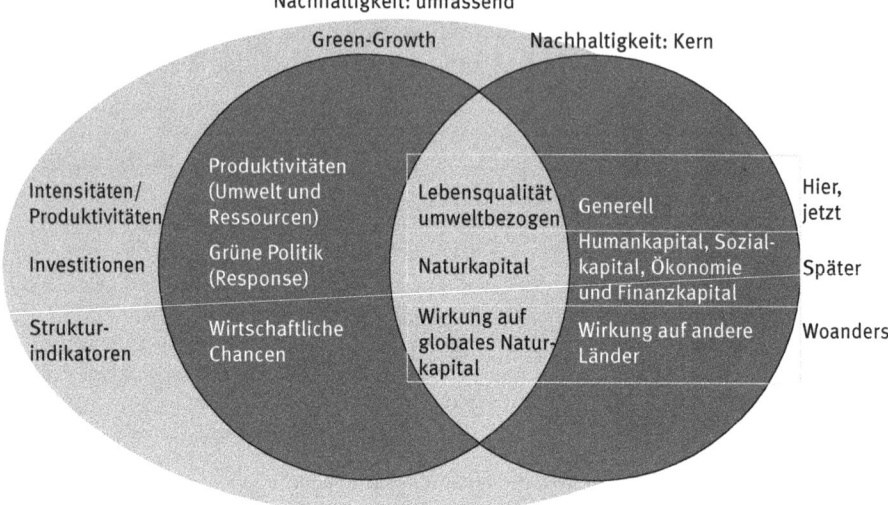

Abbildung 26: Vereinfachte Darstellung zum Bezug zwischen Green Growth und nachhaltiger Entwicklung (Quelle: Hoffmann-Müller und Lauber (2013) nach van der Veen et al. (2012))

6.4.2 Implikationen der Beziehung von Wachstum und Green Growth – Eine modelltheoretische Analyse

Befürworter des Green Growth betonen, dass verschiedene Formen des natürlichen Kapitals geschützt werden müssen, damit verbesserte Lebensstandards im Zeitablauf erhalten werden. Die Implementierung eines Grünen Wachstums setzt Veränderungen bei Investitionen voraus. So kommt das natürliche Kapital als weiterer Produktionsfaktoren hinzu. Eine solche Investition verursacht zunächst Kosten und die Erträge resultieren aus der Art der Innovation und der Nachfrage nach den neu entstandenen Gütern und Dienstleistungen (Jouvet, 2012, S. 20).

Die Umsetzung des Grünen Wachstums besteht in der Erweiterung des Konzeptes der Effizienz. Das Wuppertal Institut führte über zwanzig Jahre Analysen durch und kam zu der Erkenntnis, dass eine Investition in die Effizienz aller Ressourcen es einer Gesellschaft ermöglicht, viele Güter und Dienstleistungen zu konsumieren, wenn gleichzeitig die Nutzung der nicht erneuerbaren oder verschmutzten Ressourcen um einen Faktor fünf verringert würde (v. Weizsäcker, 2009). Wichtig hierbei wäre eine funktionsfähige bzw. effiziente Wirtschaft.

Die Nutzenoptimierung hängt dabei weniger von der Quantität der Güter und Dienstleistungen ab, als vielmehr von der Kapazität zur Bereitstellung erforderlicher Dienste (v. Weizsäcker, 2012). Jouvet et al. (2012, S. 21) betrachten zur Erläuterung dazu den Bereich der Beleuchtung. Die Entwicklung verlief über mehrere technologische Entwicklungen, welche auch immer mit Produktivitätssteigerungen verbunden waren und eine große Ausbreitung ermöglichten: Die Entwicklung verlief von der Öllampe, über die Kerze, hin zu Gas und Glühlampen und dem Gebrauch von den heutigen Sparlampen. Dadurch verändert das Grüne Wachstum die Wirtschaft hin zu einer Ökonomie der Funktionalität, in der Investitionen in die Effizienz der Nutzung erfolgen.

Aus dieser Funktionalität folgt unmittelbar eine Kreislaufwirtschaft, in der seltene und nicht erneuerbare Ressourcen rezykliert werden. Ein Beispiel dafür sind Biogasanlagen, die es ermöglichen, die Subprodukte und Abfälle aus der Agrar- und Ernährungswirtschaft zu rezyklieren. Jouvet et al. (2012, S. 22) weisen des Weiteren auf den Rebound-Effekt hin, der mit einem effizienten Management von Ressourcen einhergehen kann. Damit werden Effekte bezeichnet, die dazu führen, dass die Verwirklichung von Einsparpotenzialen nicht oder nur teilweise realisiert werden, da diese Einsparpotenziale gerade dazu führen, dass es zu einem höheren Verbrauch kommt. Auch hier ist das klassische Beispiel die Glühlampe, die einen effizienteren Umgang mit Elektrizität aufweist, aber gleichzeitig durch die große Ausbreitung in Unternehmen und Haushalten letztendlich zu einem höheren Verbrauch in der Summe führte.

Für eine formale Analyse des Green Growth wird auf klassische Wachstumsmodelle zurückgegriffen (z. B. Hallegatte et al., 2011 oder Smulders et al., 2014). Da sich das Green Growth im Spannungsfeld zwischen Ökonomie und Ökologie bewegt, handelt es sich hierbei um neoklassische Wachstumsmodelle, die diese Zusammenhänge gut abbilden. Im Folgenden wird die Modellierung von Hallegatte et al. (2011) kurz erläutert. In dem Modell von Hallegatte et al. (2011, S. 3) wird Grünes Wachstum definiert als ressourceneffiziente, sauberere und resilientere Wachstumsprozesse, ohne dass diese Wachstumsprozesse verlangsamt werden.

Die Autoren gehen davon aus, dass positive Einflüsse des Umweltschutzes hinsichtlich des Wirtschaftswachstums möglich sind. Die Umwelt stellt zunächst als natürliches Kapital einen Input in die Produktionsfunktion dar. Umweltschutz führt zu steigenden Inputs des natürlichen Kapitals, da mehr natürliches Kapital zur Verfügung steht. Durch den steigenden Input kann auch der Output vergrößert werden, und somit steigt auch das Einkommen. Die Nutzung von Umweltgütern ist durch Marktversagen, wie externe Kosten oder unzureichende Eigentumsrechte, gekennzeichnet. Eine Korrektur dieses Marktversagens kann wieder zu einer effektiven Zunahme des natürlichen Kapitals führen. Ebenso kann eine verbesserte Wasser- oder Luftqualität zu einer Steigerung des Wohlbefindens führen. Weiterhin sind auch indirekte Auswirkungen des Umweltschutzes für das Wirtschaftswachstum denkbar. Auch wenn Marktversagen nicht direkt durch Umweltprobleme ausgelöst wurde, kann es negative Auswirkungen auf die Ökologie und Ökonomie haben. Ein Beispiel hierfür sind Staus, die zu Luftverschmutzungen führen und auch die Produktivität verringern.

Zur Beantwortung der Frage, ob Grünes Wachstum möglich ist, betrachten Hallegatte et al. (2011) das klassische Wachstumsmodell von Solow (1954). Der Output Y wird unter Nutzung der Technologie und des Humankapitals H unter Einsatz von Kapital K und Arbeit A produziert:

$$Y = f(H, K, L)$$

Ein Wachstum des Outputs wird durch ein Wachstum der Produktionsfaktoren Kapital und Arbeit und durch ein Wachstum der Produktivität (H) möglich. Das Wachstum des Kapitals wird durch Investitionen und eine Zunahme der Technologie und des Humankapitals durch technologische Veränderungen, Veränderungen in Organisationen und durch Verbesserungen des Sozialkapitals (bessere Institutionen, sozialen Zusammenhalt etc.) erklärt.

Der Output setzt sich in diesem Modell aus dem Konsum C und den Investitionen I zusammen:

$$Y = C + I$$

In diesem Ansatz spielt die Umwelt keine produktive Rolle. sie geht nur in die Nutzenfunktion durch den Erholungswert ein. Die Annahme, dass die Produktion direkt von dem natürlichen Bestand der Ressourcen und der Qualität der Umwelt abhängt, wurde bereits zuvor in den Modellen von Dasgupta und Heal (1974) und Solow (1974) erläutert.

Die Modifikation des Modells der klassischen Wachstumstheorie (Hallegatte et al., 2011) verdeutlicht die Beschränkungen, die durch endliche Ressourcen verursacht werden und sieht die Umwelt als limitierenden Faktor. Diese Limitation resultiert entweder aus der endlichen Verfügbarkeit der Ressource für die Produktion oder aus der endlichen Fähigkeit, Abfälle oder Verschmutzungen zu absorbieren. In diesem Ansatz liegt der Schwerpunkt wieder auf der Umwelt als natürlichem Kapital, das direkt für das Wachstum benötigt wird. Umweltmanagement wird dann verstanden als eine produktive Investition, vergleichbar mit den Investitionen in physisches Kapital. Ein Versagen des Umweltmanagements führt zu einer Abwertung oder Zerstörung des natürlichen Kapitals mit unmittelbaren Auswirkungen auf den Output.

> „A key question in this framework is the extent to which production factors are complements or substitutes: if substitutes, destruction of the environment can be compensated by investing more in physical or human capital or in technical change; if complements (or weak substitute), then protecting the environment is necessary to maintain economic production" (Hallegatte et al. 2011, S. 6).

Das Potenzial der Substitution des natürlichen Kapitals durch andere Kapitalarten wurde bislang wenig untersucht, wobei generell akzeptiert ist, dass die Substitution Grenzen hat. Beispielsweise ist Wasser für die Produktion von Nahrungsmitteln notwendig, auch wenn durch eine erhöhte Arbeitsintensität und eine verbesserte

Technologie der Input von Wasser reduziert werden kann. Niedrige Substitutionselastizitäten zwischen dem natürlichen und anderen Kapitalarten implizieren, dass eine kleine Zunahme des natürlichen Kapitals große Quantitäten der anderen Kapitalarten freisetzen kann. Gehen in die Produktion neben dem natürlichen Kapital noch andere Kapitalarten ein, ist das natürliche Kapital knapp und die Substitutionselastizität nahe null, so ist das Verhältnis des Grenzprodukts des natürlichen Kapitals zu den anderen Kapitalarten sehr groß und ein kleiner Anstieg des natürlichen Kapitals substituiert in großem Umfang die anderen Kapitalarten (Hallegatte 2011, S. 6f.).

Die Autoren gehen davon aus, dass bislang die positiven Auswirkungen der Umweltpolitik auf die Wirtschaftsleistung durch eine Verbesserung der Umweltbedingungen betrieben wurden. Beispielsweise reduziert das Forstwirtschaftsmanagement die Bodenerosion und führt so zu einer produktiveren Landwirtschaft. Die Umweltpolitik ist somit nicht auf die Produktionsfunktion ausgerichtet. Ihre Wirkungen beschränken sich vielmehr auf die Umwelt. Allerdings kann die Umweltpolitik ihrerseits externe Effekte aufweisen und das Wachstum durch eine Verbesserung in die Quantität und Qualität der natürlichen Inputs in die Produktion beeinflussen.

Hallegatte et al. (2011, S. 9) gehen davon aus, dass die Umweltpolitik die Wirtschaftsleistung durch folgende Implikationen erhöhen kann:
– Die Auswirkung der Umweltpolitik auf die Umwelt ist offensichtlich: Sie zielt auf eine Verbesserung der Umweltqualität ab. Aber Umweltpolitik kann sich auch positiv auf das Humankapital auswirken, indem zum Beispiel eine besser Luft- und Wasserqualität das Gesundheitsniveau der Mitarbeiter erhöht. Es kann ebenfalls zu einer Erhöhung von physischem Kapital kommen, da z. B. die Anpassung an den Klimawandel zu niedrigeren Kapitalverlusten aufgrund von Naturkatastrophen führen.
– Die Korrektur von Marktversagen wirkt sich positiv auf die Umwelt aus, indem es zu einer Effizienzsteigerung der Ressourcennutzung kommt. Dadurch sinken die Produktionskosten, und die Produktivität steigt.
– Die Produktionsgrenze wird aufgrund von Innovationen und deren Verbreitung nach oben verschoben, und die Schaffung von Übertragungseffekten des Wissens in der Ökonomie verbessert das Humankapital.

Der Effekt der Umweltpolitik im Sinne eines Green Growth auf den Output wird in Abbildung 27 dargestellt. Dabei repräsentiert der Pfeil (1) die Zunahme des Produktionsfaktors, Pfeil (2) repräsentiert die verbesserte Effizienz und Pfeil (3) schließlich die Auswirkungen auf die Produktionsgrenze. Z stellt dabei die Zusammensetzung des menschlichen, physischen und Humankapitals dar.

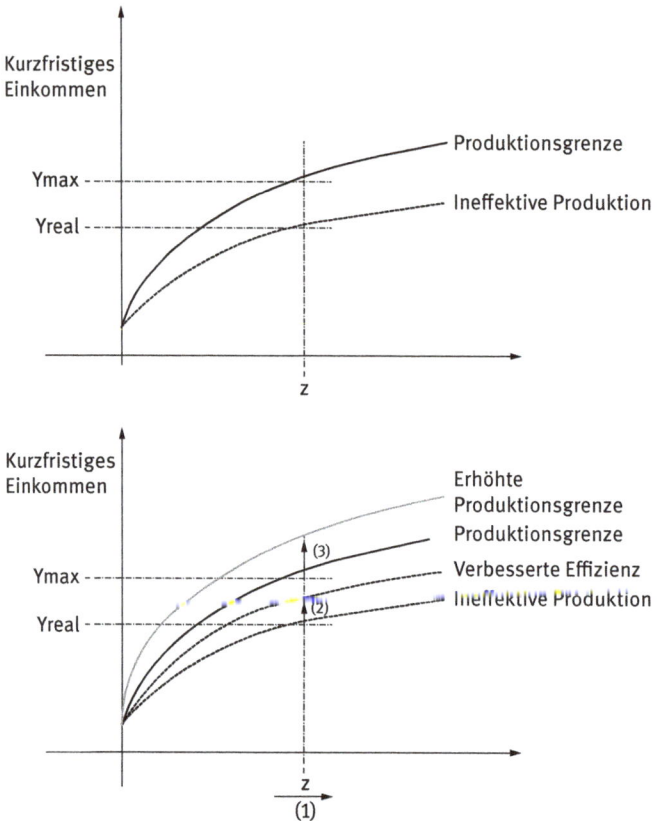

Abbildung 27: Der Effekt der Umweltpolitik auf das Produktionsergebnis (Output Y)
(Qelle: Hallegatte et al. 2011, S. 10)

Grüne Wachstumspolitik kann nach Auffassung von Hallegatte et al. in drei große Kategorien unterteilt werden (2014, S. 23 f.): Politik um „den richtigen Preis zu identifizieren", eine ergänzende oder ersetzende Preispolitik, in der Marktsignale nicht unbedingt die benötigten Veränderungen herbeiführen und „activist policies" wie Innovationen oder Industriepolitik.

Zusammenfassend kommen Hallegatte et al. (2011, S. 30 f.) zu dem Schluss, dass der wesentliche Vorteil einer Grünen Politik der wirtschaftliche Nutzen ist, der sich aus einem besseren Umweltniveau begründen lässt. Dies inkludiert einerseits den Vorteil aus der Nutzung einer besseren Umwelt (Wälder, Seen, Luft, Klima) und andererseits auch die Nutzung natürlichen Kapitals als Produktionsfaktor. Die meisten Maßnahmen sind mit wirtschaftlichen Kosten (höhere Investitionen oder Betriebskosten) in kurzer Perspektive verbunden. Daher kommt es zu Kompromissen zwischen Umweltschutz und wirtschaftlichem Wachstum. Die Umweltpolitik führt dann zu wirtschaftlichen Vorteilen, wenn sie existierende Suboptimalitäten und Marktversagen beseitigt. Das Ziel des Grünen Wachstums ist, die kurz- und langfristige Perspektive in Einklang zu bringen und die kurzfristigen Kosten in wirtschaftliche Vorteile (Schaffung von Arbeitsplätzen, Bekämpfung der Armut) in langfristiger Perspektive umzukehren. Die Frage in diesem Zusammenhang ist, welche Politikmaßnahmen diese Ziele verwirklichen können. Die Autoren bleiben die Antwort schuldig und verweisen auf weiteren Forschungsbedarf.

Zur Frage der Wirkung von umweltpolitischen Maßnahmen hat das Modell von Smulders et al. (2014) den Effekt von Subventionen auf erneuerbare Energien untersucht. Daher wird das Modell kurz in seinen Grundzügen erläutert, bevor die Frage der Subventionen diskutiert wird.

Smulders et al. (2014) definieren in ihrem Beitrag Green Growth als

„a call for balancing longer-term investments in sustaining environmental wealth with nearer-term needs for growth to reduce poverty" (Smulders et al. 2014, S. 1).

Für Smulders et al. (2014) ist es notwendig, die Investitionen in das Bruttoinlandsprodukt und in die Umweltqualität zu differenzieren, damit die Frage nach der Existenz eines Green Growth geklärt werden kann. Dazu nutzen sie ein einfaches neoklassisches Modell:

$$Y = F(K, R, N)$$

Dabei bezeichnen Y den erzielbaren Output, K den Kapitalstock, R die aus der Natur gewonnen Ressourcen und N sei ein stilisiertes Maß für den Bestand der Naturkapazität. Die Arbeitskraft wird in diesem Modell als konstant angenommen. Der Naturbestand bietet einen direkten Nutzen für die Bevölkerung (z.B. Erholungswert des Waldes), während zum Beispiel eine Luftverschmutzung die Produktivität von Arbeitskräften oder eine Umweltbelastung aufgrund des Klimawandels die Faktorproduktivität (wenn z.B. sauberes Wasser für die Produktion benötigt wird) herabsetzen kann. Sowohl der Kapitalbestand als auch der Naturbestand unterliegen im Zeitablauf Veränderungen.

Das Ansteigen der Nettoinvestitionen, also der Umfang des Outputs, der nicht für Konsum C genutzt wird, wird für die Extraktionskosten der Ressourcen (μR, mit μ als Einheit der Extraktionskosten) und die Abschreibungsrate (δK, mit δ als Abschreibungsrate) eingesetzt.

$$\dot{K} = F(K, R, N) - C - \mu R - \delta K$$

Die Umweltqualität verbessert sich im Zeitablauf, wenn die natürliche Regenerationsrate der Umwelt die Nutzung der Ressourcen übersteigt:

$$\dot{N} = E(N) - R$$

Die Funktion E(.) beschreibt damit die natürliche Regeneration. Ressourcenbestände wachsen im Zeitablauf, dieses Wachstum ist jedoch nicht unendlich. Damit ist E(.) eine Funktion des natürlichen Bestandes, und diese wird Null, wenn der Bestand sein biophysikalisches Maximum erreicht. Die Investitionen in die Naturqualität sind limitiert, was zu einem Trade-Off in der grünen Wachstumspolitik führt. Es ist unmöglich, Ressourceninputs weiter zu vermehren, ohne im Extremfall die Ressource auszubeuten. Dann wäre E(N) = 0 für alle Ressourcenbestände, und es fände keine Regeneration mehr statt. Dies ist eine sehr strenge und auch nicht realistische Annahme für das natürliche Kapital als Ganzes, wobei einige Arten des Naturkapitals, auch erneuerbare Ressourcen, davon betroffen sein können. Das gilt, wenn das Naturkapital (z. B. Fische) ausgebeutet wird, bevor es zu einer Regeneration der Bestände kam.

Die Frage nach einem möglichen Green Growth bejahen Smulders et al. (2014), wenn die Produktion auf erneuerbare Ressourcen angewiesen ist (E > 0). Der Grund dafür ist die Substitution des Naturkapitals durch Kapital: Durch eine Erhöhung des Kapitals kann das Bruttoinlandsprodukt gesteigert werden, auch wenn dies mit einer Erhöhung des Energie- und Ressourceneinsatzes einhergeht. Die Ökonomie kann die Ressourcennutzung beschränken, um die Umweltqualität konstant zu halten (insbesondere R = E(N)). Eine weitere Möglichkeit ist, den Güterkonsum C zu beschränken, um sicherzustellen, dass die Nettoinvestitionen in das Kapital positiv sind (C < F (K, E(N), N) – µR – δK).

Wenn eine Ökonomie von nicht erneuerbaren Ressourcen abhängig ist, wird der Rückgang in der Verfügbarkeit der Ressource zu einem Rückgang des Outputs, des Konsums und der Kapitalakkumulation führen. Dies resultiert jedoch nicht notwendigerweise in einer Verminderung der Produktion, da zunehmende Investitionen in produktives Kapital das Sinken der Ressourcenverfügbarkeit ausgleichen können, so dass der Konsum nicht sinken muss.

> „However, it is unlikely that a market economy is willing to invest in the capital needed for such a growth path if the returns to investment fall with the declining availability of the necessary non-renewable energy inputs. Indeed, growth models suggest that without increasing returns in capital investment or technical change, consumers and investors ultimately see consumption and production shrink to zero, though growing consumption is possible in the nearer term (e.g. Benchekroun and Withagen, 2011). Overall this scenario seems too pessimistic, unless we believe that technical change cannot be sustained and non-renewable resources can never be replaced by renewable ones." (Smulders et al. 2014, S. 8).

Wenn die Volkswirtschaft von erneuerbaren (und nicht nur von nicht erneuerbaren) Ressourcen abhängt, kann eine konstante Rate der Ressource (die Rate entspricht der Regenerationsrate) als Input in die Produktion genutzt werden. Dies ist jedoch auch von dem Umgang der Ökonomie mit den Naturressourcen in der Vergangenheit abhängig. Erreichte die Volkswirtschaft in der Vergangenheit ein nicht vertretbar hohes Niveau der Ressourcenextraktion, also die Extraktion weit über dem nachhaltigen Verbrauch der Ressource liegt, was durch die maximale Regenerationsrate definiert wird, muss der Ressourcenverbrauch reduziert werden. Das führt zu Einschränkungen des Wachstums zumindest auf kurze Sicht.

> "The rationale for shifting toward investment in a larger renewable resource stock is that it generates production benefits over the longer term. In the case of a fishery, for example, natural regeneration increases relative to a highly-depleted stock, catching cost falls, and this enhances surplus in the sector. More generally, reduced pressure on renewable resources can increase ecosystem services and improve the productivity of ecosystems and ultimately also the productivity of the economic sectors that depend on the ecosystems" (Smulders et al. 2014, S. 8).

Die verbesserte langfristige Produktivität wird die ökonomischen Kosten der verminderten Produktion durch den reduzierten Ressourcenverbrauch ausgleichen. Für den Fall der Verschmutzung gehen Smulders et al. (2014) von ähnlichen Überlegungen aus. Eine Reduktion von Emissionen führt direkt zu einer Verringerung der Kosten, und geringere Schadstoffkonzentrationen im Wasser oder auch in der Atmosphäre haben langfristige Auswirkungen auf die Produktivität. Diese Produktivitätssteigerungen resultieren aus einer Verbesserung des Gesundheitsniveaus (gesündere Mitarbeiter sind produktiver, und es werden geringere Ausgaben an das Gesundheitswesen benötigt) oder auch durch das Ökosystem, das bei einer geringeren Verschmutzung eine bessere Regenerationsrate aufweist.

Werden umweltpolitische Maßnahmen durchgeführt, haben diese auch immer Auswirkungen auf den Kapitalstock und die Investitionen. Steigen die Kosten für die Umweltmaßnahmen, so verringert sich der Output, und auch die Investitionen werden damit indirekt verringert. Es kommt aber auch zu Vorteilen. Wie groß diese Wechselwirkungen sind, hängt wesentlich davon ab, wie eine Volkswirtschaft das Kapital im Vergleich zum Ressourceneinsatz bewertet und wie stark die abnehmenden Erträge sind.

Umweltpolitische Maßnahmen stellen nach Smulders et al. (2014) also ein Schlüsselelement in der Green Growth-Diskussion dar. Das formulierte Ziel im Hinblick auf den Klimawandel und eine bessere Luftqualität ist eine geringere Abhängigkeit von fossiler Energie und eine Verlagerung in Richtung saubere Energiequellen, wie beispielsweise die Wind- oder Solarenergie. Dabei handelt es sich um ein dynamisches Problem. Es geht um Fragen des Timings, der Übergangsgeschwindigkeit und der Art des Übergangs zu sauberen Energiequellen. Da fossile Energieträger Eingang in nahezu alle wirtschaftlichen Bereiche finden, erfordert die Analyse einen umfassenden Blick. Während die fossilen Energieträger mit niedrigen Produktionskosten verbunden sind, entstehen bei den sauberen Alternativen, wie Solar- oder Windenergie, höhere Kosten in Bezug auf die Produktionskosten. Dabei gibt es auch bei der Speicherung weitere Probleme.

> „The trade-off in the energy transition is therefore nearer-term energy supply costs versus longer-term environmental benefits" (Smulders et al 2014, S. 14).

Dazu analysieren die Autoren die Wechselwirkungen zwischen den fossilen und den sauberen Energieträgern. Die fossilen Energieträger sind nicht erneuerbar, und es ist unwahrscheinlich, dass eine vollständige effiziente Erschöpfung jemals stattfinden wird. Die Autoren greifen nicht auf die Hotelling-Regel, sondern auf die Theorie der Backstop-Ressource zurück und gehen davon aus, dass ohne Umweltpolitik die fossilen Energieträger zuerst genutzt werden, und erst ab dem Zeitpunkt, an dem die Extraktionskosten größer werden als die Backstop-Kosten, wird auf sauberere Energieträger gewechselt. Daher werden zunächst sowohl der Klimawandel als auch die Umweltverschmutzung voranschreiten. Die Kosten für das Angebot fossiler Energie werden mit zunehmender Ausbeutung steigen. Dadurch kommt es aufgrund der niedrigen Kosten der Energie zunächst zu einem Wirtschaftswachstum, welches sich jedoch mit steigenden Energiekosten verringern wird.

Eine grüne Wachstumspolitik könnte nach Smulders et al. (2014) verschiedene Formen annehmen. Es würde aber immer mit Einschränkungen/Kürzungen im Verbrauch fossiler Energieträger einhergehen und damit auch weniger Kohlendioxidemissionen anfallen, und es würde eine größere Menge nicht erneuerbarer Energien in ihren Lagerstätten verbleiben. Die Auswirkungen auf das Wachstum würden, wie oben erläutert, mit einer teureren Energieversorgung (und damit verbunden einem geringeren Bruttoinlandsprodukt) oder mit einer Verringerung des Energieverbrauchs einhergehen. Beide Alternativen würden zu einer Verringerung des Wachstums führen. Die Autoren differenzieren verschiedene Ansätze in Form von umweltpolitischen Eingriffen.

> „In a market economy with perfect competition on all markets the implementation of this first best outcome requires setting a carbon tax, reflecting the marginal damage. However, if for political economy reasons introducing such a tax turns out to be infeasible, then the design of a second-best policy is in order" (Smulders et al. 2014, S. 18).

Eine weitere Option wäre, die erneuerbaren Energien zu subventionieren. Eine solche Politik kann zu schädlichen und unbeabsichtigten Wirkungen führen. Einerseits würde durch die Subventionen die Einführung erneuerbarer Energien beschleunigt, und mehr fossile Brennstoffe würden in ihrer Lagerstätte verbleiben. Dies würde zu einer Verringerung der Klimaschäden führen. Auf der anderen Seite würden die Ressourcenbesitzer die Subvention als eine Art der Enteignung ihrer Bestände an fossilen Brennstoffen wahrnehmen und initial mehr fossile Energieträger extrahieren. Dies ist ein Beispiel für das Grüne Paradoxon. Somit zeichnet das Modell ein klares Bild von den Gefahren, die mit einer Grünen Strategie einhergehen, wenn die Strategie sich nicht mit Angebotsnebeneffekten von fossilen Brennstoffen befasst. Dies soll nicht zu einem Verzicht der politischen Entscheidungsträger hinsichtlich von Subventionen erneuerbarer Energieträger führen, "but it gives a warning against a naive approach to the development of green policies" (Smulders et al. 2014, S. 19).

Aufgrund der dargestellten Modelle von Hallegatte et al. (2011) und Smulders et al. (2014) wird deutlich, dass die Ausrichtung der Grünen Wachstumsliteratur auf den umweltpolitischen Maßnahmen liegt, die dazu führen sollen, dass die Ökologie und Ökonomie in Einklang gebracht werden. Ein Kernelement des Grünen Wachstums ist eine reduzierte Abhängigkeit von fossiler Energie und auch ein Übergang zu sauberen Energiequellen aus Gründen des Klimawandels und der Luftqualität. Die fossile Energie leistet jedoch einen erheblichen Beitrag zur wirtschaftlichen Leistung einer Ökonomie. Dies stellt ein inhärentes dynamisches Problem dar. Eine grüne Wachstumspolitik könnte verschiedene Formen annehmen, wird aber immer mit Einschnitten im fossilen Energieverbrauch einhergehen. Deutschland ist in Bezug auf ein Grünes Wachstum auf einem erfolgreichen Weg, was im Folgenden deutlich wird.

6.4.3 Green Growth in Deutschland

Die OECD hat zur Messung des Green Growth einen Indikatorensatz entwickelt, der zur Messung einer entsprechenden Entwicklung genutzt werden soll. Die Indikatoren lassen sich vier Gruppen zuordnen (Hoffmann-Müller, Lauber 2013, S. 257):
– Umwelt- und Ressourcenproduktivität
– Naturkapital
– umweltbezogene Lebensqualität
– ökonomische Möglichkeiten und politische Reaktionen

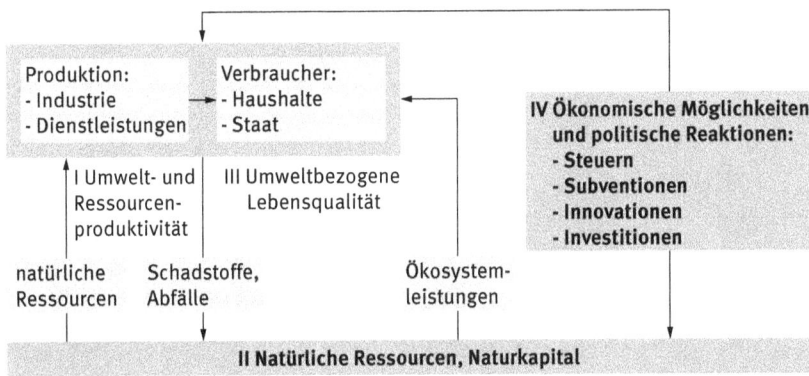

Abbildung 28: Gruppen des Green-Growth-Indikatorensets im Zusammenhang (Quelle: Hoffmann-Müller, Lauber (2013, S. 258) nach Statistics Netherlands (CBS): „Green Growth in the Netherlands", Den Haag, 2011)

Die Abbildung 28 zeigt den Zusammenhang zwischen den vier Indikatorengruppen. Der Bereich der Umwelt- und Ressourcenproduktivität gliedert sich in die Kohlenstoff- und Energieproduktivität, die Ressourcenproduktivität und die multifaktorielle Produktivität (hierbei sind noch die Details unklar). Die Umwelt- und Ressourcenproduktivität stellt die Basis des Green-Growth-Indikatorensatzes dar. Dies beruht auf der Tatsache, dass die ökonomischen Aktivitäten eines Landes auf der Nutzung der Umwelt beruhen. Einerseits geht die Umwelt als Produktionsfaktor ein, und zum anderen wird die Umwelt als Senke für Emissionen oder Abfälle genutzt.

Ein wesentlicher Grund dafür, dass Deutschland eines der führenden Länder hinsichtlich der Politik des Grünen Wachstums ist, ist die Umsetzung der Senkung der Kohlendioxidemissionen, die Zunahme des Energieverbrauchs aus erneuerbaren Energien und die relativ hohe Solarenergie-Kapazität in Deutschland. Auf die Abnahme der Kohlendioxidemissionen wurde bereits in Kapitel 2.4 detailliert eingegangen. Zusammenfassend ist festzuhalten, dass die Kohlendioxidemissionen seit 1990 kontinuierlich zurückgegangen sind, wobei in den letzten Jahren wieder eine leichte Zunahme zu verzeichnen ist.

Hinsichtlich der Zunahme des Energieverbrauchs aus erneuerbaren Energien hat das Bundesministerium für Wirtschaft und Energie (2016) festgestellt, dass der Anteil am Stromverbrauch auf 32,6 Prozent (aufgrund des Ausbaus der Windenergienutzung und der guten Windverhältnisse) und der Anteil am Wärmeverbrauch auf 13,2 Prozent (Anteil der erneuerbaren Energien am Wärmeverbrauch) gestiegen ist. Somit konnte durch die Nutzung erneuerbarer Energien der Einsatz fossiler Ressourcen reduziert werden, was wiederum zu einer Reduktion der Treibhausgase, insbesondere des Kohlendioxids führte. Damit betrug im Jahr 2015 der Beitrag zum Klimaschutz etwa 168 Millionen Tonnen Kohlendioxid-Äquivalente (BMWi, 2016, S. 2).

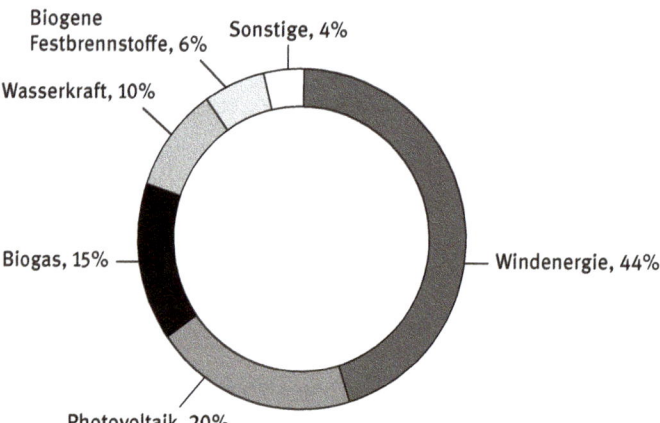

Abbildung 29: Stromerzeugung durch erneuerbare Energien in Deutschland 2015 (Anteile in Prozent) (Quelle: BMWi, 2016, S. 4)

Die Schwerpunkte der Energieerzeugung aus erneuerbaren Energien liegen im Bereich der Windenergie, der Photovoltaik, dem Biogas und der Wasserkraft (siehe

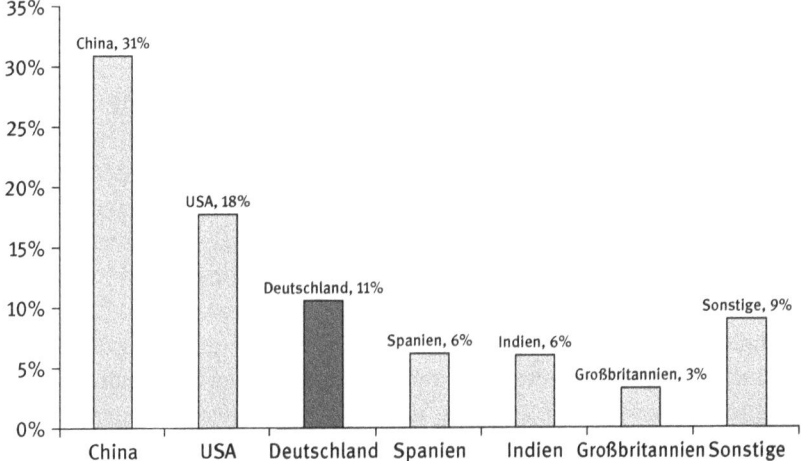

Abbildung 30: Windkraft – weltweite globale Kapazität (Anteile in Prozent)
(Quelle: Werte aus REN21 [2015, S. 135])

Abbildung 29). Vergleicht man die Kapazität der Windkraft mit anderen Ländern, so lässt sich zeigen, dass Deutschland 11 Prozent der Windkapazität hat und damit die drittgrößte Windkapazität weltweit aufweist (siehe Abbildung 30).

Ähnlich verhält es sich hinsichtlich der Photovoltaik-Kapazität. Deutschland hat 22 Prozent der weltweit existierenden Photovoltaik-Kapazität und somit mehr als alle anderen Länder weltweit (siehe Abbildung 31).

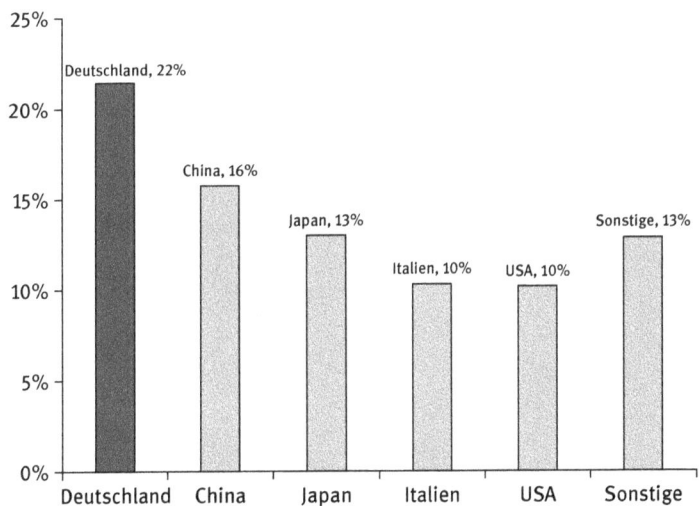

Abbildung 31: Solar Photovoltaik – weltweite globale Kapazität (Anteile in Prozent)
(Quelle: Werte aus REN21 [2015, S. 132])

Die Indikatoren der Gruppe Naturkapital sollen das vorhandene Naturkapital und entsprechende Bestandsveränderungen erfassen. Betrachtet werden dazu die erneuerbaren (Frischwasser-, Wald- und Fischressourcen) und nicht erneuerbaren Ressourcen (mineralische Ressourcen und Bodenschätze) sowie die Biodiversität und Ökosysteme (Land- und Bodenressourcen und Ressourcen an wild lebenden Tieren und Pflanzen). Die Indikatorengruppe Umweltbezogene Lebensqualität gliedert sich in umweltbedingte Gesundheit und Risiken und Umweltleistungen. Hinzu kommt noch die Indikatorengruppe Ökonomische Möglichkeiten und politische Reaktionen. Hierbei werden Indikatoren zu Technologie und Innovation, Umweltgüter und Dienstleistungen, internationalen Einflüssen und Preisen sowie Transfers analysiert.

Die Ergebnisse der einzelnen Indikatoren sind in der Veröffentlichung des Statistischen Bundesamtes (2012): Test des OECD-Indikatorensets Green Growth in Deutschland einzusehen. Bemerkenswert dabei ist, dass folgende Indikatoren nicht bereitgestellt werden konnten, da in Deutschland keine Daten zur Verfügung standen oder diese Daten nur eine unzureichende Qualität aufwiesen:
- Multifaktor Produktivität
- Bestände an mineralischen Ressourcen
- Boden/Erosion

Zusammenfassend ist festzustellen: Deutschland ist einer der Pioniere hinsichtlich einer Politik des Grünen Wachstums in Europa. Die Diskussion über ein nachhaltiges Wachstum wird sehr intensiv in Deutschland geführt und auch über die Grenzen hinaus nach Europa getragen. Es gibt aber auch in Deutschland noch ein relativ großes Potenzial eines Grünen Wachstums, das u. a. aus klimapolitischer Perspektive ausgeschöpft werden sollte.

7 Nachhaltigkeit und Wachstum – Unterschiedliche Begründungszusammenhänge

Der Bericht des Club of Rome „Die Grenzen des Wachstums" (Meadows 1972) prognostizierte u.a. das nahende Ende der Verfügbarkeit erschöpflicher Ressourcen wie Erdöl. Durch diese pessimistische Prognose wurde in den Wirtschaftswissenschaften eine intensive Diskussion ausgelöst, die bis in die Gegenwart fortgeführt wird. Viele Ökonomen teilen die Erkenntnisse von Meadows nicht. Die Gegenposition war, dass beispielsweise durch den technischen Fortschritt und Substitutionsprozesse langfristig kein Problem mit der Verfügbarkeit von Ressourcen auftreten (z.B. Solow 1974a).

Wie in Kapitel 5 aufgezeigt wurde, entstand die Ökologische Ökonomie in den 1980er Jahren und widersprach der Position von Solow. Vertreter der Ökologischen Ökonomie stellen die ökologischen Grenzen der Ressourcennutzung in den Mittelpunkt der Diskussion. Einer der Hauptvertreter der Ökologischen Ökonomie ist, wie bereits aufgezeigt wurde, Herman E. Daly. Besondere Bedeutung erlangten die konträren Positionen, da sie im Rahmen des Leitbildes „Nachhaltige Entwicklung" unterschiedliche Bewertungen bzw. Positionen einnehmen (Ott, Döring 2008, S. 103 ff.).

Solows Position ist die Grundlage für die sogenannte schwache Nachhaltigkeit, während Dalys Position als Grundlage der starken Nachhaltigkeit gilt. Im Folgenden werden die beiden Positionen dargestellt und die Kontroverse näher erläutert. Im Anschluss daran wird das Konzept der ausgewogenen oder kritischen Nachhaltigkeit vorgestellt, das eine Mittelposition zwischen den beiden genannten Konzepten einnimmt.

7.1 Nachhaltigkeit im Kontext der Neoklassik

Die „Grenzen des Wachstums" werden als Fundamentalkritik an der neoklassischen Ökonomie gesehen, nicht nur für die Beschreibung des Wirtschaftsprozesses, sondern auch für das von Ökonomen präferierte Wirtschaftswachstum (Holstein 2003, S. 30; v. Hauff 2016, S. 100). Im Gegenzug wurden auf dem Symposium des Review of Economic Studies (1974) die Möglichkeiten des wirtschaftlichen Wachstums mit endlichen Ressourcen diskutiert. Stiglitz weist in diesem Zusammenhang auf die in Meadows „Grenzen des Wachstums" nicht berücksichtigten Faktoren hin, welche die Begrenzungen durch die endlichen Ressourcen lockern:

> „There are at least three economic forces offsetting the limitations imposed by natural resources: technical change, the substitution of man-made factors of production (capital) for natural resources, and returns to scale" (Stiglitz 1974, S. 123).

Durch die Integration der neoklassischen Ressourcenökonomie in die Wachstumstheorie hat Robert Solow seit den 1970er Jahren großen Einfluss. Er positionierte sich wie auch Stiglitz als Kritiker des Berichtes des Club of Rome „Grenzen des Wachstums".

> „The world can, in effect, get along without natural resources, so exhaustion is just an event, not a catastrophe" (Solow 1974a, S. 11).

Mitte der 1980er Jahre erfolgte die Interpretation der Hartwick-Regel durch Solow und führte zur sogenannten „constant capital rule", die einige Jahre später zum Ausgangspunkt der ökonomischen Interpretation des Nachhaltigkeitsbegriffes wurde (Walz 1999, S. 1). Solow positionierte sich dabei als Vertreter der sogenannten schwachen Nachhaltigkeit, die von einer vollständigen Substituierbarkeit des natürlichen durch den reproduzierbaren Kapitalstock ausgeht. In Anlehnung an den Brundtland-Bericht definiert Solow Nachhaltigkeit wie folgt:

> „I could think of is to say that it is an obligation to conduct ourselves so that we leave to the future the option or capacity to be as well off as we are". (Solow 1993, S. 181).

Auch diese Formulierung zeigt, dass es nach Solow kein Gebot gibt, bestimmte Naturbestandteile zu erhalten. Bei diesem Nachhaltigkeitsbegriff ist immer die Dimension der Gesamtinvestitionen von zentraler Bedeutung. Die schwache Nachhaltigkeit ist als die in den 1970er Jahren aufkommende Antwort auf die aufkommende Wachstumskritik aufzufassen und ist sozusagen die Gegenposition der „Grenzen des Wachstums" des Club of Rome. Sie zeigt deutliche Parallelen zum neoklassischen Mainstream, weist aber auch Weiterentwicklungen auf. Als wichtigste Vertreter sind Solow und Beckerman zu nennen.

Für die Vertreter der schwachen Nachhaltigkeit ist, in Anlehnung an die Neoklassik, das Wachstum der Schlüssel zur Nachhaltigkeit. 1974 wurde beim Symposium on the Economics of Exhaustible Resources die Idee eines im Zeitablauf nicht sinkenden Nutzenniveaus pro Kopf formuliert. Die durchschnittliche Wohlfahrt von Menschen muss damit dauerhaft erhalten werden. Zentrales Axiom ist die Interpretation der Kapitalerhaltungsregel. Abstrahiert ist demnach der gesamtwirtschaftliche Kapitalstock K die Summe aus Sachkapital K_S und den Zustand der Umwelt in Form von Naturkapital K_N. Der langfristige Erhalt des Gesamtkapitals (K) ist das Ziel der Kapitalerhaltungsregel. Die Sicherung eines nicht sinkenden Kapitalstocks pro Kopf führt demnach zu intergenerationeller Gerechtigkeit (Solow 1974b, S. 29 und Stiglitz 1974, S. 123).

Durch einen konstanten Kapitalstock soll der Durchschnittsnutzen konstant gehalten und der Gegenwartsnutzen maximiert werden (zentrales Ziel der Neoklassik). Dabei stellt sich die Frage, wie zukünftige Kosten von Naturzerstörung (Verringerung von K_N) heute zu bewerten sind. Es stellt sich die Frage nach der intertemporalen Gerechtigkeit. Die Frage ist, wie die Umweltverschmutzung und die Nutzung endlicher Ressourcen auf zukünftige Perioden abgebildet werden kann. Ebenso ist die Höhe der Diskontrate zu bestimmen. Es muss eine intertemporale Allokation der Ressourcenverwendung mittels einem allokativen Ansatz über Generationen hinweg stattfinden, welche die intertemporale Nutzensumme maximiert.

Wird die Diskontrate von dem zu erwartenden Wohlstand der zukünftigen Generationen abhängig gemacht und dabei
- zunehmender Wohlstand über die Zeit,
- positiver und abnehmender Grenznutzen des Konsums,
- mögliche Entwicklung von Substituten für Ressourcen,
- sowie steigendes Einkommen im Zeitablauf angenommen,

so ergibt sich bei der intertemporalen Optimierung tendenziell eine Verlagerung des Verbrauchs natürlicher Ressourcen hin zur Gegenwart. In anderen Worten: Wenn die zukünftigen Generationen durch steigendes Einkommen und Vermögen ein höheres Konsumniveau realisieren können, so darf die gegenwärtige Generation als Kompensation hierfür etwas mehr von den endlichen natürlichen Gütern konsumieren oder in größerem Umfang Schadstoffe hinterlassen (Neumayer 2013, S. 74).

Die Substitution von Naturkapital durch anthropogenes Sachkapital ist in der schwachen Nachhaltigkeit prinzipiell unbegrenzt möglich. Auch der Abbau von nicht regenerativen Ressourcen kann demnach durch Sachkapital substituiert werden. Primär ist also nicht der Naturerhalt von Bedeutung, sondern die Sicherung des Gesamtwohlstandes. Solow bemerkte zu Beginn der Nachhaltigkeitsdiskussion, dass wirtschaftliche Entwicklung sogar ohne natürliche Ressourcen möglich sei (Solow 1997, S. 267). In Kosten-Nutzen-Analysen wird die Effizienz der Erhaltung von Naturgütern rational bewertet. Projekte sind dann durchzuführen, wenn der Nutzen die Kosten übersteigt. Dabei geht die schwache Nachhaltigkeit davon aus, dass nachteilig betroffene Personen in der Regel entschädigt werden können und so die Pareto-Optimalität gesichert werden kann.

Wenn es unter gewinnmaximierenden Gesichtspunkten eine bessere Option als die des Naturerhaltes gibt, so ist diese zu wählen. Projekte zum Umwelt-, Klima- und Naturschutz müssen also in der schwachen Nachhaltigkeit ihre langfristige Effizienz und Überlegenheit gegenüber anderen Investitionen beweisen. Die schwache Nachhaltigkeit ist ein anthropozentrischer Ansatz, der sich wie die Neoklassik an der Physik orientiert. Die äußere Natur wird als wertfreie Objektivität begriffen (Ott, Döring 2008, S. 106). Der Mensch definiert seinen Nutzen bezüglich der Natur.

Diese Sichtweise findet ihren Niederschlag im Technikoptimismus. Durch Technologien wie Wasserstofftechnologie oder Kernfusion werden positive Auswirkungen erwartet, mittels denen die Substitution natürlicher Ressourcen realisierbar wäre. Die Idee ist, dass bei steigenden Preisen durch Verknappung einer Ressource verstärkt nach Substituten gesucht wird. Ob dieser Ansatz auf sämtliche Naturgüter übertragbar ist und ob alle Naturgüter substituierbar sind, bleibt dabei ungeklärt. In jüngerer Vergangenheit wurden in diesem Kontext Ansätze zur Bewertung des Nachhaltigkeitsbeitrags von Technologien entwickelt (Beemsterboer, Kemp 2016, S. 72ff.).

Nach Klepper (1999) ist Schwache Nachhaltigkeit immer dann erreicht,

> „wenn die Investitionsquote einer Volkswirtschaft groß genug ist, um den wertmäßigen Verbrauch an Umweltressourcen gerade zu kompensieren" (Klepper 1999, S. 314).

Die schwache Nachhaltigkeit betrachtet Sparraten und hat in diesem Zusammenhang das Modell des „Genuine Savings" entwickelt, mit dem sie Nationen auf ein „grünes" Bruttosozialprodukt hin untersuchen kann (vgl. hierzu ausführlicher Kapitel 2). Dieses Messmodell führt zu einem „einseitigen" Nachhaltigkeitsindikator (Atkinson et al. 1997, S. 63). Positive Sparraten sind jedoch nicht hinreichend für die Beurteilung, ob sich ein Land auf einem Pfad nachhaltiger Entwicklung befindet (Ott, Döring 2008, S. 132).

Von der schwachen Nachhaltigkeit ist die zweistufige Nachhaltigkeitsregel zu unterscheiden. Radke bindet in diesem Zusammenhang absolute Restriktionen, die eher der Argumentation einer Ökologischen Ökonomik entsprechen, in ein umweltökonomisches Modell ein. Damit führt er die Argumente schwacher und starker Nachhaltigkeit in eine neoklassische Darstellung zusammen. Danach ist die Kompensation degradierten Naturkapitals, v. a. durch Sachkapital und Bildungskapital, zu rechtfertigen, solange ein festzulegender Wert kritischen Kapitals zur Wahrung der starken Nachhaltigkeit nicht unterschritten wird *(Radke 1996)*.

Die „zweistufige Nachhaltigkeitsregel" besagt, dass nach der Sicherstellung der kritischen Bestände ökologischen Kapitals eine weitere Wohlfahrtssteigerung nach Maßgabe einer schwachen Nachhaltigkeit folgen darf. Neben dem aggregierten Kapitalstock als Maß für schwache Nachhaltigkeit berücksichtigen sie auch nicht monetäre Indikatoren. Damit möchten sie bestimmte, für den Menschen existenziell notwendige Bestandteile oder Eigenschaften der Natur schützen. Es geht also darum, die für das Überleben notwendigen physischen Minimalbedingungen (sogenannte „safe minimum Standards") nicht zu verletzen *(Endres, Radke 1998)*.

Die formale Darstellung der Zusammenhänge ist sehr umfangreich. Daher wird auf eine Darstellung des formalen Ansatzes verzichtet. Ohnehin ist fraglich, ob das Modell berechenbar ist, da die allgemeine Anwendungsproblematik sozialer Wohlfahrtsfunktionen auch hier zutrifft. Weiterhin ist festzustellen, dass es riskant und daher umstritten ist, die Minimalanforderungen für das überlebenswichtige Naturkapital bestimmen zu wollen *(Endres 2013; S. 319)*. Weiterhin werden andere Funktionen der Umwelt nicht berücksichtigt. Die Naturauffassung basiert somit auch beim Konzept der zweistufigen Nachhaltigkeit weiterhin auf einem nutzenorientierten Nachhaltigkeitsverständnis, was weitgehend der schwachen Nachhaltigkeit entspricht.

Das Streben nach permanentem Wachstum durch ökonomische Aktivitäten wurde teilweise kritisch hinterfragt und als unvereinbar mit den natürlichen Grenzen des menschlichen Handelns angesehen. In der Folge entstanden ressourcenökonomische Modelle, die die Grundlage für den nutzenorientierten Nachhaltigkeitsbegriff der neoklassischen Ansätze bilden. Die vorherrschende Ressourcen- und Umweltökonomie basiert somit immer noch ganz wesentlich auf diesen Ansätzen.

So haben Vertreter der Neoklassik im Rahmen von Modellen auf die ökologischen Herausforderungen reagiert und versucht, Umwelt- und Ressourcenfragen als Allokationsprobleme, wie bereits in Kapitel 3 gezeigt wurde, abzubilden. Die neoklassische Ökonomie hat weiterhin auf die intertemporale Dimension des Umweltproblems reagiert und auf dieser Grundlage einen Nachhaltigkeitsbegriff vorgelegt. Dabei handelt es sich jedoch weniger um eine Neuentwicklung als um eine neue Bezeichnung für ein bereits in den 1970er Jahren entwickeltes Konzept. So gelangt die neoklassische Ökonomie zu einem Nachhaltigkeitsbegriff, der durch die Sicherung eines im Zeitablauf nicht sinkenden Nutzenniveaus gekennzeichnet ist.

7.2 Nachhaltigkeit im Kontext der Ökologischen Ökonomie

Der Gegenpol zur schwachen Nachhaltigkeit ist die starke Nachhaltigkeit. Sie wird primär von Vertretern der Ökologischen Ökonomie und Naturwissenschaftlern vertreten. Als prominenter Vertreter gilt Herman E. Daly. Nach Daly ist Wirtschaftswachstum auf lange Sicht nicht möglich (Daly 1988, S. 42). Die starke Nachhaltigkeit fordert deshalb, wie bereits aufgezeigt wurde, eine „Steady State Economy" hinsichtlich des Materialdurchsatzes und des Sozialproduktes (Daly 1991, S. 35 ff.). Das ökonomische Subsystem sollte demnach nicht weiterwachsen, oder in den Industrieländern sogar schrumpfen. Nach Ott/Döring ist dies jedoch mit einem steigenden Bruttoinlandsprodukt durch eine Dematerialisierung vereinbar und bedeutet demnach keine Stagnation. Das Wirtschaftssystem ist als Subsystem der umfassenden Biosphäre zu sehen. Die Ökonomie ist abhängig von der Ressourcenverfügbarkeit und der Aufnahmefähigkeit natürlicher Senken (Ott, Döring 2008, S. 145). Die starke Nachhaltigkeit stellt also die Frage, wo die Grenzen der Inanspruchnahme der Biosphäre liegen.

Angesichts globaler Probleme, wie dem exponentiellen Bevölkerungswachstum, zunehmender Umweltverschmutzung und -zerstörung, anthropogen verursachten Klimawandels und dem stark zunehmenden Verbrauch nicht regenerierbarer Ressourcen, wird eine Verringerung der Inanspruchnahme der Natur im Wirtschaftsprozess als notwendig angesehen, damit die Natur als Gesamtsystem erhalten bleibt und das (nicht exakt zu ermittelnde) Risiko von Rückwirkungen des Ökosystem reduziert wird (Assmann et al. 2014, 169 ff.; v. Werden et al. 2016, S. 64 ff.). So soll eine gerechte Verteilung der Umweltnutzung zwischen den Generationen gesichert werden (Costanza et al. 1997, S. 83). Durch umweltpolitische Korrekturen von Wirtschafts- und Lebensweisen soll die Bevölkerung in die ökologischen Grenzen zurückgeführt werden. Natürliches Kapital ist dauerhaft zu erhalten, die Biodiversität muss bewahrt bleiben. Darüber hinaus ist ein Bewusstseinswandel beim Individuum selbst nötig, mit dem der Wille zur Erhaltung der Natur für zukünftige Generationen einhergehen muss und der Eigennutzen untergeordnet wird. Einsicht zum Verzicht und zu höherer Effizienz ist unerlässlich.

Die starke Nachhaltigkeit geht entsprechend von einer Komplementarität von Natur- und Sachkapital aus, sofern die Natur in die Güterproduktion eingeht. Man spricht hier von Komplementarität, wenn zur Herstellung eines Gutes ein bestimmtes Verhältnis an Input verschiedener Produktionsfaktoren notwendig ist. In der Regel geht man von limitierenden Produktionsfaktoren aus: Bei einem bestimmten Faktorverhältnis existiert eine Substitutionsmöglichkeit, die aber nach einer immer größeren Inputmenge des anderen Faktors verlangt, je kleiner der Input des ersten Faktors wird. Nach Costanza und Daly weist Naturkapital bei der Produktion von Nutzen Funktionen auf, die von Sachkapital nicht übernommen werden können (Costanza et al. 1997, S. 5 ff.). Naturkapital ist also nicht beliebig durch Sachkapital substituierbar. Damit wird das Kernprinzip schwacher Nachhaltigkeit abgelehnt.

Dem Diskontierungsansatz und der möglichen Entschädigung von zukünftigen Generationen (schwache Nachhaltigkeit) steht die starke Nachhaltigkeit kritisch gegenüber. Abgesehen davon, dass sie die uneingeschränkte Substitution der Kapitalarten ablehnt, vermutet sie, dass zukünftige Generationen für den Verlust an Natur gar nicht entschädigt werden wollen. Naturkapital kann der fortschreitenden Naturzerstörung zur Folge zum limitierenden Faktor der Produktion werden, in den der ökonomischen Logik nach investiert werden muss. Der Abbau von nicht erneuerbaren Ressourcen muss reduziert werden und durch den Aufbau von erneuerbaren Ressourcen, aber nicht durch andere Kapitalarten, ersetzt werden. Die begrenzte Substituierbarkeit der Natur zeigt sich auch deutlich in anderen Wertkategorien. Die Natur hat nicht nur einen instrumentellen, sondern auch einen eudämonistischen (Ästhetik, Heimat, Erholung etc.) und moralischen Wert innerhalb des kulturellen, sozialen und geistigen Lebens (Ott, Döring 2008, S. 151). Die in Kapitel 6 aufgezeigten neueren Ansätze der Postwachstumsökonomie, des LowGrow, des Degrowth und des Green Growth lassen sich alle der starken Nachhaltigkeit zuordnen.

7.3 Die Überwindung der Kontroverse zwischen Neoklassik und Ökologischer Ökonomie

Die beiden Konzepte der schwachen und starken Nachhaltigkeit stehen sich in ihren Auffassungen zunächst konträr gegenüber. Es gab jedoch schon relativ früh Versuche der Vermittlung der konträren Positionen. Hervorzuheben sind die Beiträge von Lerch und Nutzinger (1998), Steurer (2001) und Hedinger (2007). Dabei ist jedoch festzustellen, dass es sich bei den vermittelnden Ansätzen nicht um eine einheitliche Position handelt. Während beispielsweise Steurer stärker zur starken Nachhaltigkeit tendiert, orientiert sich Hedinger stärker an der schwachen Nachhaltigkeit.

Die Ansätze der ausgewogenen Nachhaltigkeit weisen jedoch insofern eine Gemeinsamkeit auf, indem sie versuchen die Stärken beider Konzepte zu verbinden.

Verfährt die schwache Nachhaltigkeit nach einem anthropozentrischen Ansatz, so spricht sich die starke Nachhaltigkeit für einen ökozentrischen Ansatz aus. Keiner der beiden Ansätze scheint die Wirklichkeit korrekt abzubilden, da sie beide von einer Pauschalisierung ausgehen, ohne die Substanz des Naturkapitals im Einzelnen zu prüfen (Ott, Döring 2008, S. 155; v. Hauff 2014, S. 58). Grenzt man die Substanz im Sinne eines kritischen Naturkapitals ab, so lässt sich folgendes feststellen: kritisches Naturkapital darf nicht weiter gefährdet werden. Es darf zu keiner Substitution kommen. Nicht kritisches Naturkapital darf substituiert werden. Dabei gilt jedoch zu berücksichtigen, dass es schwierig ist, eindeutige Kriterien für die Grenzen des kritischen Kapitals festzulegen. Hier sind Unwägbarkeiten und Risiken zu berücksichtigen, die sich nicht immer eindeutig bestimmen lassen.

Im Mittelpunkt der weiteren Überlegungen steht der Mensch, für den die Natur die Lebensgrundlage darstellt (Neumayer 2013, S. 15). Intakte Ökosysteme zur Mehrung des Wohlstands sind unerlässlich, so dass ein öko-anthropozentrischer Ansatz sinnvoll erscheint (Steurer 2001, S. 542). Entsprechend sind – wie schon erwähnt – Sach- und Naturkapitel teilweise substituierbar und teilweise komplementär. Überträgt man diese Erkenntnis auf das Wachstum, so lässt sich daraus folgendes ableiten: Sieht die starke Nachhaltigkeit die Wachstumsverlangsamung oder den -stopp als unerlässlich an, strebt die schwache Nachhaltigkeit dagegen nach weiterem Wachstum. Ein genereller Verzicht auf Wachstum lässt positive Effekte außer Acht, die ein kontrolliertes Wachstum haben könnte. Nach dem Brundtland–Bericht zufolge ist Armut am besten durch Wachstum in Industrie- und Entwicklungsländern zu bekämpfen. Auch Umweltschutz wird nach Pearce (1991, S. 11) durch Wachstum aus motivationalen, strukturellen und finanziellen Gründen erleichtert. Die beiden Faktoren Wachstum und Umweltqualität sind dabei voneinander zu entkoppeln, was durch Effizienzsteigerung, Sparsamkeit, Recycling, Strukturverbesserung und Nutzung erneuerbarer Ressourcen möglich erscheint.

Entsprechend ist, wie bereits in Kapitel 2 aufgezeigt wurde, die Art und Weise, wie Wachstum entsteht, entscheidend. Die Bedingungen für die Qualität des Wachstums muss verändert werden. Vertreter der ausgewogenen Nachhaltigkeit fordern eine ökonomisch und ökologisch optimierte Entwicklung. Die ausgewogene Nachhaltigkeit sieht eine Wachstumsverlangsamung (oder einen Wachstumsstopp) lediglich als mögliche Ergebnisse einer ökologischen Umstrukturierung der Gesellschaft an (Steurer 2001, S. 544). Daher wird eine Harmonisierung von Wachstum und Umweltqualität angestrebt.

Die schon erwähnte Definition von Nachhaltigkeit im Brundtland-Bericht macht deutlich, dass intergenerationelle Gerechtigkeit neben der Wachstumskontroverse das zentrale Anliegen in der Nachhaltigkeitsdiskussion darstellt. Zukünftige Generationen sollen nicht schlechter gestellt sein, als die heutige Generation. Hierzu gibt es zwischen den Vertretern der schwachen, der ausgewogenen als auch der starken Nachhaltigkeit einen Konsens. Die Art und Weise, wie diese Forderung umgesetzt werden soll, steht jedoch zur Diskussion. So wird die oben beschriebene Kapitalerhaltungsregel nach Pearce differenziert betrachtet: Die schwache Nachhaltigkeit geht von der Substituierbarkeit der Kapitalarten aus, die starke Nachhaltigkeit hingegen lehnt dies ab. Im Mittelpunkt hierbei steht das durch Ressourcenverbrauch und Umweltverschmutzung abnehmende Naturkapital.

Betrachtet man erfolgreiche Beispiele der Substitution von Naturkapital durch Sachkapital, so scheint es fragwürdig, ob die Substitutionselastizität gleich Null gesetzt werden muss. Auch kultiviertes Naturkapital substituiert Sachkapital in vielen Bereichen (z. B. bewirtschaftete Wälder). Eine unbegrenzte Substitution, wie sie nach schwacher Nachhaltigkeit möglich ist, wird der Forderung nach intergenerationeller Gerechtigkeit nicht gerecht. Oft lassen sich die Risiken eines zunehmenden Verbrauchs an Naturkapital nicht abschätzen. Es ist nicht klar, ob man durch technische Innovationen rechtzeitig in der Lage sein wird Naturkapital gleichwertig zu ersetzen. Es müsste für jede ökologische Funktion ein artifizielles Substitut existieren. Will man also z. B. Wälder ersetzen, dann muss dies funktional gleichwertig geschehen. Das Substitut darf damit keine Nachteile aufweisen, die das Original nicht hätte. Substitute sollen nachweislich vorhanden sein und nicht nur „in den Fluchtlinien technologischer Hoffnungen liegen" (Ott, Döring 2008, S. 156).

Eine nicht unbegrenzte Substitutionsmöglichkeit hat Auswirkungen auf den Diskontierungsansatz der schwachen Nachhaltigkeit. Diskontiert werden darf dann nur, was in Zukunft vermutlich reichhaltiger als heute vorhanden sein wird. All das, was knapper geworden ist (Regenwälder etc.), dürfte demnach nicht diskontiert werden. Unterstellt man, dass in Zukunft die Wertschätzung von Natur höher sein könnte als heute und dass die Naturausstattung geringer sein könnte, „so entfällt jede Rechtfertigung für das Diskontieren von Naturkapital" (Ott, Döring 2008, S. 126). Bezieht man in die Überlegungen eudämonistische und moralische Werte mit ein, so kann man davon ausgehen, dass zukünftige Generationen die Substitution von Natur gar nicht wollen (Krebs 1996). Insgesamt lässt das Konzept starker Nachhaltigkeit mehr Optionen offen und bietet den zukünftigen Generationen mehr „Wahlfreiheit" (Weikard 1999).

Die ausgewogene Nachhaltigkeit nimmt auch hier eine vermittelnde Position ein und geht davon aus, dass nicht nur das Gesamtkapital konstant gehalten werden muss, sondern dass aufgrund einer nur eingeschränkten Substituierbarkeit des Naturkapitals kritische Bestandteile des Naturkapitals (Klimagleichgewicht, globale Stoffkreisläufe, Wälder, Gewässer, Ozonschicht, Biodiversität etc.) wenigstens konstant bleiben müssen. Natur- und Sachkapital sind demnach weder rein komplementär, noch vollständig austauschbar. Für weniger kritische Bestände wird der Erhalt einer Mindestreserve gefordert (Pearce, Turner 1990). Es erscheint jedoch nicht möglich, alle relevanten Informationen zu gewinnen, die eine Identifikation kritischen Naturkapitals ermöglichen würden. Aus der Unsicherheit begründet sich, dass sich die ausgewogene Nachhaltigkeit an der starken Nachhaltigkeit orientiert. Die Diskontierung wird von der ausgewogenen Nachhaltigkeit nicht strikt abgelehnt. Sie fordert jedoch eine differenzierte Anwendung. Die Diskontrate sollte nicht pauschal abgesenkt oder auf Null gesetzt werden. Es kommt darauf an, was diskontiert werden soll.

7.4 Exkurs: Vom qualitativen zum nachhaltigen Wachstum

Bereits in Kapitel 2 wurde die Einschätzung bzw. Bewertung des Wirtschaftswachstums aus ökologischer Perspektive vorgestellt. Zunächst erfolgte eine inhaltliche Abgrenzung von Wachstum, bevor die Ökologie in die Erläuterungen mit einbezogen wurde. Die Abgrenzung von quantitativem Wachstum ist eindeutig: Betrachtet wird in welchem Maße sich das Bruttoinlandsprodukt mengenmäßig im Vergleich zum Vorjahr verändert. Hinsichtlich des qualitativen Wachstums ist jedoch weder der Gegenstand noch die Art der Veränderung eindeutig definiert. Ein Problem hierbei ist, dass es in diesem Kontext eine Reihe von Begrifflichkeiten gibt, die inhaltlich ähnlich ausgerichtet sind bzw. Überschneidungen aufweisen.

Hierfür ein Beispiel: Das Bundesministerium für Finanzen definiert qualitatives Wachstum als eine „Steigerung der Produktion", die „eine Verbesserung der Lebensqualität der Menschen sowie eine Schonung der Umwelt und eine gerechte Einkommensverteilung" integriert. Dabei wird angenommen, dass nur ein dauerhaftes Wirtschaftswachstum zu Wohlstand und Einkommenssicherheit führen kann und dass soziale Probleme nur so lösbar sind (Bundesministerium für Finanzen 2011). In dieser Abgrenzung sind ganz wesentliche Anforderungen nachhaltiger Entwicklung an Wachstum enthalten und es stellt sich die Frage, wo der Unterschied zwischen qualitativem und nachhaltigem Wachstum liegt.

Eine Möglichkeit der Konkretisierung besteht darin, drei verschiedene Ebenen zu unterscheiden (Bourcade und Tripp 2006, S. 25):
- Qualitatives Wachstum und Produktqualität
- Qualitatives Wachstum und Sozialprodukt
- Qualitatives Wachstum und Nachhaltigkeit

Qualitatives Wachstum und Produktqualität
Qualitatives Wachstum bezieht sich in diesem Kontext auf die Qualität der in einer Volkswirtschaft hergestellten Produkte. Der Begriff des qualitativen Wachstums wird hierbei jedoch sehr unterschiedlich verwendet. Zum einen können vorhandene Produkte, wie zum Beispiel Autos, qualitativ höherwertiger und daher auch teurer werden („Wert statt Materie"). Zum anderen können auch Produktinnovationen, also die Entwicklung und Herstellung neuer Produkte, als qualitatives Wachstum bezeichnet werden (Wicke 1991, S. 553). Unter einer „qualitativen Wachstumspolitik" wird eine Förderung der Grundlagenforschung und Investitionen in das Bildungssystem (und somit in das Humankapital) verstanden, damit Wachstum in der Zukunft sichergestellt werden kann (Teichmann 1987, S. 221 ff.). Bessere oder neue Produkte können das Ziel haben, den Verbrauch an Ressourcen zu verringern (Erhöhung der Ressourceneffizienz) oder aber den Absatz der Produkte zu fördern (Bourcade, Tripp 2006, S. 26).

Qualitatives Wachstum und Sozialprodukt

Das qualitative Wachstum ist auch im Zusammenhang mit der Kritik am Bruttoinlandsprodukt als Wohlstandsindikator zu beachten. Ein Mangel ist (wie bereits in Kapitel 2 dargestellt), dass die Volkswirtschaftliche Gesamtrechnung unbezahlte Leistungen, wie zum Beispiel die Kindererziehung durch die Eltern, Pflege von Familienangehörigen oder ehrenamtliche Tätigkeiten nicht berücksichtigt. Auf der anderen Seite fließen Reparaturmaßnahmen in das Bruttoinlandsprodukt mit ein, wodurch die negativen Folgen des Wirtschaftsprozesses kompensiert werden. Ein Beispiel hierfür sind Krankheiten, die aufgrund von Umweltverschmutzungen entstehen und behandelt werden. Ein anderes Beispiel ist die Beseitigung der Umweltverschmutzung, die Kosten verursacht. Diese Kosten

> „erhöhen ebenfalls das Sozialprodukt, tragen also nochmals zum Wirtschaftswachstum bei, aber dienen nur dazu, den alten Zustand so gut es geht wiederherzustellen" (Binswanger et al. 1981, S. 46 f.).

Die ökologischen Belange werden in diesem Zusammenhang mangelhaft berücksichtigt. Dies soll durch eine Korrektur des Bruttoinlandsprodukts um die Kosten der Umweltschäden geschehen (Bourcade, Tripp 2006, S. 27). Es wäre zum Beispiel eine getrennte Berechnung des Bruttoinlandsproduktes denkbar. Das „BSP I" würde dann nur den Teil der Wirtschaftsleistung berücksichtigen, der auf umweltverträgliche Weise geschaffen wird, während das „BSP II" wie bisher auch die umweltschädliche Produktion mit einbezieht (Simonis 1981, S. 307).

1973 stellten William D. Nordhaus und James Tobin, wie bereits in Kapitel zwei aufgezeigt wurde, eine revidierte Sozialproduktsberechnung vor, deren Ergebnis sie „Measure of Economic Welfare" nannten. Sie schlugen dabei vor, das Sozialprodukt um Komponenten wie Umweltschäden, Freizeit und nicht erwerbswirtschaftliche produktive Tätigkeiten zu erweitern. Umgekehrt sollen Teile der staatlichen Leistungen nicht als Endprodukte, sondern als Vorleistungen klassifiziert werden. In diesem Zusammenhang wird teilweise die Aussagekraft des Bruttoinlandsproduktes in Frage gestellt. Der Lebensstandard kann zwar in Geldeinheiten gemessen und daher grundsätzlich im Bruttoinlandsprodukt dargestellt werden. Die Lebensqualität, die zum Beispiel durch nicht materielle Güter wie Gesundheit oder auch persönliches Glück determiniert wird, kommt dabei jedoch nicht zum Ausdruck und kann auch nicht abgebildet werden. Es wurde daher eine Vielzahl von „Qualitätskennzahlen" entwickelt, von denen einige bereits in Kapitel zwei vorgestellt wurden.

Qualitatives Wachstum und Nachhaltigkeit

1978 prägte Binswanger den Begriff des qualitativen Wachstums. Er definierte qualitatives Wachstum als das Wachstum pro Kopf, bei dem eine möglichst gleich verteilte und möglichst hohe Zunahme der Lebensqualität bei dauerhaft gleichbleibender beziehungsweise steigender Umweltqualität erlangt wird. Aus ökologischer Perspektive stellt das quantitative eine mengenmäßige Steigerung des Bruttoinlandproduktes ohne Berücksichtigung der Nutzung von Umweltgütern dar. Qualitatives Wachstum erfordert die Zunahme der Lebensqualität, der Wirtschaftlichkeit sowie der Umwelt-, Sozial- und internationale Verträglichkeit:

> „Qualitatives Wachstum liegt dann vor, wenn sich die Struktur der Lebensqualität so verändert, dass die soziale Zielfunktion WUSI erfüllt wird. Diese Zielfunktion enthält die individuellen und kollektiven Ziele Wirtschaftlichkeit (Effizienz), Umweltverträglichkeit, Sozialverträglichkeit und Internationale Verträglichkeit"(Majer 1998, S. 73)

Lachmann versteht unter qualitativem Wachstum, dass Wohlfahrtssteigerungen ohne eine Erhöhung des Bruttoinlandsproduktes stattfinden (Lachmann 2003, S. 185ff.). Andere Autoren halten es für zulässig, wenn das Bruttoinlandsprodukt steigt. Dabei muss jedoch gleichzeitig der Verbrauch an Ressourcen und die Umweltbelastung abnehmen (Link 1989, S. 23 und Wicke 1991, S. 541). Wird der Begriff des qualitativen Wachstums in Zusammenhang mit Nachhaltigkeit verwendet, ist auch immer eine Begrenzung des Verbrauchs von nicht erneuerbaren Ressourcen gemeint. Die inhaltlichen Abgrenzungen differieren also dahingehend, dass unter qualitativem Wachstum zum einen ein Rückgang, zum anderen ein Beibehalten oder ein langsamer Anstieg des Ressourcenverbrauchs verstanden wird (Bourcade, Tripp 2006, S. 25). Qualitatives Wachstum wird heute jedoch oft mit nachhaltigem Wachstum gleichgesetzt.

In diesem Zusammenhang wird oft auch der Begriff der Entkopplung (trade-off) von Wirtschaftswachstum und Umwelt in Form von Ressourcenentnahme und Umweltbelastung verwendet (Meadows et al. 2001, S. 68 ff.). Diese Entkopplung wird von einer Gruppe von Ökonomen ab einem bestimmten Entwicklungsniveau der Volkswirtschaft für möglich gehalten (Schmidt 2005, S. 61) und findet heute auch teilweise schon statt. Begründet wird die Entkopplung zum einen damit, dass sie durch technischen Fortschritt, Substitution und eine Veränderung der Nachfrage erreicht werden kann. Das kann zum Beispiel durch einen wachsenden Einfluss eines weniger ressourcenintensiven tertiären Sektors (Dienstleistungssektor) erklärt werden. Das führt in der Begründung wieder zur Environmental Kuznets Kurve, die in Kapitel zwei bereits vorgestellt wurde. Demnach würden nach einer Phase steigender Umweltbelastung ab einem bestimmten Einkommensniveau die Umweltbelastungen wieder sinken. Schmidt (2005) stellte in diesem Zusammenhang jedoch folgende Fragen:
- Müsste nicht in den Industrieländern die Umweltbelastung schon sinken?
- Ab welchem Einkommensniveau sinkt die Umweltbelastung?
- Ist es möglicherweise ein so hohes Einkommen, dass es global nicht übertragbar ist?
- Führt die Entkopplung zu einem absoluten Rückgang der Umweltbelastung?

Dies ist die entscheidende Frage für Vertreter der Ökologischen Ökonomie. Binswanger (1978) untersucht zur Beantwortung dieser Fragen verschiedene Entwick

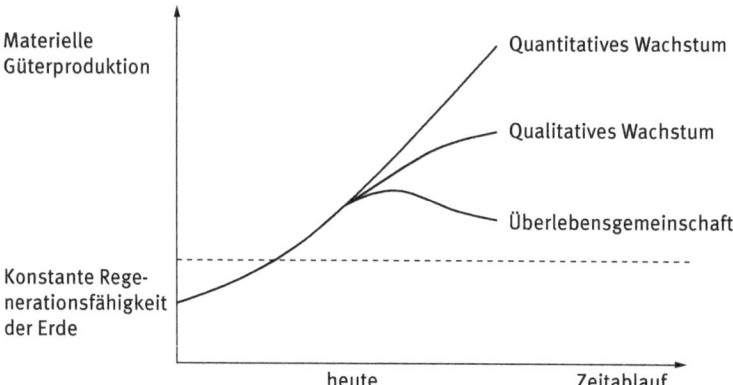

Abbildung 32: Drei mögliche Entwicklungstypen der Wirtschaft
(Quelle: Binswanger et al. 1978, S. 119)

lungstypen. Er überschreibt die Analyse mit: Drei Alternativen – eine Chance. Die drei untersuchten Entwicklungstypen der Wirtschaft werden in Abbildung 32 dargestellt.

Die Überlebensgemeinschaft lebt vollständig im Einklang mit der Natur. Die materielle Produktion wird derart eingeschränkt, dass die Regenerationsfähigkeit der Natur gewährleistet ist. Eine Annäherung daran könnte aus der ökonomischen und ökologischen Perspektive, notwendig werden (Schmidt 2005, S. 62). Das quantitative Wachstum stellt die Antipode zur Überlebensgemeinschaft dar. Binswanger argumentiert, dass hier „Wachstumszwänge und Wachstumsantriebe" weiterwirken und diese lassen sich auch

> „gegen ökologische, wirtschaftliche und gesellschaftliche Hemmungen noch für eine längere Zeitdauer durchsetzen. [...] Das führt zu einer exponentiellen Zunahme des Güterdurchflusses" (Binswanger 1978, S. 118).

Der Wachstumstrend wird von Binswanger mit Hilfe zweier Thesen begründet. Zum einen wird eine gewisse Sättigung angenommen, der Hunger nach mehr materiellem Wohlstand geht zurück. Diese These deckt sich mit Keynes' These, dass das Wirtschaftswachstum von selbst abflachen würde. Die Sättigung tritt auf jeden Fall ein, der Zeitpunkt jedoch ist ungewiss. Zum anderen stellt der technische Fortschritt besonders für die Vertreter der neoklassischen Ökonomie die Lösung dar. Die These ist, dass quantitatives Wachstum erwünscht und möglich ist, denn jede Wachstumsgrenze (so auch die Absorptionsfähigkeit der natürlichen Umwelt) könne durch den technischen Fortschritt und durch eine Verbesserung der Umweltschutzmaßnahmen durchbrochen werden (Binswanger 1978, S. 19).

Das Wirtschaftswachstum ist hier nicht nur erwünscht, sondern die Voraussetzung zur Durchführung von Umweltschutzmaßnahmen, was insbesondere durch Innovationen möglich werden soll. Binswanger sieht jedoch sowohl die Überlebensgemeinschaft als auch das quantitative Wachstum als zu optimistisch an und geht davon aus, dass die anstehenden Probleme eher verdrängt als angegangen werden. Er stellte bereits 1978 die zentrale Frage, die auch heute noch relevant ist:

> „Insgesamt stellt sich die Frage nach dem Sinn weiteren Wachstums, wenn offensichtlich ein immer größerer Teil der wirtschaftlichen Leistungen zur Verhinderung oder Beseitigung der Folgekosten des Wachstums eingesetzt werden muss. Der ganze Wachstumsprozess mündet schließlich in einem Leerlauf, in dem der konsumierbare Gewinn der Sozialprodukterhöhung verschwindet oder in einen Verlust umschlägt. Und während die Statistiken mit einem steigenden Bruttosozialprodukt prunken, sinken Lebensqualität und Rohstoffreserven. Die Wohlstandsfalle klappt zu" (Binswanger 1978, S. 119).

Binswanger kommt zu dem Schluss, dass es großer Anstrengungen bedarf, um ein ökologisch-ökonomisches Gleichgewicht zu erreichen, was nur durch die Verringerung des quantitativen Wirtschaftswachstums möglich erscheint. Er sieht in dem Konzept des qualitativen Wachstums die einzige Chance, die Ansprüche der Wirtschaft mit den ökologischen Erfordernissen in Einklang zu bringen (Binswanger 1978, S. 118). Der Anstieg der Kurve des qualitativen Wachstums in obiger Grafik ist damit zu begründen, dass Binswanger nicht von einer vollständigen Entkopplung des Wirtschaftswachstums von der Ressourcennutzung und des Naturverbrauches ausgeht. Eine Wirtschaftspolitik, die qualitatives Wachstum zum Ziel hat, lässt sich an der Qualität der Umweltmedien, dem Verbrauch von erneuerbaren und nicht erneuerbaren Ressourcen und auch an der Zahl der Arbeitslosen messen (Wicke 1991, S. 549).

Die Strukturanalyse steht bei der Analyse des qualitativen Wachstums im Mittelpunkt. Das wirtschaftliche Wachstum soll dabei nicht einfach verhindert werden, sondern es müssen die Strukturen des Wirtschaftswachstums entsprechend angepasst werden, damit ein ökologischer, soziokultureller und wirtschaftlicher Strukturwandel angestrebt wird. Der Wandel der Volkswirtschaft hat sich im Zeitablauf von der Landwirtschaft hin zu Dienstleistungen gewandelt. Das sind natürliche Umstrukturierungsprozesse (Schmidt 2005, S. 64 f.). Durch entsprechende umweltpolitische Maßnahmen kann die Umweltqualität zusätzlich relativ verbessert werden. Durch eine Umstellung der Produktionsprozesse insbesondere durch energie- und ressourcenschonende Investitionen können in den Unternehmen Kosten eingespart werden. Binswanger unterbreitete bereits 1978 folgende Maßnahmen:
- Substitution umweltbelastender durch umweltfreundliche Stoffe,
- Wiedereingliederung von Produktion und Konsum in den ökologischen Kreislauf- und Regenerationsprozess,
- Verbesserung der Produktionsform anstelle der Produktionsmenge,
- Herstellung von Produkten mit längerer Lebensdauer und
- Einsparung von Primärenergie durch Vermeidung von Energieverlusten bei gleichem Nutzenenergieaufkommen.

Der Wachstumsdruck, der auf der Gesellschaft lastet, wird nicht zuletzt durch das Argument der unzureichenden Beschäftigungslage und anderer Krisensymptome begründet, was insbesondere in Zeiten höherer Arbeitslosigkeit zu einer schweren Durchsetzbarkeit umweltpolitischer Maßnahmen führt (Schmidt 2005, S. 65), wenn sie „auch nur den Anschein von negativen Arbeitsplatzwirkungen haben" (Wicke 1991, S. 558).

Binswanger (1978) kommt zu der Schlussfolgerung, dass von der Begründung der Befürworter des quantitativen Wachstums abgewichen werden muss. Opielka trägt die wichtigsten Unterscheidungsmerkmale des quantitativen und qualitativen Wachstums in der folgenden Tabelle zusammen:

Tabelle 3: Quantitatives versus qualitatives Wachstum (Quelle: Opielka (1998); S. 55)

Gesellschaftliches Teilsystem	Quantitatives Wachstum	Qualitatives Wachstum
Wirtschaft	mehr Güter mehr Einkommen	hochwertigere Güter nachhaltigere Produktion gerechtere Verteilung
Politik	mehr Macht	mehr Demokratie und Teilhabe
Gemeinschaft	mehr Kommunikation (Medien) mehr Kinder mehr Schule mehr Kunstbetrieb	mehr Dialog, gültigere Moral erfülltere Familien Bildung als Persönlichkeitsentwicklung künstlerisches Handeln
Legitimation	mehr vom alten Glauben mehr (traditionelles) Wissen mehr Wissenschaftsapparate	komplexeres Wissen mehr Erkenntnis mehr Wahrheit, mehr Sinn, mehr Akzeptanz

Das qualitative Wachstum ist als zentrale Kategorie im Zusammenhang mit nachhaltiger Entwicklung zu sehen, da sich die inhaltliche Konkretisierung des qualitativen Wachstums im Begriff der Nachhaltigkeit wiederfindet. Somit ist die Diskussion zum qualitativen Wachstum ein wichtiger Vorläufer nachhaltigen Wachstums. Auffällig ist, dass schon zu Beginn der Diskussion zum qualitativen Wachstum immaterielle Komponenten als Teil guter Lebensbedingungen zunehmend an Bedeutung gewonnen haben (Masberg 1984, S. 11). So ist zu erkennen, dass schon zu Beginn der 1980er Jahre ein qualitatives Wachstum auf eine Richtungsänderung der wirtschaftlichen Entwicklung abzielte. Es wurde jedoch zunehmend deutlich, dass die politische Umsetzung eines qualitativen Wachstums durch Wirtschaftskrisen, wie sie Ende der 1970er und zu Beginn der 1980er Jahre stattfanden, in den Hintergrund trat. Im

Rahmen der Finanz- und Wirtschaftskrise von 2008 sind deutliche Parallelen zu erkennen: Im Kontext der Lissabon-Strategie haben, bedingt durch die internationale Finanz- und Wirtschaftskrise, quantitative Wachstumsziele gegenüber ökologischen und sozialen Zielen wieder eine Aufwertung erfahren (Fischer et al. 2010, S. 4).

Schließlich stellt sich die Frage, wie Wachstum in der Deutschen Nachhaltigkeitsstrategie inhaltlich konkretisiert wird. Betrachtet man die Neuauflage der Deutschen Nachhaltigkeitsstrategie von 2016, so ist Wirtschaftswachstum entsprechend den Sustainable Development Goals in dem Ziel 8 „Dauerhaftes, breitenwirksames und nachhaltiges Wirtschaftswachstum, produktive Vollbeschäftigung und menschenwürdige Arbeit für alle fördern" verankert. Wirtschaftliche Leistungsfähigkeit (8.4) wird wie folgt definiert: Die Bundesregierung strebt ein nachhaltiges Wachstum (der Indikator bleibt das Bruttoinlandsprodukt), bei gleichzeitiger Verringerung des absoluten Ressourcen- und Energieverbrauchs entlang der gesamten Wertschöpfungskette, an. Dabei wird neben der Umweltbelastung auch auf die Problematik der Verteilung von Wachstum eingegangen. Schließlich wird festgestellt: „Die Agenda 2030 sieht in Unterziel 17.19 vor, aufbauend auf bestehende Initiativen bis 2030 Fortschrittsmaße für nachhaltige Entwicklung zu erarbeiten, die das BIP ergänzen. Die Bundesregierung wird die Prüfung dazu weiter vorantreiben, ob und ggf. wie eine solche Ergänzung mit Orientierung an anderen Wohlfahrtsmaßstäben erfolgen kann." (Bundesregierung 2017, S. 137). Somit bleibt eines der kontroversesten Themen, ob das Bruttoinlandsprodukt durch einen Wohlfahrtsindikator ersetzt bzw. ergänzt werden soll, wie dies seit Jahren von Experten gefordert wird, offen. Die folgenden Ausführungen wenden sich nun der Beziehung von Wachstum und sozialer Nachhaltigkeit zu.

7.5 Exkurs: Wachstum und soziale Nachhaltigkeit

Die soziale Nachhaltigkeit leitet sich aus der Drei-Säulen-Konzeption der Nachhaltigkeit ab, bei der die drei Dimensionen Ökonomie, Ökologie und Soziales zunächst inhaltlich konkretisiert und anschließend zusammengeführt werden (vgl. hierzu den Abschnitt 1.1.2 in diesem Buch). Bisher wurde die Beziehung von Wachstum und sozialer Nachhaltigkeit primär im Rahmen der Soziologie diskutiert. Für die Beziehung von sozialer Nachhaltigkeit und Wachstum wurde auch der Begriff „Soziales Wachstum" eingeführt. Dabei geht es um ein Wachstumsmodell, das sozial ausgewogen und somit weniger krisenanfällig ist. Damit gilt es als Gegenmodell des marktgesteuerten Wachstumsmodells. Wachstum wird auch in diesem Kontext „zur Deckung eines noch immer großen unbefriedigten gesellschaftlichen Bedarfs" als wichtig erachtet (Friedrich-Ebert-Stiftung 2011, S. 11). Das Paradigma des sozialen Wachstums ist primär auf Bildung, Gesundheit, Pflege und erneuerbare Energie als Beitrag zum Klimaschutz ausgerichtet, da in diesen Bereichen noch ein erheblicher gesellschaftlicher Nachholbedarf gesehen wird. Es kommt also darauf an welche realen Güter und Dienstleistungen zusätzlich produziert und angeboten werden und wessen Einkommen wachsen soll.

7.5.1 Leitorientierungen

Die Hans-Böckler-Stiftung definiert das „soziale Leitbild der Nachhaltigkeit" in ihrer Studie „Arbeit und Ökologie" wie folgt:

> „das Recht auf ein menschenwürdiges Leben für alle; intergenerative und intergenerationelle Gerechtigkeit; ein anderer, ressourcenärmerer Wohlstand in den Industrieländern als Basis für Umverteilungspotentiale; Beteiligung aller gesellschaftlichen Akteursgruppen" (Hans-Böckler-Stiftung 2000, S. 71).

Ekardt und Richter bringen für „nachhaltig und sozial" zusätzlich Aspekte globaler Gerechtigkeit mit ein. Hierbei werden von den Autoren zum Beispiel die Forderung nach einem materiellen Existenzminimum, Zugang zu sauberem Trinkwasser und einer elementaren Bildung weltweit genannt (Ekardt, Richter 2006, S. 550). Das Institut für sozial-ökonomische Forschung zeigt in einer Publikation wesentliche Bereiche bzw. Merkmale sozialer Nachhaltigkeit auf (Empacher, Wehling 2002, S. 38 ff.):
- menschenwürdige Existenz (materielle und immaterielle Grundbedürfnisse),
- Existenzsicherung durch gerechte Arbeit (ganzheitlich verstanden),
- Sozialressourcen als Handlungschancen und -potentiale,
- Chancengleichheit und
- Partizipation.

Die beiden ersten Punkte können unter dem Stichwort Grundbedürfnisse zusammengefasst werden, so dass für die soziale Nachhaltigkeit folgende Merkmale aufgeführt werden können:
- Grundbedürfnisse,
- Sozialressourcen,
- Chancengleichheit und
- Partizipation.

Im Rahmen der Leitorientierung wurde deutlich, dass die Beziehung von Wachstum und nachhaltiger Entwicklung – ähnlich wie bei sozialem Wachstum – durch qualitative Merkmale geprägt ist.

7.5.2 Sozialkapital

Bizer (2000) geht in seinem Ansatz sozialer Nachhaltigkeit von der Idee einer Erhaltung und Verbesserung des Sozialkapitals aus. Er versteht soziale Nachhaltigkeit als die gesamtgesellschaftliche Bereitstellung von Mechanismen, die „die optimale Menge an sozialem Kapital" (Bizer 2000, S. 477) für alle gegenwärtig lebenden Menschen herbeiführen können, mit dem Ziel der Sicherung des sozialen Friedens. Nach Bizer ist der zentrale Begriff sozialer Nachhaltigkeit das Sozialkapital, das beschreibe, „welche Form von Ressourcen in menschlichen Beziehungen enthalten ist" (Bizer 2000, S. 472)

Coleman, Bourdieu und Putnam definieren Sozialkapital als die Sozialstruktur einer Gesellschaft (Haug 1997, S. 4). Es bleibt jedoch festzustellen, dass es noch keine einheitliche Interpretation bzw. Abgrenzung des Begriffs Sozialkapital gibt. Die Beziehung sozialen Kapitals besteht grundlegend aus (Ekardt und Richter 2006, S. 551 basierend auf Coleman 1990):
- Verpflichtungen und Erwartungen,
- Informationspotentialen,
- Normen und deren effektiver Sanktionierung und
- anpassungsfähigen sozialen Organisationen.

Legt man diese Beziehung, die auf der Basis eines Systems von interaktiven Beziehungen (soziale Netzwerke) beruht, zugrunde, so liegt es nahe Sozialkapital als Grundlage für eine Definition von sozialer Nachhaltigkeit zu verwenden. Es geht letztlich darum, zu klären, wie durch die Bildung von Sozialkapital die langfristige Stabilität einer Gesellschaft gewährleistet werden kann. Dazu bedarf es nach Bizer (2000) einer gewissen Abgeschlossenheit für die Vertrauensbildung, einer gerechten Einkommensverteilung, sozialer Organisationen, die bei Vertrauenslücken einspringen können, der Stabilität sozialer Strukturen, sowie einer gewissen Ideologie der Gemeinschaft (z. B. Individualismus). Alle diese genannten Faktoren fördern die Bildung von Sozialkapital.

In diesem Kontext geht es also primär um das Wachstum von Sozialkapital. Somit stellt sich die Frage, wie das Sozialkapital erhalten werden kann und wie zukünftige Generationen von seinem heutigen Bestand profitieren können. Dabei ist zu berücksichtigen, dass sich Sozialkapital nicht im Besitz eines Individuums, sondern nur im Besitz eines sozialen Netzes oder der gesamten Gesellschaft befinden kann. Da die Übertragung von Sozialkapital einer Gesellschaft auf die nächste Generation nur sehr begrenzt möglich ist, muss sich jede Generation ihr Sozialkapital weitgehend selbst aufbauen.

7.6 Exkurs: Wachstum und Gerechtigkeit

Ein wesentliches konstitutives Merkmal nachhaltiger Entwicklung ist die Gerechtigkeit, wobei zwischen intra- und intergenerativer Gerechtigkeit unterschieden wird. Daher stellt sich in diesem Kontext die Frage nach der Beziehung zwischen Wachstum und Gerechtigkeit. Dabei geht es weniger um die Frage der Ursachen der Einkommensungleichverteilung auf nationaler Ebene, bei der in der wirtschaftswissenschaftlichen Diskussion sehr unterschiedliche Herangehensweisen zu finden sind. So gibt es angebots- und nachfragetheoretische Ansätze.

Als weitere Ursache für Einkommensungleichheit wird auch die Wettbewerbsverzerrung auf dem Arbeitsmarkt genannt und diskutiert. Dabei geht es u. a. um die Erklärung unterschiedlicher Einkommen bei gleicher Arbeit. Die Einkommensdisparitäten können auch durch steigende Kapitaleinkommen der oberen Einkommensgruppen verstärkt werden. So stellen die Vereinten Nationen in ihrem „Bericht über die menschliche Entwicklung 2010" fest, dass der Anteil des Kapitaleinkommens am Gesamteinkommen bei den oberen Einkommensgruppen stark ausgeprägt und daher bei der Analyse der Einkommensdisparitäten von großer Bedeutung ist (UN 2010, S. 89).

Große Beachtung in diesem Kontext fand auch das Buch von Piketty „Das Kapital im 21. Jahrhundert" (2014), in dem er empirisch die Bedeutung der wachsenden Kapitaleinkommen für die steigenden Einkommensparitäten nachweist. Für die Zukunft erwartet er eine Fortsetzung dieses Trends, wonach der Anteil der Kapitaleinkommen am Gesamteinkommen steigen wird. Für ihn besteht die Gefahr darin, dass die ererbten Vermögen in eine patrimoniale Gesellschaft führen. In dieser Gesellschaft ist für eine wachsende Gruppe von Personen nicht mehr die Leistungsfähigkeit bzw. Leistungsbereitschaft für die Einkommenserzielung relevant, sondern das Einkommen bzw. die Wohlstandsmehrung aus ererbtem Kapital. Als Konsequenz erwartet Piketty im 21. Jahrhundert soziale Spannungen, die zu Instabilitäten kapitalistischer Systeme führen werden.

> „Durch die Fortschritte und die Ausbreitung des Wissens konnte die marxistische apokalyptische Vision zwar vermieden werden, aber dadurch hat sich an den Tiefenstrukturen des Kapitals und den Ungleichheiten nichts geändert – jedenfalls nicht in dem Maße, wie man sich das in den optimistischen Jahrzehnten nach dem Zweiten Weltkrieg vorstellen konnte. Wenn die Kapitalrendite dauerhaft höher ist als die Wachstumsrate von Produktion und Einkommen, was bis zum 19. Jahrhundert der Fall war und im 21. Jahrhundert wieder zur Regel zu werden droht, erzeugt der Kapitalismus automatisch inakzeptable und willkürliche Ungleichheiten, die das Leistungsprinzip, auf dem unsere demokratischen Gesellschaften basieren, radikal in Frage stellen" (Piketty 2014, S. 13 f.).

Die Einkommensdisparitäten sind auf internationaler Ebene in der Regel noch größer als auf nationaler Ebene (Atkinson, Brandolini 2010, S. 2; Piketty 2014). Für die internationale Ebene gibt es ebenfalls sehr unterschiedliche Ursachen und Erklärungsansätze der Einkommensdisparitäten. Vielfach werden die industrielle Revolution, aber auch andere Ursachen, wie die Kolonialherrschaften, genannt. Wichtige Ursachen sind jedoch auch die unzureichende Regierungspolitik in den Ländern, z. B. im Bereich der ungleichen Bildungschancen, die Einflussnahme von Eliten und die verbreitete Korruption.

Einkommensungleichheiten werden vielfach mit dem Leistungsprinzip begründet und gerechtfertigt. In diesem Zusammenhang werden gewisse Einkommensungleichheiten als notwendig erachtet bzw. gerechtfertigt. Hier stellt sich natürlich das Problem der kritischen Grenze der Einkommensdisparität, die noch von den Individuen bzw. der Bevölkerung eines Landes bzw. der Weltbevölkerung akzeptiert wird. Die wachsende nationale aber auch globale Einkommensdisparität wird seit einigen Jahren in zunehmendem Maße kritisch reflektiert. Dabei geht es besonders um die Relation von Wachstum und Einkommensdisparität, wie beispielsweise aus dem Titel neuerer OECD Studien deutlich wird: „Mehr Ungleichheit trotz Wachstum?" (OECD 2008) bzw. „Divided We Stand: Why Inequality Keeps Rising" (OECD 2011). Aber auch die neuesten OECD-Publikationen weisen auf diesen Tatbestand hin. So hat in den letzten drei Dekaden in der Mehrzahl der OECD-Länder die Einkommensdisparität – mit kurzer Unterbrechung während der Finanzkrise – zugenommen. Dieser Trend gilt auch für Deutschland (Fratzscher 2016).

Auffällig ist, dass das Haushaltseinkommen der obersten 10% der Haushalte schneller wuchs, als das Einkommen der untersten 10%. Weiterhin lässt sich feststellen, dass die Einkommensdisparitäten in den Industrieländern einen historischen Höchststand erreicht haben: So ist das Durchschnittseinkommen der reichsten 10% der Bevölkerung in den OECD-Staaten etwa 9,5-mal höher als jenes der ärmsten 10%. In den 1980er Jahren lag die Relation noch bei 7:1. Entsprechend stieg der Gini-Koeffizient deutlich an (OECD 2014, S. 9).

Stiglitz (2008) stellt hierzu fest, dass Wachstum oftmals mit einer Zunahme von Armut und teilweise sogar mit Einkommenseinbußen der Mittelschicht verbunden war und belegt dies an den USA und auch an Lateinamerika (Stiglitz 2008, S. 225). Im Kontext nachhaltiger Entwicklung kann generell festgestellt werden: Wachstum, das zu einer ungerechten Verteilung (bei Einkommen, Vermögen, Chancen, Gesundheit, etc.) führt, ist nicht nachhaltig. In diesem Zusammenhang wurde der Begriff des inklusiven Wachstums eingeführt, dass auch im Zusammenhang mit den Sustainable Development Goals gefordert wird.

Ein hohes Maß an Ungleichheit bei positiven Wachstumsraten wird daher zunehmend negativ beurteilt, da dies dem Anspruch nachhaltiger Entwicklung widerspricht und dadurch tendenziell die wirtschaftliche und soziale Instabilität steigt. So kommt es nach Vandermoortele (2009) bei steigender Einkommensdisparität zu einer Abnahme der sozialen Kohärenz und das führt zu politischer Instabilität. Daraus leitet er eine Korrelation zwischen hoher bzw. wachsender Einkommensungleichheit und Kriminalitätsrate bzw. Lebenserwartung ab (Vandermoortele 2009, S. 4). In der Literatur gibt es weiterhin Belege dafür, dass eine hohe Einkommensdisparität sich negativ auf das Wirtschaftswachstum auswirkt. So kann festgestellt werden, dass die makroökonomische Instabilität, bedingt durch wachsende Einkommensdisparitäten, sich daraus erklärt, dass die Bevölkerungsgruppe mit den geringen Einkommen ökonomischen Schocks weniger gut begegnen können als jene mit hohen Einkommen. Ein weiterer makroökonomischer Effekt wird von Stiglitz wie folgt beschrieben:

> "In effect, money was transferred from those who would have spent to meet basic needs to those who had far more than they could easily spend, thus weakening aggregate effective demand" (Stiglitz 2010b, S. 23).

Die entgegengesetzte Position vertrat Kaldor. Danach führt eine wachsende Einkommensungleichheit zu größerem Wachstum (Kaldor 1956, S. 95). Er begründet seine Position damit, dass die höheren Einkommensgruppen eine stärkere Sparneigung aufweisen, wobei die Investitionen von der Sparneigung abhängen. Die Vergangenheit hat jedoch gezeigt, dass Ersparnisse nicht nur für Investitionen zur Verfügung gestellt werden, sondern teilweise in risikoreiche Anlagen fließen. Abschließend kann festgestellt werden, dass positive Wachstumsraten bei gleichzeitigem Anstieg der Einkommensdisparität sowohl aus der Perspektive ökonomischer als auch sozialer Nachhaltigkeit negativ zu bewerten ist.

7.7 Zusammenfassung

Die Beziehung von Nachhaltigkeit und Wachstum ist durch unterschiedliche Begründungszusammenhänge geprägt. In der Nachhaltigkeitsdiskussion stehen sich zunächst die Konzepte der schwachen (Neoklassische Ökonomie) und der starken Nachhaltigkeit (Ökologische Ökonomie) konträr gegenüber. Als Ausweg aus dieser Kontroverse bietet sich das Konzept der ausgewogenen Nachhaltigkeit an, das einen Mittelweg dieser beiden Positionen einnimmt. Die Standpunkte der einzelnen Konzepte werden in der Abbildung 33 noch einmal zusammengefasst. Die ausgewogene Nachhaltigkeit oder andere vermittelnde Konzepte bieten jedoch teilweise auch unterschiedliche Begründungsansätze, die in der Übersicht nur bedingt deutlich werden.

Außerhalb der Kontroverse bzw. der vermittelnden Ansätze wurden im Kontext der Beziehung Nachhaltigkeit und Wachstum weitere Ansätze entwickelt, die aufgezeigt wurden. Besonders hervorzuheben ist nachhaltiges Wachstum als qualitatives Wachstum und die spezifische Beziehung von Wachstum und sozialer Nachhaltigkeit. Dabei wurde deutlich, dass hierbei ein ganz anderes Wachstumsverständnis als das traditionelle Verständnis von Wachstum des Bruttoinlandsproduktes vorherrscht. Hier geht es primär um das Wachstum von immateriellen Gütern die einen starken gesellschaftlichen Bezug haben. Abschließend wurde die Beziehung von Wachstum und Gerechtigkeit erläutert. Dabei ging es um die Beziehung von Wachstum und wachsender Einkommensdisparität, die im Kontext nachhaltiger Entwicklung negativ zu beurteilen ist.

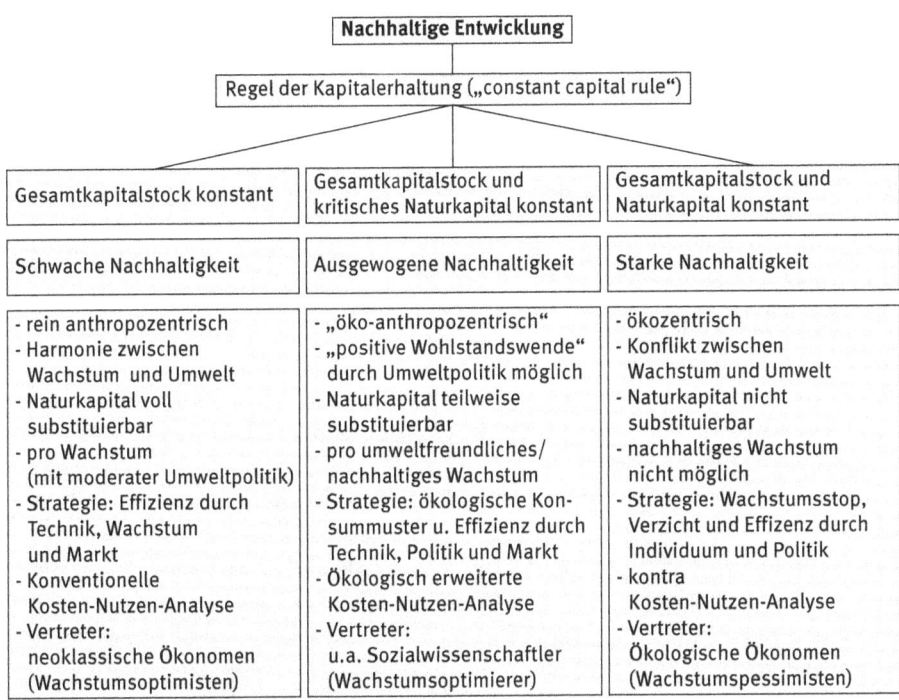

Abbildung 33: Strukturelle Darstellung der Nachhaltigkeit (Quelle: Steurer 2001, S. 557)

8 Wirtschaftswachstum und Innovationen

Innovationen und Wachstum sind sowohl aus der Perspektive des ökonomischen Mainstreams als auch der nachhaltigen Entwicklung wünschenswert. Dennoch begründet sich die Relevanz von Innovationen aus den genannten Perspektiven ganz unterschiedlich. Innovationen sind aus ökonomischer Perspektive per se erwünscht, wenn sie nachfolgende Bedingung erfüllen: ist eine Neuerung am Markt erfolgreich, wird sie als Innovation positiv bewertet. Aus der Perspektive nachhaltiger Entwicklung entstehen nur dann positive Wirkungen, wenn alle drei Dimensionen, d. h. Ökologie, Ökonomie und Soziales bei der Entstehung von Innovationen berücksichtigt werden. Daher stellt sich im Folgenden zunächst die Frage, wie Innovationen in der Ökonomie bisher diskutiert und eingeordnet werden. Im Folgenden werden aber nur einige wichtige Begründungszusammenhänge der Innovationsforschung aufgezeigt. Einen umfassenden Überblick zur Innovationsforschung bieten u. a. Welsch (2005) und Corsten et al. (2006).

Innovationen nehmen in der Volkswirtschaftslehre eine herausragende Bedeutung ein. Sie werden häufig als das Ergebnis des technischen Fortschritts bezeichnet. Der technische Fortschritt gilt wiederum als Antriebskraft des wirtschaftlichen Wachstums (Samuelson, Nordhaus 2005, S. 559). Innovationen werden daher auch vielfach als wichtigste Treibkraft einer kapitalistischen Wirtschaft eingeordnet. Danach ist die Innovationsfähigkeit einer Volkswirtschaft ganz wesentlich für ihre Position im internationalen Wettbewerb verantwortlich (Belik, Schrooten 2008, S. 5). Daraus begründet sich in marktwirtschaftlichen Systemen ein Innovationswettbewerb, der in hohem Maße die Dynamik des Wachstums determiniert.

Diese Kausalität wurde auch im historischen Kontext hinreichend nachgewiesen. So stellt beispielsweise Hilger fest:

> „Aus der langen Sicht der Wirtschaftsgeschichte bestimmten unterschiedliche Paradigmen den Diskurs um Innovation und Wachstum. So stand die Frage nach der Beschaffenheit von Innovationen wie auch nach den davon ausgehenden Konjunkturen lange im Mittelpunkt. Zudem erwiesen sich immer wieder die Akteure, vorrangig die Unternehmen wie die öffentliche Hand, von herausragendem Interesse" (Hilger 2014, S. 37).

In jüngerer Zeit gibt es eine Reihe von empirischen Studien, die sich mit der Frage beschäftigen, wie sich in diesem Zusammenhang unterschiedliche Entwicklungen zwischen Ländern erklären lassen (vgl. u. a. Pece et al. 2015).

Innovationen werden in einem engen Sinne als technische Neuerungen beschrieben. In zunehmendem Maße werden jedoch auch soziale Innovationen in ihrer Bedeutung für wirtschaftliches Wachstum erkannt. Aus der Perspektive nachhaltiger Entwicklung bleibt jedoch häufig unberücksichtigt, dass Innovationen auch negative Auswirkungen z. B. auf die Umwelt oder die Gesundheit von Menschen haben können. In der Innovationsforschung wird jedoch die Analyse einzelner Innovationen zunehmend als unzureichend erachtet, da hierbei das Umfeld der Entstehung und Realisierung von Innovationen nicht berücksichtigt wird.

Das Paradigma nachhaltiger Entwicklung stellt spezifische Anforderungen, die auch für Innovationen gelten. Innovationen müssen – wie schon erwähnt – in die drei Nachhaltigkeitsdimensionen Ökologie, Ökonomie und Soziales eingebunden sein. Betrachtet man jedoch die nachhaltige Innovationsforschung, so muss man feststellen, dass sie sich bisher ganz wesentlich auf die ökologische Nachhaltigkeit konzentriert. Es geht dabei um den umwelttechnischen Fortschritt bzw. umwelttechnische Innovationen. Dagegen steht eine konzeptionelle Verbindung der drei Dimensionen in der Forschung nachhaltiger Innovationen noch am Anfang. In diesem Kapitel werden zunächst allgemeine Anforderungen an nachhaltige Innovationen aufgezeigt. Anschließend werden die beiden theoretischen Begründungsansätze für nachhaltige Innovationen abgegrenzt und die gegensätzlichen Positionen dargestellt. Schließlich geht es darum diese Kontroverse aufzulösen.

8.1 Innovationen und Nachhaltigkeit

In diesem Abschnitt wird gezeigt, dass zwischen dem ökonomischen Mainstream hinsichtlich der inhaltlichen Abgrenzung und Begründung von Innovationen und jener von nachhaltigen Innovationen ein wesentlicher Unterschied besteht. Nachhaltige Innovationen sind in der Innovationsforschung als neues Paradigma zu verstehen. Daher wird zunächst der ökonomische Mainstream der Innovationsforschung kurz dargestellt und anschließend die spezifischen Anforderungen an nachhaltige Innovationen aufgezeigt. Zunächst werden die Unterscheidungsmerkmale von Innovationen aufgezeigt. Danach wird als Ursprung der modernen Innovationsforschung der Innovationsansatz von Schumpeter vorgestellt. Anschließend wird die neuere Innovationsforschung kurz erläutert.

8.1.1 Unterscheidung von Innovationen

Die Charakterisierung von Innovationen beginnt meistens mit der Unterscheidung in Prozess- und Produktinnovationen. Dabei handelt es sich nach dem allgemeinen Verständnis um die objektiv erstmalige Einführung eines neuen Produktionsprozesses bzw. eines neuen Produktes am Markt. Neue Produktionsprozesse zeichnen sich dadurch aus, dass eine gegebene Menge an Output mit einem geringeren Input erzeugt werden kann (OECD – Eurostat 1997). Bei Innovationen kann man feststellen, dass lange Zeit eine Fokussierung auf materielle Güter und Produktionsanlagen stattfand, die jedoch in letzter Zeit verstärkt durch die Einbeziehung von neuen Dienstleistungen ergänzt wurde.

Ein wichtiger Aspekt hierbei ist die Konkretisierung des Neuigkeitsgrades. In diesem Zusammenhang werden häufig Basisinnovationen, d. h. Produktionsprozesse bzw. Produkte, die bislang unbekannte Anwendungsbereiche und Märkte erschließen und Prozess- und Produktmodifikationen unterschieden. Basisinnovationen werden im Zusammenhang mit dem Kondratieff-Zyklus diskutiert (Kondratieff 1926). Die Ausschöpfung der wirtschaftlichen Wachstumspotenziale durch Basisinnovationen umfasst mehrere Jahrzehnte und führt zu einer dauerhaften Wachstumsdynamik. Bei Prozess- und Produktmodifikationen geht es um mehr oder weniger umfassende Veränderungen bereits existierender Verfahren und Güter. Grundsätzlich geht es aus ökonomischer Perspektive darum eine Neuerung am Markt erfolgreich einzuführen. Die erfolgreiche Markteinführung einer Innovation führt zu Monopolgewinnen, die Unternehmen erwirtschaften.

Die Begrenzung des Innovationsverständnisses auf technische Neuerungen wurde jedoch zunehmend kritisch hinterfragt. Dabei wurde schon relativ früh darauf hingewiesen, dass Innovationen über Prozess- und Produktinnovationen hinausgehen und auch neue Management- und Organisationsverfahren mit einschließen (Konrad, Nill 2001, S. 20). Neben Prozess- und Produktinnovationen werden in der Innovationsforschung auch noch organisatorische Innovationen unterschieden (Rennings 2005, S. 18). Organisatorische Innovationen werden weiterhin differenziert in die Optimierung der Ablauf- und Aufbauorganisation eines Unternehmens und neue Managementformen oder Umweltmanagementkonzepte. In neuerer Zeit kamen Nachhaltigkeitskonzepte, wie Corporate Social Responsibility, hinzu.

Geht man nun von dem Bewertungskriterium des Leitbildes nachhaltiger Entwicklung aus, so kann es zumindest bei jenen Innovationen zu Bewertungskonflikten kommen, die den Anforderungen nachhaltiger Entwicklung nicht gerecht werden. Innovationen können also unter marktwirtschaftlichen Kriterien ohne Berücksichtigung externer Effekte als Erfolg gewertet werden, der sich entsprechend dem Leitbild nachhaltiger Entwicklung in das Gegenteil verkehrt, wenn mit Innovationen beispielsweise Umwelt- bzw. Gesundheitsschäden verbunden sind.

Schumpeter gilt vielfach als erster Ökonom, der die Bedeutung von Innovationen für den wirtschaftlichen Entwicklungsprozess umfassend analysierte (Schumpeter 1964). Die Entwicklung von Marktwirtschaften ist nach Schumpeter von Unsicherheit, Dynamik und Wandel geprägt. Wirtschaftliche Entwicklung ist nach Schumpeter daher ein „Prozess der schöpferischen Zerstörung". Danach müssen Produkte bzw. Produktionsprozesse aufgegeben werden, wenn sie durch neue Innovationen verdrängt werden. In der wirtschaftswissenschaftlichen Innovationsforschung hat sich zunächst die Phasendifferenzierung von Schumpeter als lineares Phasenmodell des Innovationsprozesses durchgesetzt. Danach wird besonders in Großunternehmen durch Forschung in der Inventionsphase und die darauffolgende Entwicklung eine Erfindung generiert, die dann in den Markt eingeführt wird. In der volkswirtschaftlichen Theorie wurden Innovationen lange Zeit jedoch eher peripher behandelt (Welsch 2005). Dabei wurde besonders in der Wachstumstheorie der technische Fortschritt angebotsbedingt diskutiert, woraus sich die Technology-Push Hypothese begründet.

Der Technology-Push Hypothese wurde dann von Schmookler die Demand-Pull Hypothese entgegengestellt, wonach die Marktnachfrage für die Innovationsrichtung entscheidend ist (Schmookler 1966). Dies führte zu einer Kontroverse, die für lange Zeit die Diskussion prägte. Heute besteht jedoch weitgehend Konsens, dass sowohl Marktangebots- als auch Marktnachfragefaktoren für Innovationen eine wichtige Rolle spielen (Hemmelskamp 1999).

8.1.2 Darstellung von Innovationssystemen

Eine wichtige Neuorientierung in der Innovationsforschung erklärt sich daraus, dass der technische Fortschritt in der endogenen Wachstumstheorie als ein endogen zu erklärender Prozess eingeführt und diskutiert wird. Der technische Fortschritt lässt sich aus dieser Perspektive steuern. Daher geht es in neueren Ansätzen um das Zusammenspiel der Akteure und der Rahmenbedingungen. Daraus begründet sich die Neuorientierung zu nationalen und regionalen Innovationssystemen, die besonders evolutorische und institutionenökonomische Aspekte berücksichtigen.

Lundvall beschreibt ein Innovationssystem als die Elemente und Beziehungen, die in der Produktion, Diffusion und dem Gebrauch von neuem und ökonomisch nützlichem Wissen zusammenwirken (Lundvall 1992). Freeman bezieht sich in seiner Abgrenzung eines Innovationssystems dagegen auf das Netzwerk-Modell, indem er ein Innovationssystem als ein Netzwerk von Institutionen im privaten und öffentlichen Sektor definiert, deren Aktivitäten und Interaktionen zu neuen Technologien führen, diese importieren, modifizieren oder verbreiten (Freeman 1987). In diesem Zusammenhang wird von einigen Autoren darauf hingewiesen, was für Innovationen im Kontext nachhaltiger Entwicklung von Bedeutung ist: Weder der Markt noch die Hierarchie bzw. Großorganisationen sind in der Lage den optimalen Rahmen bzw. die beste Grundlage für dynamische Innovationsprozesse abzugeben (Welsch 2005, S. 70 ff.). Dafür sind vielmehr Netzwerke geeignet. Es ist davon auszugehen, dass sie die Bildung und Entwicklung des innovationsgenerierenden Faktors, d. h. soziales Kapital fördern.

Im Rahmen der Unterscheidung zwischen nationalen und regionalen Innovationssystemen zeichnen sich zunächst nationale Innovationssysteme durch Merkmale aus, die stark durch das jeweilige Wirtschafts- und Gesellschaftssystem geprägt sind. Die nationalen Innovationssysteme werden unterschiedlich differenziert (Blättel-Mink, Ebner 2009). In der Regel unterscheidet man nationale Innovationssysteme noch im engeren und im weiteren Sinne. Nationale Innovationssysteme im engeren Sinne zeichnen sich vor allem durch Forschungs- und Entwicklungseinrichtungen des privaten Sektors, Universitäten und Forschungsinstitute aus. Bei Innovationssystemen im weiteren Sinne werden der Produktionssektor, das Marktsystem und das Finanzsystem als Subsysteme des Innovationssystems betrachtet.

Dagegen unterscheiden Hübner und Nill zwischen dem Wissenssektor, also den Akteuren, Organisationen und Regeln die für die Produktion von Wissen zuständig sind und dem Produktivitätsbereich, also den Akteuren die die Auswahl zwischen alternativen Technologien und die Nutzungsweise von Technologien bestimmen (Hübner, Nill 2001). Die institutionellen Rahmenbedingungen werden teilweise noch durch das Kriterium der politischen Stabilität bzw. Instabilität eines Landes erweitert. So kommen Allard et al. in ihrer empirischen Studie zu der Erkenntnis: „Political instability has negative and significant be-variate associations with the different components of the national system of innovation, and reforms have a negative, but largely insignificant, association" (Allard et al. 2012, S. 644).

Heute wird regionalen Innovationssystemen eine zunehmende Bedeutung beigemessen, wobei hier auch Begriffe wie Cluster oder innovative Milieus eingeführt wurden (Braczyk et al. 1998). Sie sind ganz wesentlich dadurch gekennzeichnet, dass Wissens-Spillover häufig räumlich begrenzt sind. Unter Berücksichtigung von Subsystemen der Innovationssysteme gilt weiterhin zu berücksichtigen, dass Innovationen durch die sozialen, ökonomischen und kulturellen Bedingungen eines Landes oder einer Region sowohl Einfluss nehmen, als auch beeinflusst werden. In diesem Zusammenhang lässt sich jedoch feststellen, dass es hier einen interdependenten Prozess gibt, wonach sowohl die Innovationssysteme durch die institutionellen Arrangements als auch diese durch die Innovationssysteme determiniert werden. Unruh spricht hier von einem „Techno–Institutional Complex" (Unruh 2000).

Etabliert und stabilisiert sich ein Techno–Institutional System, so lässt sich feststellen, dass es gegenüber Veränderungen in hohem Maße resistent ist. Zusammenfassend kann man also feststellen, dass nationale und regionale Innovationssysteme im Prinzip eine gute Basis für die Anforderungen nachhaltiger Entwicklung bieten. Diese Ausweitung wird jedoch teilweise als ambivalent bewertet. Aus der Perspektive nachhaltiger Entwicklung besteht der Vorteil darin, dass es hierbei zu einer Überwindung der Fixierung dieser technologiebasierten Innovationsorientierung kommt. Anderseits ist zu bedenken, dass bei einer zu breiten Abgrenzung des Innovationsbegriffs alle möglichen Veränderungsvorgänge bzw. Neuheiten mit einbezogen werden und damit der Innovationsbegriff an Schärfe verliert. Das gilt auch für nachhaltige Innovationen bei denen es nicht darum geht, alle möglichen Nachhaltigkeitspotentiale aufzulisten, sondern die konkreten Anforderungen zu bestimmen.

Während technische Innovationen bisher eine eindeutige Dominanz aufweisen, steht die Forschung über soziale Innovationen noch relativ am Anfang. Dabei wird vielfach auch der Zusammenhang zwischen Reformen, sozialen Innovationen und sozialem Wandel hergestellt. Gillwald versteht dabei unter Reformen staatliches Handeln und Eingriffe in das gesamtgesellschaftliche Regel- und Institutionengefüge. In diesem Zusammenhang können Reformen als Teilmenge sozialer Innovationen betrachtet werden (Gillwald 2000). Soziale Innovationen werden von Gillwald wiederum als Teilmenge des sozialen Wandels eingeordnet. Die Gemeinsamkeit technischer und sozialer Innovationen ist, dass beide Ergebnisse menschlichen Gestaltungswillens sind. Hier gilt jedoch zu berücksichtigen, dass die Stärkung sozialer Innovationen ganz wesentlich durch Regularien gefördert werden. Hier spricht man auch von „nontechnological regulatory effects" (Parasskevopoulou 2012, S. 1058). Daher sind im

Sinne der Entstehung neuer Prozesse und Produkte bzw. Elemente Innovationen nicht nur im wissenschaftlich-technischen, sondern auch im sozialen Kontext möglich (vgl. hierzu 8.1.4).

8.1.3 Anforderungen an nachhaltige Innovationen

Betrachtet man zusammenfassend die wirtschaftswissenschaftliche Diskussion zu Innovationen, so war das zentrale Erfolgskriterium bisher deren ökonomischer Erfolg: Neuerungen werden – wie bereits erwähnt – zu erfolgreichen Innovationen, wenn sie sich auf dem Markt durchsetzen. Aus der Perspektive nachhaltiger Entwicklung müssen weiterhin die soziale und ökologische Dimension mit einbezogen werden. Dabei geht es aber nicht nur um die Richtung von Innovationen, sondern auch um die Frage der sozialen und ökologischen Reichweite von Innovationen. Das Verständnis von Nachhaltigkeit als dreidimensionales Modell erfordert auch in diesem Kontext eine geeignete Erfassung sowie eine integrative Bewertung der drei Dimensionen.

Ein Problem bei der Bewertung nachhaltiger Innovationen besteht darin, dass sie ex ante unter mehr oder weniger hoher Unsicherheit zu bewerten sind. Das ist sowohl bei den Kriterien als auch bei den Bewertungsverfahren zu berücksichtigen. Hierbei bieten sich Szenariotechniken sowie die Delphi-Methode an. Dabei geht es z. B. um die Frage, welche Technologie als Risikotechnologie einzustufen ist. Ein Konfliktpotenzial kann daraus entstehen, dass nachhaltigkeitsorientierte Technologien nicht die gleiche Wirkungskraft wie die heute gängigen Technologien haben. Das lässt sich dadurch lösen, dass die nachhaltigkeitsorientierte Technologie durch Forschungsaktivitäten soweit gefördert wird, dass sie über die vorherrschende Technologie hinausreicht (v. Hauff, Nguyen 2017). Dies erfordert jedoch einen Pfadwechsel. Das bedeutet, dass im Rahmen der nachhaltigen Innovationsforschung neben Prozess- und Produktinnovationen auch institutionelle, organisatorische sowie Verhaltensänderungen verstärkt gefördert werden müssen.

In den folgenden Ausführungen ist zu berücksichtigen, dass die ökologische Dimension in der nachhaltigen Innovationsforschung bisher schon eine stärkere wissenschaftliche Zuwendung fand als die soziale Dimension. Aus diesem Grund liegt im folgenden Abschnitt auch der Schwerpunkt zunächst auf Innovationen im Kontext der ökologischen Nachhaltigkeit. Dabei setzt sich jedoch zunehmend die Erkenntnis durch, dass technische Lösungen ohne soziale Innovationen an Grenzen stoßen (Schwarz, Birke, Beerheide 2010, S. 165 ff.). Die Hightech-Strategien, aber auch die Konzepte des „Green New Deal" und auch die ökologische Industriepolitik sind technologische Lösungsansätze, die dafür beispielhaft genannt werden können. Soziale Innovationen sind nötig, damit umweltfreundliche Technologien bzw. Produkte von den potenziellen Nachfragern auch angenommen werden oder Konsumenten ihr Verhalten ändern (Krüger, Bizer 2009, S. 12).

> In diesem Kontext gibt es zunehmend Konzepte, die eine Zusammenführung technologischer, ökonomischer und sozialer Innovationen erfordern. Hierzu gibt es auf mikroökonomischer Ebene Ansätze für ein innovatives „concept of business model". Wichtig hierbei ist ein ganzheitlicher Rahmen für die Entwicklung und Umsetzung nachhaltiger Innovationen. Das Konzept sollte ein analytisches Werkzeug zur Verfügung stellen, das es Unternehmen ermöglicht, verschiedene Aspekte hinsichtlich einer Zusammenarbeit zu beurteilen, die zu einem ökologischen, ökonomischen und sozialen Mehrwert führen (Boons et al. 2013, S. 1). Exemplarisch lässt sich das Konzept „Nachhaltiges Gewerbegebiet" nennen. Das Konzept für nachhaltige Gewerbegebiete erfordert z. B. neben umweltfreundlichen technologischen Lösungen viele neue Formen der sozialen Nachhaltigkeit zwischen den Unternehmen, die eine neue Herausforderung darstellen (v. Hauff 2016, S. 185 ff.). Die folgenden Ausführungen konzentrieren sich zunächst auf die Analyse von Innovationen ökologischer Nachhaltigkeit, da hierzu umfangreiche Forschungsergebnisse vorliegen.

8.1.4 Innovationen ökologischer Nachhaltigkeit

Ökologische Innovationen (oder Umweltinnovationen) haben seit Mitte der 1990er Jahre eine zunehmende Aufmerksamkeit erfahren. Dabei sollen als Umweltinnovationen alle Maßnahmen von Akteuren (Unternehmen, Politiker, Verbände, Kirchen, private Haushalte) angesehen werden, mit denen neue Ideen und Verhaltensweisen, Produkte und Produktionsverfahren entwickelt, angewendet oder eingeführt werden die die Umwelt entlasten bzw. zur ökologischen Nachhaltigkeit beitragen (FIU 1997). Eine weitere Definition ist in dem Forschungsbericht des von der EU geförderten Projekt „Measuring Eco-Innovation" (MEI) zu finden:

> „Eco-Innovation is the production, assimilation or exploitation of a product, production process, service or management or business method that is novel to the organisation (...) and which results, throughout its life cycle, in a reduction of environmental risk, pollution and other negative impacts of resources use (including energy use) compared to relevant alternatives." (Kemp, Pearson 2008, S. 7)

Die Anwendung von Umweltinnovationen erlaubt es ein gegebenes Versorgungsniveau mit einem geringeren Verbrauch nicht erneuerbarer Ressourcen und einer geringeren Beanspruchung erneuerbarer Ressourcen sicher zu stellen, also die Ressourceneffizienz zu erhöhen und die negativen Auswirkungen auf die Umwelt durch diese Innovationen zu vermindern (Ewringmann, Koch 2006; v. Hauff 2014, S. 62). Entsprechend Porter und van der Linde (1995) ermöglichen ökologische Innovationen aus der Perspektive des Innovators, aber auch des Unternehmens. Daraus entwickelte sich besonders seit den 1990er Jahren ein Markt für Umweltschutztechnik, der überdurchschnittliche Wachstumsraten aufweist. In diesem Zusammenhang gibt es jedoch zwei Probleme, die kurz erwähnt werden sollen (Hübner, Nill 2001, S. 67 ff.):

- Ökologische Innovationen sind in besonderem Maße mit positiven externen Effekten verbunden, was tendenziell zu einer Unterversorgung mit Innovationen führt.

- Ökologische Innovationen sind mit Widerständen konfrontiert. Diese begründen sich aus der Pfadabhängigkeit des bestehenden Entwicklungsmodells. Aus der Perspektive ökologischer Nachhaltigkeit besteht daher die Gefahr, dass suboptimale Innovationspfade dominieren.

> Für die ökologische Nachhaltigkeit ist hierbei relevant, dass sie von ökonomischen und sozialen Determinanten abhängt und diese somit für die Umsetzung der Innovationen erforderlich sind. Dabei gilt es noch einmal darauf hinzuweisen, dass Innovationen ökologischer Nachhaltigkeit durch konkrete Inhalte und eine spezifische Richtung des Fortschritts geprägt sind. Beispielhaft zu nennen ist die Ressourcenschonung durch innovative Recycling- und Kreislaufkonzepte (Gaeth, Meißner 2013, S. 105 ff.). Eine wachsende Bedeutung erhält in diesem Kontext auch der IT-Sektor. So hat sich im Bereich der Innovationssysteme das Interesse an Umweltfragen im Rahmen der Forschung für eine Verbesserung der grünen Informations- und Kommunikationstechnologie (IT) verstärkt (Hjalmarsson, Lind 2011, S. 1).

In einem weiteren Sinne geht es also um neue oder modifizierte Prozesse, Techniken, Systeme oder Produkte, um den Verbrauch von Umwelt zu verringern und Umweltschäden zu vermeiden oder zu reduzieren. Diese sehr weite Definition wird von Hemmelskamp et al. konkretisiert, indem sie unter Umweltinnovation jede Art von Innovation verstehen, die zu einer Verbesserung der Umweltqualität beitragen, unabhängig davon ob es sich um technische, organisatorische, ökonomische, rechtliche oder verhaltensorientierte Innovationen handelt und unabhängig davon, welche Motive zu einer Umweltinnovation führen (Hemmelskamp et al. 2000).

Technische Innovationen können nach dem Oslo-Manual der OECD (1992) – wie bereits oben beschrieben – in Prozess- und Produktinnovationen unterschieden werden. Im Weiteren ist eine Unterscheidung, wie sie in der Literatur häufig zu finden ist, in nachsorgende und vorsorgende Maßnahmen sowie für vorsorgende Maßnahmen die Unterscheidung in Maßnahmen des integrierten und des nachgeschalteten Umweltschutzes (additive oder End-of-pipe-Technologie) wichtig. Den integrierten Technologien kommt im Zusammenhang nachhaltiger Entwicklung eine besondere Funktion zu (UBA 1997 und BMBF 1997). Entsprechend der Unterscheidung in schwache und starke Nachhaltigkeit wird in der Literatur auch zwischen schwachen und starken Umweltinnovationen unterschieden (Jänicke 2008, S. 39):

Schwache Umweltinnovationen: Es handelt sich um inkrementale oder auf Nischenmärkte beschränkte Innovationen. Sie entstehen aus „eigener Kraft" auf dem Markt, und begründen sich oft als Nebenprodukt von Umweltpolitik. Auch wenn sie hinsichtlich ihrer Wirkung eine gewisse Relevanz aufweisen, tragen sie zur absoluten Umweltentlastung nur relativ wenig bei. Oft werden die Effekte durch ein steigendes Wachstum kompensiert oder gar überkompensiert.

Starke Umweltinnovationen: Umweltinnovationen sind dann hinsichtlich der Umweltentlastung in hohem Maße relevant, wenn sie eine signifikante Leistung erzielen. Das lässt sich am Beitrag der absoluten Entkopplung einer ökologischen

Belastung vom Wachstum aufzeigen. Ein Beispiel ist der Übergang zur erneuerbaren Energie im Gegensatz zur Verbesserung des Wirkungsgrades von Kraftwerken. Ein anderes Beispiel ist der Übergang zu umweltfreundlichen Antriebsaggregaten (Elektro Motoren) bei PKWs im Verhältnis zur Einführung von Katalysatoren.

Wie schon erwähnt, haben soziale Innovationen in der Nachhaltigkeitsdiskussion eine stark wachsende Bedeutung erfahren. Hierbei handelt es sich ganz allgemein um immaterielle Innovationen. Sie lassen sich zwei Ebenen zuordnen: der mikroökonomischen Ebene und der makroökonomischen Ebene. Bei der mikroökonomischen Ebene geht es – wie schon erwähnt – um Veränderungen in der Organisation oder dem Management von Unternehmen und ebenfalls um Effizienzsteigerungen, die ganz wesentlich auf das Verhalten der Mitarbeiter zurückzuführen sind. Es kann aber auch die Zusammenarbeit von Unternehmen in Gewerbegebieten betreffen, die zu einer Verbesserung der sozialen Bedingungen von Mitarbeitern, zum Beispiel im Bereich der Fortbildung, der Gesundheitsversorgung und der Kinderbetreuung führen.

Auf makroökonomischer Ebene gibt es ebenfalls eine Reihe von Bereichen, die sozialen Innovationen zuzuordnen sind. Dabei geht es um Bereiche wie Konsum und Tierhaltung, Bauen und Wohnen, Energie und Mobilität. Die Grundlage hierfür sind gesellschaftliche Reformprozesse, für deren Realisierung verschiedene Akteursgruppen verantwortlich sind: politische Entscheidungsträger, die Wirtschaft, die Zivilgesellschaft und die einzelnen Bürger. Es kommt noch zu einer Komplexitätssteigerung, wenn man bedenkt, dass Reformprozesse oft auch im globalen Kontext stehen, was ihre Realisierung durchaus erschweren kann (Schwarz et al. 2010, S. 166).

Ein typisches Beispiel hierfür ist die Produktion von Kleidung, die vielfach in asiatischen Entwicklungsländern stattfindet. Dort wird die Kleidung in der Regel unter stark umweltbelastenden und häufig auch unter extrem schlechten Sozialstandards hergestellt. Es mangelt also in den Ländern, in denen die Produktion stattfindet, häufig an ökologischen und sozialen Innovationen. Obwohl dies in den europäischen und nordamerikanischen Ländern hinreichend bekannt ist, wird diese Kleidung oft bedenkenlos gekauft. Um die Defizite von Wertschöpfungsketten zu beseitigen bzw. zu verringern, bietet sich die Einführung von Labels an.

Ein weiteres Beispiel ist der Klimawandel. Auch hier lässt sich feststellen, dass der Klimawandel ohne soziale Innovationen nicht zu bewältigen ist. Neue Technologien, wie regenerative Energieträger, Elektromobilität, Smart Grids und Leichtbaumaterialien, die zu einer Entlastung des Klimawandels beitragen, reichen nicht aus. Steigende oder zumindest stagnierende CO_2-Emissionen in vielen Industrieländern sind hierfür ein Beleg. Neuere Ansätze, wie der „Green New Deal" oder die ökologische Industriepolitik, sind wichtige Neuorientierungen, jedoch für die Problemlösung nicht ausreichend.

Lösungsansätze, wie die Entlastung des Klimawandels durch Kraftstoffe aus nachwachsenden Rohstoffen, führte zu einer massiven Abholzung von Regenwäldern, was sich kontraproduktiv ausgewirkt hat. Ein weiteres Problem in diesem

Zusammenhang ist der hinreichend bekannte „Rebound-Effekt": Einspareffekte durch technologischen Fortschritt werden durch eine höhere Nachfrage kompensiert oder gar überkompensiert. Daher sind soziale Innovationen im Sinne von nachhaltigem Konsum sowohl auf freiwilliger Ebene als auch durch neue gesetzliche Regelungen neben technologischen Innovationen von großer Bedeutung. Dabei wurde vielfach belegt, dass nachhaltiger Konsum den Wohlstand bzw. das Wohlbefinden nicht einschränken (Fischer, v. Hauff 2017).

8.2 Innovationen in der neoklassischen Umweltökonomie und der Ökologischen Ökonomie – Der theoretische Kontext

In der umweltökonomischen Diskussion gibt es eine Kontroverse zur Begründung von Umweltinnovationen. Daher werden zunächst Umweltinnovationen im Kontext der neoklassischen Ökonomie (schwache Nachhaltigkeit) und der Ökologischen Ökonomie (starke Nachhaltigkeit) dargestellt. Umweltinnovationen zielen in ihrer Ausrichtung besonders auf die ökonomische und die ökologische Nachhaltigkeit ab, die soziale Dimension wird – wie schon erwähnt – dabei vernachlässigt. Dennoch sollen hier Umweltinnovationen im Weiteren betrachtet und die soziale Dimension in die Betrachtung mit einbezogen werden.

8.2.1 Innovationen in der neoklassischen Umweltökonomie

Die oben beschriebenen ökologischen Innovationen unterscheiden sich von anderen Innovationen, indem sie eine doppelte Externalität aufweisen. Diese doppelte Externalität erklärt sich wie folgt: Es entsteht ein positiver externer Effekt (Spillover-Effekte) für grundlegende F+E Anstrengungen bei jeder Art der Innovation. Der Spillover besteht darin, dass das generierte Wissen nicht nur dem Innovator, sondern auch der Allgemeinheit zur Verfügung steht. Daneben tritt der spezielle Charakter der ökologischen Innovationen. Es werden Produkte und Prozesse entwickelt, die ihrerseits externe Nutzen verursachen (z. B. Verbesserung der Luftqualität), die dann der Allgemeinheit zugutekommen. Auf einem vollkommen Markt würden diese externen Effekte internalisiert. Damit könnten Umweltinnovationen wie normale Innovationen behandelt werden (Rennings 2005).

In der neoklassischen Umweltökonomie wird daher nur in einer Übergangsphase die Notwendigkeit für eine Koordination von Umwelt- und Innovationspolitik deutlich, damit die Internalisierung aller externen Kosten erreicht werden kann. Umwelt- und Innovationspolitik können teilweise als komplementär angesehen werden. Die Innovationspolitik macht es möglich, die Kosten von Umweltinnovationen insbesondere in der Inventions- und Markteinführungsphase zu senken. Die Innovationspolitik kann weiterhin zur Ausreifung der Innovation in der Diffusionsphase beitragen. Hier wird aber eine Koordination der Umwelt- und Innovationspolitik notwendig, damit das Problem der zweiten Externalität gelöst werden kann.

Da die doppelte Externalität tendenziell zu einer Unterversorgung mit Umweltinnovationen führt, kommt es zu einer zweiten Besonderheit von Umweltinnovationen: ihre Regulierungsbedingtheit. Als Determinanten von Umweltinnovationen gelten vor allem die Technologieentwicklung (Technology Push) und Markteinflüsse (Market Pull). Pavitt (1984) hat gezeigt, dass beide Determinanten relevant sind. Zu den Technology Push-Faktoren können z. B. ressourceneffiziente Technologien gezählt werden, während Präferenzen für umweltfreundliche Produkte oder Aspekte des Firmenimages zu den Market Pull-Faktoren zählen. Da jedoch die Faktoren des Technology Push und Market Pull alleine nicht stark genug sind, benötigen Umweltinnovationen eine besondere regulatorische Förderung. In diesem Kontext sind integrierte und additive Umwelttechnologien zu unterscheiden.

Kosteneinsparungen sind z. B. eine wichtige Motivation für die Einführung integrierter Umweltschutztechnologien, während sie für additive Umwelttechnologien keine Rolle spielen. Eine stringente Umweltgesetzgebung wirkt sich hingegen auf beide Arten von Innovationen positiv aus (Frondel et al. 2004). Produktinnovationen sind stärker von Marktfaktoren beeinflusst als Prozessinnovationen, letztere jedoch stärker von Regulierung (Cleff, Rennings 1999). In der neoklassischen Umweltökonomie werden Instrumente wie Steuern oder Zertifikate als umweltpolitische Instrumente mit der höchsten dynamischen Effizienz gesehen. Dynamische Effizienz bedeutet, dass die Maßnahme permanente Anreize zu kosteneffizienten Emissionsreduktionen auslöst. Nachdem Innovationen in der neoklassischen Umweltökonomie aufgezeigt wurden, werden im Folgenden Innovationen in der Ökologischen Ökonomie betrachtet.

8.2.2 Innovationen in der Ökologischen Ökonomie

Im Gegensatz zur neoklassischen Umweltökonomie, die von einer unbegrenzten Substituierbarkeit von Naturkapital durch Sachkapital ausgeht, wird die unbegrenzte Substituierbarkeit von Vertretern der Ökologischen Ökonomie abgelehnt. Dies stellt ein wesentliches Problem für die nachhaltige Entwicklung dar, das auch von erheblicher wachstumspolitischer Relevanz ist. Dies wurde bereits in Kapitel fünf und sechs ausführlich erläutert. Wird nachhaltige Entwicklung angestrebt, sind Innovationen notwendig, damit das Wachstum der Wirtschaft von dem Zugriff auf die Natur abgekoppelt werden kann. Es werden deutliche Wachstumsgrenzen und die Notwendigkeit einer absoluten Reduzierung des Umweltverbrauchs insbesondere nicht erneuerbarer Ressourcen gefordert (Costanza et al. 2001). Entsprechend der drei Nachhaltigkeitsdimensionen können drei Arten des Wachstums unterschieden werden (Luks 2005b): das Wachstum der Wirtschaft im traditionellen Verständnis (über den Indikator Bruttoinlandsprodukt), das Wachstum des Umweltverbrauchs (z. B.

über den Indikator Energiedurchsatz) und das Wachstum der Lebensqualität (z. B. über den Indikator Wasserqualität).

Es geht also um die Möglichkeit von nachhaltigem Wirtschaftswachstum in einer begrenzten Umwelt und die damit verbundene Frage, welche Rolle Innovationen in diesem Zusammenhang spielen. Nachhaltiges Wachstum ist nur dann möglich, wenn es zur Abkopplung vom Material- und Energiedurchsatz kommt. Diese Entkopplung kann jedoch ohne Innovationen nicht stattfinden. Positive Veränderungen der gesamtwirtschaftlichen Ressourcenproduktivität können ebenso wie eine absolute Reduktion des Umweltverbrauchs bei Wirtschaftswachstum nur dann entstehen, wenn es ökologische Veränderungen in der Wirtschaft gibt.

Einige Aspekte sind jedoch problematisch. Zum einen kann eine Produktion „aus nichts" nicht Ziel führend sein und zweitens beziehen sich die Entkopplungen immer nur auf Veränderungen der anfallenden Ströme von einer Periode zur nächsten. Über einen „akkumulierten Bestand" von Umweltbelastungen – dazu zählen auch bereits bestehende Umweltbelastungen – wird keine Aussage getroffen. Ist die Tragfähigkeit des Ökosystems überlastet, muss ein Unterschreiten dieser Tragfähigkeit die angestrebte Zielsetzung sein. Dies wird durch eine Entkopplung nicht notwendigerweise gewährleistet. Weiterhin können die zur Entkopplung führenden Effizienzgewinne stets durch den Rebound Effekt überkompensiert werden. Hier liegt ein Grundproblem im Verhältnis von Innovationen, Wachstum und Nachhaltigkeit.

Nachhaltigkeit erfordert aus der Sicht vieler Vertreter der Ökologischen Ökonomie sogar eine Wirtschaft ohne Wachstum, wie schon hinreichend erläutert wurde (Daly, Farley 2011). Somit ist aus der Sicht der Ökologischen Ökonomie ein physisches quantitatives Wachstum im Steady-State auf makroökonomischer Ebene nicht möglich. Es ist jedoch eine Entwicklung in Form einer qualitativen Veränderung möglich. Zum entscheidenden Problem wird dann die Frage nach der Beziehung zwischen Wachstum und Entwicklung. Hier kommt den Innovationen eine entscheidende Rolle zu, da sie der zentrale Faktor für Prozesse der Entkopplung zwischen Scale und Bruttoinlandsprodukt sind (Luks 2005a).

Innovationen weisen aus ökonomisch-ökologischer Sicht zwei Tendenzen auf. Auf der einen Seite ist ein ökonomischer Wachstumsprozess (also ohne Entkopplung von der Umweltnutzung) unmittelbar mit ökologischen Nachteilen verbunden. Auf der anderen Seite können Innovationsprozesse auch immer zu ökologischen Chancen führen, also zu einer relativen Senkung des Umweltverbrauchs und somit zu einer Abkopplung des Wachstums von der Umwelt. Vertreter der Ökologischen Ökonomie sehen hierbei jedoch die Gefahr, dass die Innovationsfähigkeit und ihr Beitrag zu einer nachhaltigen Entwicklung überschätzt werden.

8.3 Innovationen, Wachstum und Nachhaltigkeit

Zur Generierung eines nachhaltigen Wachstums im Sinne der ausgewogenen Nachhaltigkeit ist es unerlässlich, Innovationen im Sinne von Umweltinnovationen in die Betrachtungen mit einzubeziehen. Dabei sind nicht nur die additiven und integrierten Umwelttechnologien von Interesse. Es gibt vielfältige andere umweltrelevante Technologien, die schon aufgeführt wurden. Beispielhaft können genannt werden: IT-Technologien, Technologien des Recyclings und der Kreislaufwirtschaft und Technologien zu Craddle to Craddle. Bezüglich des Inputs kommt es durch Umwelttechnologien zur Substitution umweltschädlicher Einsatzstoffe und zur Substitution von Primär- durch Sekundärrohstoffe. Durch Veränderungen des Produktionsprozesses können neue Prozesskomponenten integriert werden (z. B. Wärmerückgewinnung) und es kommt zu einer Substitution einzelner Prozesskomponenten gegebenenfalls sogar zu einer Substitution des gesamten Produktionsprozesses. Durch integrierte Maßnahmen können des Weiteren Rückstände und Emissionen verringert und zum Teil sogar verhindert werden.

Führen die Innovationen in die Richtung des vorsorgenden Umweltschutzes, insbesondere in Richtung integrierter Umweltschutzmaßnahmen, so wird es möglich, durch diese nachhaltigen Innovationen ein nachhaltiges Wachstum, bei gleichzeitiger Berücksichtigung der Nachhaltigkeitsdimension Ökologie und Ökonomie, zu generieren. Dabei bedarf es in besonders umweltbelastenden Sektoren, wie dem Energie- und Verkehrssektor, besonderer Anstrengungen. Insgesamt bieten umwelttechnologisch relevante Technologien heute eine große Breite zur Entlastung der Umwelt. Dadurch wird ein sinkender Verbrauch an Umweltressourcen bei gleichzeitiger Verbesserung der Umweltqualität möglich. Aus der Perspektive des internationalen Wettbewerbs erscheint es durchaus sinnvoll, den Umweltschutz auf einer integrierten Ebene zu fördern beziehungsweise zu verwirklichen. Wie in dem Abschnitt 8.1.4 bereits aufgezeigt wurde, reicht der umwelttechnische Fortschritt als Problemlösungsebene nicht aus. Vielmehr wird in zunehmendem Maße erkannt, dass soziale Innovationen als komplementäre Problemlösungsebene eine zunehmende Bedeutung erhalten müssen.

Literaturverzeichnis

Acemoglu, D. (2009): Introduction to Modern Economic Growth, Princeton and Oxford.

Acker-Widmaier, G. (1999): Intertemporale Gerechtigkeit und nachhaltiges Wirtschaften. Zur normativen Begründung des Leitbildes, Marburg.

Adler, U. (1994): Additiver und integrierter Umweltschutz und dessen Bedeutung im internationalen Wettbewerb. Gutachten im Auftrag des Büros für Technikfolgenabschätzung beim Deutschen Bundestag, München.

Aghion, P., Howitt, P. (1992): A Model of Growth through Creative Destruction, Econometrica, 60, S. 323–351.

Aghion, P., Howitt, P. (1998): Endogenous Growth Theory, Cambridge.

Aghion, P., Howitt, P. (2015):Wachstumsökonomie, München.

Allard, G. et al. (2012): Political Instability, pro-business market reforms and their impacts on national systems of innovation, in: Research Policy 41, S. 638–651.

Anderson, B., M'Gonigle, M. (2012): Does Ecological Economics Have a Future?: Contradiction and Reinvention in the Age of Climate Change, Ecological Economics, 84, S. 37–48.

Angerer, G., Kuntze, U. (2000): Staatliche Förderung umweltschonender Innovationen zwischen gestern und morgen, UmweltWirtschaftsForum, 8. Jg., Heft 4, S. 4–7.

Arrow, K.J. (1962): The Economic Implication of Learning by Doing, Review of Economic Studies, 29, S. 155–173.

Asara, V. et al. (2015): Socially sustainable degrowth as a social-ecological transformation: repoliticizing sustainability, in: Sustainability Science, 10, S. 375–384.

Assmann, T. u. a. 2014): Ökosysteme und Biodiversität, in: Heinrichs, H., Michelsen, G. (Hrsg.): Nachhaltigkeitswissenschaften, Berlin Heidelberg, S. 147–174.

Atkinson, A.B., Brandolini, A. (2010): On Analyzing the World Distribution of Income, in: The World Bank Economic Review, 24(1), S. 1–37.

Atkinson, G., Dubourg, R., Hamilton, K., Munasinghe, M., Pearce, D.W., Young, C. (1997): Measuring sustainable development, Cheltenham.

Balderjahn, I. (2013): Nachhaltiges Management und Konsumentenverhalten, Stuttgart.

Barbier, E.B. (1996): Endogenous Growth and Natural Resource Scarcity, Paper vorbereitet für die European Association for Environmental and resource Economics Seventh Annual Conference, Nota di lavoro 45.96.

Barbier, E.B. (1999): Endogenous Growth and Natural Resource Scarcity, Environmental and Resource Economics, 14, S. 51–74.

Barrett, S. (1994): Self-Enforcing International Agreements, Oxford Economic Papers Nr. 46, S. 878–894.

Barro, R.J. (1990): Government Spending in a Simple Model of Endogenous Growth, Journal of Political Economy, 98, S. 103–125.

Barro, R.J., Sala-i-Martin, X. (2004): Economic Growth, Cambridge, London.

Bartmann, H. (1996): Umweltökonomie – Ökologische Ökonomie, Stuttgart, Berlin, Köln.

Baumgärtner, S., Quaas, M.F.: What is Sustainability Economics?, in: Ecological Economics, vol. 69, No. 3, 2010, S. 445–450.

Becker, G.S. (1965): A Theory of the Allocation of Time, in: The economic journal, S. 493–517.

Becker, J. (2003): Die Entscheidungsanomalien des homo oeconomicus. In: Beckenbach, F. Hampicke, U., Leipert, C., Meran, G., Minsch, J., Nutzinger, H.G., Pfriem, R., Weimann, J., Wirl, F., Witt, U.: Psychologie und Umweltökonomik. Jahrbuch Ökologische Ökonomik, Band 3, S. 41–83.

Becker, J., Stephan, E.W. (2003): Together we stand together we fall: Judgmental heuristics in groups. Paper presented at the 2nd Tilburg Symposium on Psychology and Economics, Tilburg.

Becker, R.A. (1982): Intergenerational Equity: The Capital-Environment Trade-Off, Journal of Environmental Economics and Management, 9, S. 165–185.
Beckerman, W. (1992): Economic Growth and the Environment: Whose Growth? Whose Environment?, World Development, Vol. 20, 4, S. 481–496.
Beemsterboer, S., Kemp, R. (2016): Sustainability Assessment of Technologies, in: Heinrichs, H. u. a. (eds): Sustainability Science – An Introduction, Heidelberg New York London, S. 71–83.
Belitz, H., Schrooten, M. (2008): Innovationssysteme – Motor der Wirtschaft, in: Vierteljahreshefte zur Wirtschaftsforschung, Jg. 77, H. 2, S. 5–10.
Binswanger, H.C. (1978): Der NAWU-Report: Wege aus der Wohlstandsfalle. Strategien gegen Arbeitslosigkeit und Umweltkrise, Frankfurt am Main.
Binswanger, H.C. (2006): Die Wachstumsspirale, Marburg.
Binswanger, H.C., Bonus, H., Timmermann, M. (1981): Wirtschaft und Umwelt. Möglichkeiten einer ökologieverträglichen Wirtschaftspolitik, Stuttgart.
Bizer, K. (2000): Die soziale Dimension in der Nachhaltigkeit, in: Zeitschrift für angewandte Umweltforschung, Jg.13, H.3/4, S. 469–482.
Blackburn, K., Hung, V. (1992): Endogenous Growth and Trade Liberalization, University of Southhampton Discussion Paper Nr. 9207.
Blättel-Mink, B., Ebner, H. (Hrsg.) (2009): Innovationssysteme, Wiesbaden.
BMBF – Bundesministerium für Bildung, Wissenschaft, Forschung und Technologie (1994): Produktionsintegrierter Umweltschutz – Vermeidung von Umweltbelastungen aus der industriellen Produktion, Förderkonzept des Bundesministeriums für Forschung und Technologie, Bonn.
BMBF – Bundesministerium für Bildung, Wissenschaft, Forschung und Technologie (1997): Forschung für die Umwelt – Programm der Bundesregierung, Bonn.
BMF – Bundesministerium der Finanzen; http://www.bundesfinanzministerium.de/nn_69120/DE/ BMF__Startseite/Service/Glossar/W/002__Wirtschaftswachstum.html
BMU – Bundesministerium für Umwelt, Naturschutz und Reaktorsicherheit (1992): Agenda 21, Bonn.
BMU – Bundesministerium für Umwelt, Naturschutz und Reaktorsicherheit (2008): Ergebnisse des Klimagipfels auf Bali, Regierungserklärung von Sigmar Gabriel am 17.01.2008, Berlin.
Boons, F., et al. (2013): Sustainable innovation, business models and economic performance: an overview, in: Journal of Cleaner Production, 45, S. 1–8.
Boulding K.E. (1966): The Economics of the Coming Spaceship Earth, in H. Jarrett (Hrsg.): Environmental Quality in a Growing Economy. Baltimore, MD: Resources for the Future/Johns Hopkins University Press, S. 3–14.
Bourcarde, K., Tripp, C. (2006): Ausweg qualitatives Wachstum?, in: IWS 2 (2006), S. 25–27.
Bourdieu, P. (1983): Ökonomisches Kapital, kulturelles Kapital, soziales Kapital, in: Kreckel, R. (Hrsg.): Soziale Ungleichheiten, Göttingen, S. 183–198.
Bovenberg, A.L., Smulders, S. (1995): Environmental Quality and Pollution-augmenting Technological Change in a Two-sector Endogenous Growth Model, Journal of Public Economics, 57, S. 369–391.
Bovenberg, A.L., Smulders, S. (1996): Transitional Impacts of Environmental Policy in an Endogenous Growth Model, International Economic Review, 37, S. 861–893.
Braczyk, H.-J., Cooke, P., Heidenreich, M. (1998): Regional innovation systems – the role of governances in a globalized world, London.
Braczyk, H.-J., Cooke, P., Heidenreich, M. (1998): Regional innovation systems – the role of governances in a globalized world, London.
Bretschger L., Smulders, S. (2007): Sustainable Resource Use and Economic Dynamics, Springer, Dordrecht.
Bretschger, L. (1998): Wachstumstheorie, München, Wien, Oldenburg.
Brock, W., Taylor, M.S. (2003): Economic Growth and the Environment: Matching the Stylized Facts, Social Systems Research Institute, University of Wisconsin.

Brock, W.A. (1977): A Polluted Golden Age, in: Smith, V.L. (Hrsg.): Economics of Natural & Environmental Resources, New York, S. 441–461.
Brown, H. (1954): The Challenge of Man's Future: AN inquiry Concerning the Condition of Man During the Years that Lie Ahead, New York.
Brown, P.G., Timmermann, P., (eds) (2015): Ecological Economics for the Anthropocene – An Emerging Paradigm, New York.
Brundtland, G.H. (1987): Our Common Future, Oxford.
Bundesministerium für Umwelt und Reaktorsicherheit (BMU) (1997): Auf dem Weg zu einer Nachhaltigen Entwicklung in Deutschland, Bericht der Bundesregierung anlässlich der UN-Sondergeneralversammlung über Umwelt und Entwicklung 1997 in New York, Bonn 1997.
Bundesministerium für Wirtschaft und Energie (BMWi) (2016): Erneuerbare Energien in Deutschland – Daten zur Entwicklung im Jahr 2015, Berlin.
Bundesregierung (2017): Deutsche Nachhaltigkeitsstrategie – Neuauflage 2016, Berlin.
Byrne, M.M. (1997): Is Growth a Dirty Word? Pollution, Abatement and Endogenous Growth, Journal of Development Economics, 54, S. 261–284.
Cansier, D. (1996): Umweltökonomie, 2. Aufl., Stuttgart.
Carlowitz, H.C. v. (1713): Sylvicoltora Oeconomica, Leipzig.
Cass, D. (1965): Optimum Growth in an Aggregate Model of Capital Accumulation, Rev. Economic Studies, 32, S. 233–240.
Chakraborty, R.N. (1999): Umweltschäden als Wachstumshemmnis? Ein Vergleich zwischen „alter" und „neuer" Wachstumstheorie, in Schubert, R. (Hrsg.): Neue Wachstums- und Außenhandelstheorie: Implikationen für die Entwicklungstheorie und -politik, 269, Berlin, S. 129–152.
Cleff, T., Rennings, K. (1999): Determinants of Environmental Product and Process Innovation – Evidence from the Mannheim Innovation Panel and a Follow-up Telephone Survey, European Environment, Special issue on Integrated Product Policy 9(5), S. 191–201.
Cobb, C.W. (1989): The Index of Sustainable Economic Welfare, in: Daily, H.E., Cobb, J.B. (erds): For the Common Good – Redirecting the Economy towards Community, the Environment and a Sustainable Future, Boston, S. 401–457.
Cobb, C.W., Halstead, T., Rowe, J. (1995): The Genuine Progress Indicator – Summary of Data an Methodology, San Francisco.
Cocoyok (1974/1975): Erklärung von Cocoyok, verabschiedet von den Teilnehmern des UNEP/UNTAD Symposiums über Rohstoffnutzung, Umweltschutz und Entwicklung (8.–12.10.1974 in Cocoyok/Mexiko), in: BMZ (Hrsg.): Entwicklungspolitik, Materialien Nr. 49, Bonn, S. 1–9.
Coleman, J.S. (1990): Foundations of Social Theory, Cambridge.
Common, M., Stagl, S. (2005): Ecological Economics, Cambridge.
Corsten, H., Gössinger, R., Schneider, H. (2006): Grundlagen des Innovationsmanagements, München.
Costanza, R., Patten, B.C. (1995): Defining and predicting sustainability. Ecological Economics 15:193–196.
Costanza, R., Cumberland, J., Daly, H., Goodland, R., Norgaard, R. (2001): Einführung in die Ökologische Ökonomik, Stuttgart.
Costanza, R., Perrings, C., Cleveland, C.J. (1997): The Development of Ecological Economics, Cheltenham.
D'Arge, R.C. (1971): Essay on Economic Growth and Environmental Quality, Swedish Journal of Economics, S. 25–41.
D'Arge, R.C., Kogiku, K.C. (1973): Economic Growth and the Environment, Review of Economic Studies, S. 61–77.
Dag-Hammarskjöld-Foundation Hrsg. (1975): The 1975 Dag-Hammarskjöld Report on Development and International Cooperation, prepared for the seventh special session of the UN general assembly,

Development Dialogue Nr. 1/2, Uppsala. Erstmals in Deutsch: Wiener Institut für Entwicklungsfragen Hrsg. (1976): Neue Entwicklungspolitik 1/2-3, 125S., Auszüge in Steinweg, R. Hessische Stiftung Friedens- und Konfliktforschung HSFK (1976): Was tun? Aus dem Dag-Hammarskjöld-Bericht 1975 über Entwicklung und internationale Zusammenarbeit – Teil 1: Plädoyer für eine andersartige Entwicklung, Friedensanalysen für Theorie und Praxis 3, Frankfurt a. M., S. 17–44.

Daly, H.E. (2000): When Smart People Make Dumb Mistakes, in: Ecological Economics, Nr. 34, S. 1–3.

Daly, H.E. (2005): The Concept of a Steady State Economy, in: Redclift, M. (ed.): Sustainability, London, S. 121–156.

Daly, H.E. (1990): Toward Some Operational Principles of Sustainable Development; in: Ecological Economics, Bd. 2 H. 1; S. 1–6.

Daly, H., Farley, J. (2011): Ecological Economics, Second Edition, Washington.

Daly, H.E. (1973): The Steady-State Economic, San Francisco.

Daly, H.E. (1977): Steady-State-Economics. The Economics of Biophysical Equilibrium and Moral Growth, San Francisco.

Daly, H.E. (1987): The Economic Growth Debate: What Some Economics Have Learnt But Many Have Not, Journal of Environmental Economics and Management, Vol. 14, No. 4, p. 323–336.

Daly, H.E. (1988): On Sustainable Development and National Accounts, in: Collard, D., Pearce, D., Ulph, D. (Hrsg.): Economics, Growth and Sustainable Environment, New York, S. 41–56.

Daly, H.E. (1991): Steady State Economics, 2. Auflage, Washington.

Daly, H.E. (1999): Wirtschaft jenseits vom Wachstum – Die Volkswirtschaftslehre nachhaltiger Entwicklung, Salzburg, München, Original: Beyond Growth, The Economics of Sustainable Development, Boston.

Darwin, C. (1859): On the Origin of Species by Natural Selection, deutsche Fassung: Über die Entstehung der Arten durch natürliche Zuchtwahl.

Dasgupta, P.S., Heal, G. (1979): Economic Theory and Exhaustible Resources, Cambridge.

De Graaf, J., Wann, D., Naylor, T. (2002): Affluenza. Zeitkrankheit Konsum, München.

Demeny, P. (1988): Demography and the Limits to Growth, in: Teitelbaum, M.S., Winter, J.M. (Hrsg.): Population and Resources in Western Intellectual Traditions, S. 213–244.

Den Butter, F.A.G., Hofkes, M.W. (1995): Sustainable Development with Extractive and Non-Extractive Use of the Environment in Production, Environmental and Resource Economics, 6, S. 341–358.

Deutsche UNESCO-Kommission e.V.: http://www.unesco.de/2577.html?&L=0, Abruf 02.06.2010.

Die Bundesregierung (2017): Deutsche Nachhaltigkeitsstrategie, – Neuauflage 2016, Berlin.

Diefenbacher, H. (1991): Der Index auf Sustainable Economic Welfare – eine Fallstudie über die Entwicklung in der Bundesrepublik Deutschland, in: Dieffenbacher, H., Habicht-Erenler, S. (Hrsg.): Wachstum und Wohlstand – neuere Konzepte zur Erfassung der Sozial- und Umweltverträglichkeit, Marburg, S. 73–88.

Diefenbacher, H., Held, B., Rodenhäuser, D. (2016): Aktualisierung und methodische Überarbeitung des Nationalen Wohlfahrtsindex 2.0 für Deutschland 1991 bis 2012, Im Auftrag des Umweltbundesamtes, Dessau-Roßlau.

Diefenbacher, H., Zieschank, R. (2008): Wohlfahrtsmessung in Deutschland – ein Vorschlag für einen neuen Wohlfahrtsindex, Heidelberg.

Diefenbacher, H., Zieschank, R. (2011): Woran sich Wohlstand wirklich messen lässt – Alternativen zum Bruttoinlandsprodukt, München.

Diehl, K. (1933): Artikel Sozialprodukt, in: Elster, L. (Hrsg.): Wörterbuch der Volkswirtschaft, 3. Band Jena 1933, S. 367–370.

Döring, R. (2004): Wie stark ist schwache, wie schwach ist starke Nachhaltigkeit?, Diskussionspapier 08/2004 der Ernst-Moritz-Arndt-Universität Greifswald.

Duth, R., Körner, H., Michaelowa, K. (2002): Neue Entwicklungsökonomie, Stuttgart.

Ehrlich, P. (1989): The Limits to Substitution, in: Ecological Economics, Vol.1, S. ?

Eismont, O., Welsch, H. (1999): Natural Resource Depletion and Endogneous Growth in a Two-Sector Model with Rising Extraction Costs and Imperfect Competition, Universität Oldenburg, Wissenschaftliche Diskussionsbeiträge Nr. V-198-99.

Ekardt, F., Richter, C. (2006): Soziale Nachhaltigkeit? Anmerkungen zu einer zweifelhaften neuen Begriffsbildung im Kontext der umwelt- und wirtschaftpolitischen Debatte, in: Zeitschrift für Umweltpolitik & Umweltrecht, Jg.29 Nr. 4, S. 545–556.

Elbasha, E.H., Roe, T.L. (1996): On Endogenous Growth: The Implcations of Environmental Externalities, Journal of Environmental Economics and Management, 31, S. 240–268.

Ellen MacArthur Foundation (2017): The New Plastics Economy, Washington.

Elster, K. (1920): Die Seele des Geldes. Grundlagen und Ziele einer Allgemeinen Geldtheorie, Jena.

Empacher, C., Wehling, P. (2002): Soziale Dimensionen der Nachhaltigkeit – Theoretische Grundlagen und Indikatoren, Studientexte des Instituts für sozial-ökologische Forschung, Nr. 11, Frankfurt am Main.

Endres, A. (1987): Die Backstop-Technologie, WiSt, 2, S. 79–82.

Endres, A. (2000): Umweltökonomie, 2. überarbeitete Auflage, Stuttgart, Berlin, Köln.

Endres, A. (2003): Umwelt- und Ressourcenökonomie der zweiten Generation – Grundlagen und interdisziplinäre Anknüpfungspunkte, WiSt Wirtschaftswissenschaftliches Studium, Vol. 32, No. 1, S. 8–14.

Endres, A. (2013): Umweltökonomie, 4. Aufl.; Stuttgart.

Endres, A., Radke, V. (1998): Indikatoren einer nachhaltigen Entwicklung; Berlin.

Escobar, A. (2015): Degrowth, postdevelopment, and transitions: a preliminary conversation, in: Sustainable Science 10, S. 451–462.

EU Commission (2010): Europe 2020 – A European strategy for smart, sustainable and inclusive growth.

Ewringmann, D., Koch, L. (2006): Einleitung in die Problemstellung: Chemische Industrie, Nachhaltigkeit und Innovationen, in: Koch, L., Monßen, M. ed. (2006): Kooperative Umweltpolitik und nachhaltige Innovationen, Heidelberg, New York.

Feser, H.-D. (1996): Von End-of-Pipe zum integrierten Umweltschutz?, in: Feser, H.-D., Flieger, W. und von Hauff, M. (Hrsg.): Integrierter Umweltschutz. Umwelt- und Ressourcenschonung in der Industriegesellschaft, Volkswirtschaftliche Schriften Universität Kaiserslautern, Band 4, S. 41–56.

Feser, H.-D. (2008): Nachhaltiger Wohlfahrtsstaat? In: v. Hauff, M., Lingnau, V., Zink, K.J. (Hrsg.): Nachhaltiges Wirtschaften, Baden-Baden, S. 1–22.

Firebaugh, G. (2000): The Trend in Between-Nation Incomee Inequality, in: Annual Review of Sociology, 26, S. 323–339.

Fischer, D., v. Hauff, M. (2017): Nachhaltiger Konsum, Schriftreihe 3 Nachhaltigkeit, HLZ, Wiesbaden 2017.

Fischer, S., Gran, S., Hacker, B., Jacobi, A.P., Petzold, S., Pusch, T., Steinberg, P. (2010): „EU 2020" – Impulse für die Post-Lissabonnstrategie; Progressive Politikvorschläge zur wirtschaftlichen, sozialen und ökologischen Erneuerung Europas; Internationale Politikanalyse; Friedrich Ebert Stiftung, Berlin.

Fisher, C.A. (1981): Resource and Environmental Economics, Cambridge.

FIU – Forschungsverbund innovative Wirkungen umweltpolitischer Instrumente (Joint Project on Innovation Impacts of Environmental Policy Instruments) (1997): Rundbrief September 1997, RWI, Essen.

Forster, B. A. (1973): Optimal Capital Accumulation in a Polluted Environment, Rev. Economic Studies, 39, S. 544–547.

Foxon, T.J., Gross, R., Chase, A., Howes, J., Arnall, A. und Anderson, D. (2005): The UK innovation systems for new and renewable energy technologies, in: Energy Policy, Jg. 33, H. 16, S. 2123–2137.

Fratzscher, M. (2016): Verteilungskampf. Warum Deutschland immer ungleicher wird, München.
Freemann, C. (1987): Technology Policy and Economic Reformance: Lessons from Japan, London.
Frenkel, M. und Hemmer, H.R. (1999): Grundlagen der Wachstumstheorie, München.
Frenkel, M., John, K.D., Fendel, R. (2016): Volkswirtschaftliche Gesamtrechnung, 8. Auflage, München.
Frenz, W., Unnerstall, H. (1999): Nachhaltige Entwicklung im Europarecht, Baden-Baden.
Friedrich Eberet Stiftung (2011): Soziales Wachstum. Leitbild einer fortschrittlichen Wirtschaftspolitik, WISO Diskurs, Bonn.
Frondel, M., Horbach, J., Rennings, K. (2004): End-of-Pipe or Cleaner Production? An Empirical Comparison of Environmental Innovation Decisions Across OECD Countries, ZEW Discussion Paper No. 04-82.
Frondel, M., Horbach, J., Rennings. K., Requate, T. (2004): Environmental Policy Tools and Firm-Level Management Practices: Empirical Evidence for Germany, in: RWI Mitteilungen Quarterly.
Fuchs, W. (1970): Ansätze zu einer Konsumstheorie in der angelsächsischen Literatur: ein Beitrag zur betrieblichen Marktlehre, Hannover.
Galbraith, J.K. (1958): The affluent society, London: Hamilton.
Gäth, S., Meißner, S.: Ressourcenschonung durch innovative Recycling- und Kreislaufkonzepte (2013), in: Reller, A. u. a. (Hrsg.) Ressourcenstrategie. Eine Einführung in den Umgang mit Ressourcen, Darmstadt, S. 105–122.
Gehrlein, U. (2003): Umweltindikatoren für eine zukunftsfähige Entwicklung: Einordnung und Verwendungsmöglichkeit, Zentrum für Interdisziplinäre Technikforschung, Technische Universität Darmstadt, Darmstadt.
Georgescu-Roegen, N. (1971): The Entropy Law and the Economic Process, Cambridge/MA.
Gillwald, K. (2000): Konzepte sozialer Innovation, Paper P00-519 der Querschnittsgruppe ‚Arbeit und Ökologie' des Wissenschaftszentrums Berlin.
Goulder, L.H., Environmental Taxation and the Double Dividend: A Reader's Guide, International Tax and Public Finance 157 (1995).
Gray, W. (1987): The cost of Regulations: OSHA, EPA, and the Productivity Slowdown, American Economic Review, 77, S. 998–1006.
Grossman, G., Krueger, A. (1995): Economic Growth and the Environment, Quarterly Journal of Economics, 110 (2), S. 353–377.
Grossman, G., Krueger, A.B. (1991): Environmental Impacts of a North American Free Trade Agreement, NBER working Paper 3914, National Bureau of Economic Research (NBER), Cambridge.
Grossman, G.M., Helpman, E. (1991): Innovation and Growth in the Global Economy, Cambridge MA, MIT Press.
Grunwald, A., Kopfmüller, J. (2012): Nachhaltigkeit, 2. Aufl., Frankfurt.
Gruver, G.W. (1976): Opimal Investment in Pollution Control Capital in a Neoclassical Growth Context, Journal of Environmental Economics and Management, 3, S. 165–177.
GTZ (2010): Discussion Paper – Green Growth, Deutsche Gesellschaft für Technische Zusammenarbeit, Eschborn.
Haeckel, E. (1866): Generelle Morphologie der Organismen, Berlin.
Hallegatte, S.; Heal, G.; Fay, M. und Treguer, D. (2011): From Growth to Green Growth – A Framework, The World Bank, Sustainable Development Network, Washington, Toulouse, Washington, Toulouse, New York.
Hamilton, K., Atkinson, C. (2006): Weath, Welfare and Sustainability, Cheltenham, Northampton.
Hampicke, U. (1992): Ökologische Ökonomie: Individuum und Natur in der Neoklassik, Teil 4.
Hampicke, U. (2001): Grenzen der monetären Bewertung: Kosten-Nutzen-Analyse und globales Klima, in: Ökonomische Naturbewertung, Marburg, S. 151–179.
Hans-Böckler-Stiftung Hrsg. (2000): Verbundprojekt Arbeit und Ökologie – Abschlussbericht, Düsseldorf.

Hartwick, J.M. (1977): Intergenerational Equity and the Investing of Rents from Exhaustible Resources, The American Economic Review, 67(5), S. 972–974.

Hauff, M. v. (1998): Tendenzen und Perspektiven des Marktes für Umwelttechnik, in: Feser, H.-D. und von Hauff, M. (Hrsg.): Zukunftsmarkt Umwelttechnik, Volkswirtschaftliche Schriften Universität Kaiserslautern, Band 15, S. 1–19.

Hauff, M. v. (2014): Nachhaltige Entwicklung – Grundlagen und Umsetzung, 2. Aufl., München.

Hauff, M. v. (2015): Wachstum – Die Kontroverse um nachhaltiges Wachstum, Wiesbaden.

Hauff, M. v. (2016): Industrial zone planning according to the requirements of sustainable development, in: Kraas, F., Gaese, H., Kyi, M. M. (eds.): Megacity Yangon: Transformation processes and modern development. Southeast Asian Modernities 7 Berlin, S. 185–192.

Hauff, M. v. (2016): Sustainable Development in Economics, in: Heinrichs, H. u. a. (2016) (eds): Sustainable Science – an introduction, Heidelberg New York London.

Hauff, M. v., Huber E.: Ökonomische Auswirkungen des Klimawandels – Am Beispiel von Rheinland-Pfalz, in: Volkswirtschaftliche Diskussionsbeiträge Nr. 40–15, Kaiserslautern 2015.

Hauff, M. v., Kleine, A., Jörg, A. (2005): Förderung der Wettbewerbsfähigkeit in Kleinunternehmen durch Ökoeffizienz, Sternenfels.

Hauff, M. v., Nguyen, T. (Hrsg.) (2017): Fortschritte in der Nachhaltigkeitsforschung, Baden-Baden 2017.

Hauff, M. v., Schiffer, H. (2010): Soziale Nachhaltigkeit im Kontext der Neuen Institutionsökonomik; Volkswirtschaftliche Diskussionsbeiträge an der Technischen Universität Kaiserslautern; Nr. 30–10.

Hauff, M. v., Solbach, D. (1999): Perspektiven integrierter Umweltschutztechnologie in der Bundesrepublik Deutschland, Zeitschrift für Umweltpolitik & Umweltrecht, 22. Jahrgang 1/99, S. 67–86.

Hauff, M. von, Parlow, A. (2014): CO2-Emissions and Economic Growth – A Bountes-ting Cointegration Analysis for German Industries, Volkswirtschaftliche Diskussionsbeiträge Technische Universität Kaiserslautern, Nr. 37–14

Hauff, V. (1987): Unsere gemeinsame Zukunft – Der Brundtland-Bericht der Weltkommission für Umwelt und Entwicklung, Greven; Originaltitel: Worls Commission on Environment and Development: Our Common Future.

Haug, S. (1997): Soziales Kapital – ein kritischer Überblick über den aktuellen Forschungsstand, Mannheimer Zentrum für Europäische Sozialforschung, Arbeitsbereich II, Mannheim Nr. 15.

Haug, S., Gerlitz, J.-Y. (2007): Messkonzepte sozialen Kapitals – Eine Betrachtung vor dem Hintergrund der Nachhaltigkeitsdebatte, in: Beckenbach, F., u. a. (Hrsg.): Soziale Nachhaltigkeit – Jahrbuch Ökologische Ökonomik, Marburg, S. 189–218.

Heal, G.M. (1982): Stable Disequilibrium Prices, Macroeconomics and Increasing Returns I, Cowles Foundation Discussion Papers 650, Yale University.

Hedinger, W. (2007): The Conceptual Strength of Week Sustainability. Paper presentiert auf dem Workshop „Nachhaltigkeit" Naturschutzakademie Insel Vilm 10.–13. Oktober.

Hemmelskamp, J. (1999): Umweltpolitik und technischer Fortschritt, Heidelberg.

Hemmelskamp, J., Rennings, K., Leone, F. (2000): Innovation-Oriented Environmental Regulation – Theoretical Approaches and Empirical Analysis, in: ZEW Economic Studies, 10, Heidelberg.

Hilger, S. (2014): Innovation und Wachstum aus wirtschaftshistorischer Perspektive, in: Mai, M. (Hrsg): Handbuch Innovationen, Wiesbaden 2014, S. 37–46.

Hillebrand, B., Löbbe, K., Clausen, H., Dehio, J., Halstrick-Schwenk, M., von Loeffelholz, H.D., Moos, W., Storchmann, K.H. (2000): Nachhaltige Entwicklung in Deutschland – ausgewählte Problemfelder und Lösungsansätze; Untersuchungen des Rheinisch-Westfälischen Instituts für Wirtschaftsforschung, Nr. 36, Essen.

Hjalmarsson, A., Lind, M. (2011): Challenges in Establishing Sustainable Innovation, in: ECIS 2011 Proceedings. Paper 148.

Hoffmann-Müller, R. und Lauber, U. (2013): Green-Growth-Indikatoren der OECD – Praxistest für Deutschland, Statistisches Bundesamt, Wirtschaft und Statistik, Wiesbaden, S. 255–265.

Hohmeyer, O., Koschel, H. (1995): Umweltpolitische Instrumente zur Förderung des Einsatzes integrierter Umwelttechnik, Endbericht einer ZEW-Studie im Auftrag des Büros für Technikfolgenabschätzung beim Deutschen Bundestag (TAB), ZEW 1995, Nr. 6.

Holstein, L. (2003): Nachhaltigkeit und neoklassische Ökonomie, Marburg.

Horbach, J., Rammer, Ch., Rennings, K. (2011): Determinants of Eco-innovations by Typde of Environmental Impact – The Role of Regulatory Push/Pull Technology Push and Market Pull, Discussion Paper No 11–027, Zentrum für Europäische Wirtschaftsforschung.

Hotelling, H. (1931): The Economics of Exhaustible Resources, Journal of Political Economy, 39, S. 137–175.

Hübner, K., Nill, J. (2001): Nachhaltigkeit als Innovationsmotor. Herausforderungen für das deutsche Innovationssystem, Berlin.

Hung, V.T.Y., Chang, P., Blackburn, K. (1993): Endogenous Growth, Environment and R&D, in: Carraro, C. (Hrsg.): Trade, Innovation and Environment, Dordrecht, Boston, London, S. 241–258.

Hutt, W. (1936): Economists and the Public: A Study of Competition and Opinion, London, reprinted New Brunswick: Transaction Publishers.

Isenmann, R., v. Hauff, M. (Hrsg) (2007): Industrial Ecology. Mit Ökologie zukunftsorientiert wirtschaften, München.

Jackson, T. (2011): Wohlstand ohne Wachstum, 2. Aufl., München.

Jackson, T., Victor, P.A. (2014): Does slow growth lead to rising inequality? Some reflections on Piketty's 'fundamental' laws of capitalism, Prosperity and Sustainability in the Green Economy, Working Paper Series 14-01.

Jackson, T., Victor, P.A. (2015): Does credit create a 'growth imperative'? A quasi-stationary economy with interest-bearing dept, in: Ecological Economics 120, p 32–48.

Jackson, T., Victor, P.A. (2016): Does slow growth lead to rising inequality? Some theoretical reflections and numerical simulations, Ecological Economist, 121, S. 206–219.

Jaffe, A.B., Peterson, S.R., Portney, P.R., Stavins, R.N. (1995): Environmental Regulations and the Competitiveness of U. S. Manufactoring: What Does the Evidence Tell Us?, Journal of Economic Literature, 33, S. 132–1410.

Jänicke, M. (2008): Megatrend Umweltinnovation – Zur ökologischen Modernisierung von Wirtschaft und Staat, München.

Jänicke, M. (2011): „Green Growth" Vom Wachstum der Öko-Industrie zum nachhaltigen Wirtschaften, Forschungszentrum für Umweltpolitik, Freie Universität Berlin.

Jevons, W.S. (1865): The Coal Question, London.

Jörg, A. (2007): Die Beziehung von Wirtschaftswachstum und Umwelt – Eine umweltpolitische Implikation, Regensburg.

Jouvet, P.-A., de Perthuis, C. (2012): Green Growth: From Intention to Implementation, Les Cahiers de la Chaire Economie du Climat, Information and debates Series, nr. 15.

Kaldor, N. (1956): Altzernative Theories of Distribution, in: Revieww of EEconomic Study, 23, S. 83–100.

Kaldor, N. (1963): Capital Accumulation and Economic Growth, in: Lutz, F.A. und Hague, D.C. (Hrsg.): The Theory of Capital, London, S. 177–222.

Kapp, W.K. (1979/1963): Soziale Kosten der Marktwirtschaft, Frankfurt a. M., Original: Social Costs of Business Enterprise, Bombay.

Keeler, E., Spence, M., Zeckhauser, R. (1971): The Optimal Control of Pollution, Journal of Economic Theory, 4, S. 19–34.

Kemp, R., Pearson, P. (2008): Final report MEI project about measuring eco-innovation, Maastricht, www.merit.unu.edu/MEI.

Kirchgässner, G.: Gibt es die ökologische und soziale Wirtschaft?; in: Außenwirtschaft, 57. Jg. (2002) H. 4, S. 391–406.

Klepper, G. (1999): Wachstum und Umwelt aus der Sicht der neoklassischen Ökonomie, in: Jahrbuch Ökologische Ökonomik, Bd. 1, S. 291–318.

Koerber, E. von (2008): Chancen oder neue Grenzen des Wachstums?, in: Weder di Mauro, B. (Hg.): Chancen des Wachstums, Frankfurt am Main, S. 249–268.

Kondratieff, N.D. (1926): Die langen Wellen der Konjunktur, in: Archiv für Sozialwissenschaft und Sozialpolitik 56, S. 573–609.

Konrad, W., Nill, J. (2001): Innovationen für Nachhaltigkeit, in: Schriftenreihe des IÖW, Nr. 157, Berlin.

Koopmans, T.C. (1965): On the Concept of Optimal Economic Growth, The Economic Approach to Development Planning, in: Pontificiae Academiae Scientiarum Scripta Varia 28,1, Semaine d'Etude sur le Role de L'analyse Econometrique dans la Formulation de Plans de Developpement 1965.

Krebs, A. (1996): „Ich würde gern mitunter aus dem Haus tretend ein paar Bäume sehen" Philosophische Überlegungen zum Eigenwert der Natur, in: Nutzinger, (Hg): Naturschutz – Ethik – Ökonomie, Marburg, S. 31–48.

Krelle, W. (1988): Theorie des wirtschaftlichen Wachstums, Berlin, Heidelberg, New York, Paris, Tokio.

Krüger, L., Bizer, K. (2009): Innovationen im Kontext von Nachhaltigkeit, Diskussionsbeiträge, Volkswirtschaftliches Seminar Universität Göttingen, Nr. 144.

Kuznets, S. (1955): Economic Growth and Income Inequality, American Economic Review, 49, S. 1–28.

Lachmann, W. (2003): Volkswirtschaftslehre, Berlin.

Layard, R. (2005): Die glückliche Gesellschaft. Kurswechsel für Politik und Gesellschaft, Frankfurt.

Lederer, E. (1920): Deutschlands Wiederaufbau und weltwirtschaftliche Neuglie-derung durch Sozialisierung, Tübingen.

Leipert, C. (1975): Unzulänglichkeiten des Sozialprodukts in seiner Eigenschaft als Wohlstandsmaß, Tübingen.

Lerch, A. (2010): Das Prinzip der Konsumentensouveränität aus ethischer Sicht, in: zfuw Nr. 12, S. 174–86.

Lerch, A., Nutzinger, H.G. (1998): Nachhaltigkeit. Methodische Probleme der Wirtschaftsethik. In: Zeitschrift für Evangelische Ethik, Jg. 42, S. 208–223.

Lesch, H., Kamphausen, K. (2016): Die Menschheit schafft sich ab. Die Welt im Griff des Anthropozän, Grünwald.

Lighart, J.E., van der Ploeg, F. (1994): Pollution, the Cost of Public Funds and Endogenous Growth, Economic Letters, S. 339–349.

Link, F.J. (1989): Wachstum im Wandel. Chancen für mehr Qualität, Köln.

López, R. (1994): The Environment as a Factor of Production: The Effects of Economic Growth and Trade Liberalization, Journal of Environmental Economics and Management, 27, S. 163–184.

Lotka, A.J. (1956/1925): Elements of Mathematical Biology, New York, Dover.

Lucas, R.E. (1988): On the Mechanics of Development Planning, Journal of Monetary Economics, 22, S. 3–42.

Luks, F. (2005a): Innovationen, Wachstum und Nachhaltigkeit: Eine ökologisch-ökonomische Betrachtung, in: Jahrbuch Ökologische Ökonomik: Innovationen und Nachhaltigkeit, S. 41–62.

Luks, F. (2005b): Ökologische Nachhaltigkeit als Knappheitsproblem. Ein kritischer Blick auf die ökonomische Konstruktion der ökologischen Wirklichkeit, in: Natur und Kultur, Transdisziplinäre Zeitschrift für ökologische Nachhaltigkeit.

Luks, F. (2007): Gutes Leben durch Wirtschaftswachstum, in: Lang, E. et al. (Hrsg.): Ansätze für eine Ökonomie der Nachhaltigkeit, München.

Lundvall, B.-A. Hrsg. (1992): National Systems of Innovation: Towards a Theory of Innovation and Interactive Learning, London.
Majer, H. (1999): Wachstum aus der Sicht der ökologischen Ökonomie, in: Beckenbach, F. et al. (Hrsg.): Jahrbuch Ökologische Ökonomik Band 1: Zwei Sichtweisen auf das Umweltproblem: Neoklassische Umweltökonomik versus Ökologische Ökonomik, Marburg, S. 319–348.
Majer, H. (1994): Wirtschaftswachstum. Paradigmenwechsel vom quantitativen zum qualitativen Wachstum, München.
Majer, H. (1998): Wirtschaftswachstum und nachhaltige Entwicklung, München, Oldenburg.
Majer, H. (2003): Nachhaltige Entwicklung – Leitbild für Zukunftsfähigkeit; in: Volkswirtschaftslehre, Nr. 7, S. 935–943.
Mäler, K.-G. (1974): Environmental Economics: A Theoretical Inquiry.
Malthus, T.R. (1798): An Essay on the Principle of Population, London, 1986.
Mankiw, N.G. (2001): Principles of Economics, Orlando.
Martens, P. et al. (2016): Climate Change: Responding to a Major Challenge for Sustainable Development, in: Heinrichs, H. u. a. (eds): Sustainable Science. An Introduction, Heidelberg New York London, S. 303–310.
Marx, K. (1859): Grundrisse: Foundations of the Critique of Political Economy.
Masberg, D. (1984): Zur Entwicklung der Diskussion um „Lebensqualität" und „qualitatives Wachstum" in der Bundesrrepublik, in: Majer, H. (Hrsg.): Qualitatives Wachstum – Einführung in Konzeptionen der Lebensqualität, Frankfurt, New York.
Meadows, D.L. (1972): Die Grenzen des Wachstums – Der Bericht des Club of Rome zur Lage der Menschheit, Stuttgart.
Meadows, D.L., Meadows, D. H., Randers, J. (2001): Die neuen Grenzen des Wachstums, Hamburg.
Meißner, W. und Fassing, W. (1989): Wirtschaftsstruktur und Strukturpolitik, München.
Michaelis, N.V. (2003): Nachhaltige Entwicklung und programmgebundene Kreditvergabe der Weltbank, Regensburg.
Michaelis, N.V. (2009): Wohlstandsmessung 2.0, in E+Z Jg. 50/2009, S. 470–471.
Michel, P., Rotillon, G. (1995): Disutility of Pollution and Endogenous Growth, Environmental and Resource Economics, 6, S. 279–300.
Michelsen, G., Adomßent, M., Matens, P., von Hauff, M. (2016): Sustainable Development – Background and Context, in: Heinrichs, H. u. a. (eds): Sustainability Science – An Introduction, Heidelberg New York London, S. 5–29.
Mill, J.S. (1857/1965): Principals of Political Economics, zitiert in: Dieren, v.W. (1995/05): Der Mythos der modernen Wirtschaft, in: Die Zeit Nr. 20, 12.05.1995:36.
Mishan, E.J. (1963): The Costs of Economic Growth, London 1967.
Müller, M., Fuentes, U., Kohl, H. (2007): Der UN-Weltklimareport, Köln.
Neumayer, E. (1999): Weak versus Strong Sustainability, Cheltenham.
Neumayer, E. (2013): Week versus Strong Sustainability. Exploring the Limits of Two Opposing Paradigms. Fourth Edition, Cheltenham.
Nguyen, T. (2013): Nachhaltige Finanzmarktpolitik, in: v. Hauff, M., Nguyen, T. (Hrsg.): Nachhaltige Wirtschaftspolitik, Baden-Baden, S. 351–381).
Nordhaus, W.D., Tobin, J. (1973): Is Growth Obsolete? In: Moss, M. (Hrsg.): The Measurement of Economic and Social Performance, New York, S. 509–532.
North, D.C. (1992): Institutionen, institutioneller Wandel und Wirtschaftsleistung, in: Die Einheit der Gesellschaftswissenschaften, Bd. 76, Tübingen.
North, D.C., Wallis, J.J. (1994): Integrating Institutional Change and Technical Change in Economic History. A Transaction Cost Approach, in: Journal of Institutional and Theoretical Economics, Jg. 150, Heft 4, S. 609–624.
Odum, H.T. (1971): Environment, Power and Society, New York.

OECD – Organisation for Economic Co-operation and Development (1992): Technology and the Economy: The Key Relationships, OECD, Paris.
OECD – Organisation for Economic Co-operation and Development (2010): Investment for Green Growth, Paris.
OECD – Organisation for Economic Co-operation and Development (2011): Divided We Stand: Why Inequality Keeps Rising, Paris.
OECD – Organisation for Economic Co-operation and Development (2012): Auf dem Weg zu umweltverträglichem Wachstum, Zusammenfassung für politische Entscheidungsträger, Paris.
OECD – Organisation for Economic Co-operation and Development (2016): Contributions to GDP Growth: third quarter 2015. Quarterly National Accounts, Paris.
OECD – Organisation for Economic Co-operation and Development (2008): Mehr Ungleichheit trotz Wachstum?, Einkommensverteilung und Armut in OECD-Ländern, Paris.
OECD – Organisation for Economic Co-operation and Development (2014): OECD-Wirtschaftsberichte Deutschland, Paris.
OECD – Organisation for Economic Co-operation and Development/Eurostat (1997): Oslo Manuel. Proposed Guidelines and for Collecting and Interpreting Technological Innovation Data, Paris.
Opielka, M. (1998): Sozialpolitik ohne Wachstum?, in: Politisch Ökonomie, Sonderheft 11)Wege aus der Wachstumsfalle), Januar/Februar 1998, 16.Jg, S. 53–57.
Ostwald, D., Sesselmeiere, W.: Das Arbeits-BIP-Eine umfängliche Berücksichtigung der Arbeitsleistung bei dere Wohlstansberechnung, WISU Diskurs, Bonn 2011.
Ott, K., Döring, R. (2008): Theorie und Praxis starker Nachhaltigkeit, Marburg.
Panayotou, T. (1993): Empirical Tests and Policy Analysis of Environmental Degradation at Different Stages of Economic Development, Discussion paper 1, Geneva: International Labour Office.
Panayotou, T. (2000): Economic Growth and the Environment, CID Working Paper No. 56, Environment and Development Paper No. 4, Harvard.
Paraskevopoulou, E. (2012): Non–technological regulatory effects: Implications for innovation and innovation policy, in: Research Policy, S. 1058–1071.
Patel, P., Pavitt, K. (1994): The continuing, widespread (and neglected) importance of improvements in mechanical technologies, in: Research Policy, 23, S. 533–546.
Pavitt, K. (1984): Sectoral Patterns of Technical Change: Towards a Taxonomy and a Theory, in: Research Policy, 13, S. 343–373.
Pearce, D.W., Turner, R.K. (1990): Economics of Natural Resources and the Environment, Baltimore.
Pearce, D.W. (1991): Blueprint 2: Greening the World Economy, London.
Pearce, D.W., Atkinson, G.D., Dubourg W.R. (1994): The Economics of Sustainable Development, Annual Review of Energy and Environment, S. 457–474.
Pece, A.M. et al. (2015): Innovation and economic growth: An empirical analysis for CEE countries, in: Periodica Economics and Finance 26, S. 461–467.
Peretto, P., Smulders, S. (2002): Technological Distance, Growth and Scale Effects, The Economic Journal, 112, S. 603–624.
Philippovich, E.V. (1910): Das Wesen der volkswirtschaftlichen Produktivität und die Möglichkeiten ihrer Messung, in: Schriften des Vereins für Sozialpolitik, 132. Band, Verhandlungen des Vereins für Sozialpolitik in Wien, 1909, Teil III: Die Produktivität der Volkswirtschaft, Leipzig.
Pigou, A.C. (1932): The Economics of Welfare, 3. Aufl., London.
Piketty, T. (2014): Das Kapital im 21. Jahrhundert, München.
Pillarisetti, J.R. (2005): The world banks genuine saving's measure and sustainability, in: Ecological Economics, Bd. 55, 2005, S. 599–609.
Pittel, K. (2002): Sustainability and Endogenous Growth, Cheltenham, Northhampton.
Porter, M. E., van der Linde, C. (1995): Toward a new conception of the environment competitiveness relationship, in: Journal of Economic Perspectives 9/4, S. 97–118.

Priewe, J. (1999): Von Rom nach Wuppertal? Auf der Suche nach den ökologischen Grenzen des Wachstums, in: Helmedag, F. und Reuter, N. (Hrsg.): Der Wohlstand der Nationen, Festschrift zum 60. Geburtstag von Karl Georg Zinn, Marburg, S. 421–442.

Priewe, J. (2002): Begrenzt ökologische Nachhaltigkeit das Wirtschaftswachstum?, Zeitschrift für Umweltpolitik und Umweltrecht, Heft 2/2002, S. 153–172.

Prognos (2014): Analyse von Konzepten zu „Green Growth", im Auftrag des Bundesministeriums für Wirtschaft und Technologie, Basel, München.

Quesnay, F. (1759): Tableau économique, Paris, von Kuczynski, M, Meek, R.L., London 1972.

Radke, V. (1996): Balancing Economic, Ecological and Social Assets for Sustainable Development; Diskussionsbeiträge des Fachbereichs Wirtschaftswissenschaften, Nr. 230; Hagen.

Ramsey, F.P. (1928): A Mathematical Theory of Saving, Economic Journal, 38, S. 543–559.

Rat für Nachhaltige Entwicklung, GTZ (2005): BRICS+G Sustainability and Growth, www.bricsg.net.

Rat für Nachhaltige Entwicklung (2013): der Nachhaltige Warenkorb, Berlin.

Rebelo, S. (1991): Long-run Policy Analysis and Long-run Growth, Journal of Political Economy, 99, S. 500–521.

Rehfeld, K.-M., Rennings, K., Ziegler, A. (2004): Integrated Product Policy and Environmental Product Innovations: An Empirical Analyses, ZEW Discussion Paper No. 04-71, Mannheim.

Reis, A.B. (2001): Endogenous Growth and the Possibility of Eliminating Pollution, Journal of Environmental Economics and management, 42, S. 360–373.

REN21 (Renewable Energy Policy Network for the 21th Century) (2015): Renewables 2015 – Global Status Report, Paris.

Rennings, K. (2005): Innovationen aus Sicht der neoklassischen Umweltökonomie, in: Jahrbuch Ökologische Ökonomik: Innovationen und Nachhaltigkeit, S. 15–40.

Ricardo, D. (1871): On the Principles of political Economy and Taxation, Cambridge, 1951.

Richter, R., Vuruboten, E.G. (2003), Neue Institutionenökonomik – Eine Einführung und kritische Würdigung, 3. Aufl., Tübingen.

Riviera-Batiz, L.A., Romer, P.M. (1991): International Trade with Endogenous Technological Change, European Economic Review, XXXV, S. 971–1004.

Rogall, H. (2008): Ökologische Ökonomie, 2. Aufl., Wiesbaden.

Romer, P.M. (1986): Increasing Returns and Long-run Growth, Journal of Political Economy, 94, S. 1002–1037.

Romer, P.M. (1987): Growth Based on Increasing Returns Due to Specialization, American Economic Review, 77, S. 56–62.

Romer, P.M. (1990): Endogenous Technological Change, Journal of Political Economy, XCVIII, S. 71–101.

Ropke, I. (2011): Konsum: Kern des Wachstumsmotors, in: Seidl, I., Zahrnt, A. (Hrsg.):Postwachstumsgesellschaft – Konzepte für die Zukunft, Marburg, S. 103–115.

Rowe, J., Anielski, M. (1999): Genuine Progress Indicator 1998. Executive Summary, San Francisco.

Ryder Jr., H.R., Heal, G.M. (1973): Optimal Growth with Intertemporally Dependent Preferences, Review of Economic Studies, S. 1–31.

Sachverständigenrat (2010): Wirtschaftsleistung, Lebensqualität und Nachhaltigkeit: Ein umfassendes Indikatorensystem – Expertise im Auftrag des Deutsch-Französichen Ministerrates, Wiesbaden.

Samuelson, P. AQ., Nordhaus, W. (2005): Economics (18. Edition), Boston.

Sandamo, A.: Optimal Taxation in the Presence of Externalities, Swedish Journal of Economics (1975).

Schechler, J.M. (2002): Sozialkapital und Netzwerkökonomik, Frankfurt a. M.

Schmidt, M. (2005): Grenzen des Wachstums und Nachhaltigkeit – Die Meilensteine einer fortwährenden Debatte, Schriftenreihe des Fachbereichs Wirtschaft der Hochschule Bremen, Band 69, Bremen.

Schmookler, J. (1966): Invention and Economic Growth, Cambridge.
Schoer, K. (2008): The German system of Environmental Economic Accounting: Concept, Current State and Applications, in: v. Hauff, M., Kundu, A. (eds): Environmental Accounting – Explorations in Methodology, Delhi 2008, S. 251–278.
Scholz, C.M., Ziemes, G. (1999): Exhaustible Resources, Monopolistic Competition, and Endogenous Growth, Environemtal and Resource Economics, 13, S. 169–185.
Schumpeter, J. (1911): Theorie der wirtschaftlichen Entwicklung. Eine Untersuchung über Unternehmergewinne, Kapital, Kredit, Zins und den Konjunkturzyklus, München.
Schumpeter, J. (1964): Theorie der wirtschaftlichen Entwicklung, Göttingen.
Schwarz, M., Birke, M., Beerheide, E. (2010): Die Bedeutung sozialer Innovationen für eine nachhaltige Entwicklung, in: Howaldt, J., Jacobsen, H. (Hrsg,): Soziale Innovationen – Auf dem Weg zu einem postindustriellen Innovationsparadigma, Wiesbaden, S. 165–180.
Scott, W.R. (2006): Reflexionen über ein halbes Jahrhundert Organisationssoziologie, in: Senge, K., Hellmann, K.-U. (Hrsg.): Einführung in den Neo-Institutionalismus, Wiesbaden, S. 201–253.
Seel, B. (2006): Haushaltsökonomik-Grenzgänger zwischen Wissenschaftsparadigmen, in: Hauswirtschaft und Wissenschaft 54, Nr. 3, S. 112–119.
Seidl, I., Zahrnt, A. (2010): Postwachstumsgesellschaft – Konzepte für die Zukunft, Marburg.
Selden, T.M., Song, D. (1994): Environmental Quality and Development: is there a Kuznets Curve for Air Pollution Emissions?, Journal of Environmental Economics and Management, 27, S. 147–162.
Shafik, N., Bandyopadhyay, S. (1992): Economic Growth and Environmental Quality: Time Series and Cross-country Evidence, World Bank Background Papers, Washington, DC.
Sheshinski, E. (1967): Optimal Accumulation with Learning by Doing, in Shell, K. (Hrsg.): Essays on the Theory of Optimal Economic Growth, Cambridge MA, MIT Press, S. 31–52.
Shmelev, S. (2012): Ecological Economics – Sustainability in Practice, Heidelberg, London, New York.
Simon, H.A. (1957): Models of Man – Social and Rational, New York.
Simonis, U.E. (1981): Indikatoren qualitativen Wachstums, in: Die Mitarbeit, Jg. 30, Nr. 1, S. 304–315.
Smith, A. (1776): An Inquiry into the Nature and Causes of the Wealth of Nations, New York, Random House, 1937.
Smulders, S. (1995): Entropy, Environment, and Endogenous Economic Growth, International Tax and Public Finance, 2, S. 319–340.
Smulders, S. (1997): Should Environmental Standards be Tighter if Technological Change is Endogenous?, Center for Economic Research, Discussion Paper 9779, Tilburg.
Smulders, S. (1998): Technological Change, Economic Growth and Sustainability, in Bergh, J.C.J.M. van den und Hofkes, M.W. (Hrsg.): Theory and Inplementation of Economic Models for Sustainable Development, Dordrecht, S. 37–65.
Smulders, S. Toman, M. (2014): Growth Theory and "Green Growth", Oxford Centre for the Analysis of Resource Rich Economies, OxCarre Research Paper 135.
Smulders, S., Gradus, R. (1996): Pollution Abatement and Long-Term Growth, European Journal of Political Economy, 12, S. 505–532.
Solbach, D. (1998): Integrierter Umweltschutz, internationale Wettbewerbsfähigkeit und Standortqualität, Dissertation D 386, Universität Kaiserslautern.
Solow, R.M. (1956): A Contribution to the Theory of Economic Growth, Quarterly Journal of Economics, 70, S. 65–94.
Solow, R.M. (1974a): The Economics of Resources or the Resources of Economics, American Economic Review 64, S. 1–14.
Solow, R.M. (1974b): Intergenerational Equity and Exhaustible Resources, Rev. Economic Studies (Symposium Issue), S. 29–46.
Solow, R.M. (1993): Sustainability: An Economist's Perspective, in: Dorfman, R., Dorfman, N.S. (Hrsg.): Economics of the Environment – Selected Readings, New York, London, S. 179–187.

Solow, R.M. (1997): Georgescu-Roegen versus Solow-Stiglitz – reply, in: Ecological Economics, Vol. 22, S. 267–268.
Spash, C.L. (2013): The Shallow or the Deep Ecological Economics Movement? In: Ecological Economics, 93, S. 351–362.
Spash, C.L. (2017): Handbook of Ecological Economics: Nature and Society (Routledge International Handbooks) London.
Statistisches Bundesamt (2005a): Veröffentlichung zur Umweltökonomischen Gesamtrechnung 2005: www.env-it.de/Umweltdaten/Public/Document/DownloadImage.do?ident=3966.
Statistisches Bundesamt (2005b): Investitionen für Umweltschutz im Produzierenden Gewerbe 2003, Wiesbaden.
Statistisches Bundesamt (2012a): Test des OECD-Indikatorensets Green Growth in Deutschland, Wiesbaden.
Statistisches Bundesamt (2012b): Volkswirtschaftliche Gesamtrechnungen, Inlandsproduktberechnung – Lange Reihen ab 1970, Wiesbaden.
Statistisches Bundesamt (2016): Bruttoinlandprodukt (BIP) je Einwohner in Deutschland von 1991 bis 2015, Statista 2016, Wiesbaden.
Statistisches Bundesamt (2016a): Volkswirtschaftliche Gesamtrechnungen, Bruttoinlandsprodukt, Bruttonationaleinkommen, Volkseinkommen – Lange Reihen ab 1925, Wiesbaden.
Statistisches Bundesamt (2016b): Volkswirtschaftliche Gesamtrechnungen, Inlandsproduktsberechnung, Detaillierte Jahresergebnisse, Wiesbaden.
Statistisches Bundesamt (2016c): Bruttoinlandsprodukt 2015 für Deutschland, Begleitmaterial zur Pressekonferenz am 14. Januar 2016 in Berlin, Wiesbaden.
Steurer, R. (2001): Paradigmen der Nachhaltigkeit, in: Zeitschrift für Umweltpolitik (ZfU), Bd. 24.2001, Frankfurt, S. 537–566.
Stiglitz, J.E. (1974): Growth with Exhaustible Natural Resources: The Competitive Economy, Review of Economic Studies, Symposium on the Economics of Exhaustible Resources, S. 123–137.
Stiglitz, J.E. (2008): Das Entwicklungsversprechen, in: Weder di Mauro, B. (Hg.): Chancen des Wachstums, Frankfurt am Main, S. 225–246.
Stiglitz, J.E. (2010a): Im freien Fall – Vom Versagen der Märkte zur Neuordnung der Weltwirtschaft, München.
Stiglitz, J.E. (2010b): The Stiglitz Report: Reforming The International Monetary And Financial Systems In The Wake Of The Global Crisis, New Press, New York.
Stiglitz, J.E., Sen, A., Fitoussi, J.-P. (2009): Report by the Comission on the Measurement of Economic Performance and Social Progress, Paris.
Stokey, N.L. (1998): Are there Limits to Growth?, International Economic Review, 39, S. 1–31.
Ströbele, W. (1987): Rohstoffökonomik, München.
Struck, B. (2004): Zur statistischen Wahrnehmung der Veränderungen bei den statistischen Einheiten des Sektors Staat, Working Paper No. 42, Universität Rostock, Wirtschafts- und Sozialwissenschaftliche Fakultät, Institut für Volkswirtschaftslehre, Rostock.
Sturn, R.: Grenzen der Konsumentensouveränität und die Perspektiven der Meritorik, in: Held, M, Kubon-Gilke, G., Sturn, R. (Hrsg.) (2013): Grenzen der Konsumetensouveränität – Normative und institutionelle Grundlagen der Ökonomik, Jahrbuch 12, Marburg, S. 15–39.
Swan, T.W. (1956): Economic Growth and Capital Accumulation, Economic Record, 32, S. 334–361.
TAB-Arbeitsbericht Nr. 35 (1995): Umwelttechnik und wirtschaftliche Entwicklung, http://www.tab.fzk.de/de/projekt/zusammenfassung/Textab35.htm.
Tahvonen, O., Kuuluvainen, J. (1993): Economic Growth, Pollution and Renewable Resources, Journal of Environmental Economics and Management, 24, S. 101–118.
Teichmann, U. (1987): Grundlagen der Wachstumspolitik, München.

Tichy, G. (2009): Nachhaltiges Wachstum?, in: Forum Wissenschaft & Umwelt (Hrsg.): Nachhaltiges Wachstum? Wien, S. 4–9.

Toman, M. (2003): The Roles oft he Environment and Natural Resources in Economic Growth Analysis, Discussion Paper 02-71 Resources for the Future, Washington.

Toman, M. A. Pezzey, J., Krautkraemer, J. (1994): Neoclassical economic growth theory and „sustainability", in: Bromley, D. Hrsg. (1994): The Handbook of Environmental Economics, Cambridge, Massachusetts, S. 139–165.

UBA – Umweltbundesamt (1997): Nachhaltiges Deutschland – Wege zu einer dauerhaft-umweltgerechten Entwicklung, Berlin.

UBA – Umweltbundesamt (2012): Nationale Trendtabellen für die deutsche Berichterstattung atmosphärischer Emissionen 1990–2010, Download 19.06.2012 unter: www.uba.de.

UBA – Umweltbundesamt (2015), Nationale Trendtabellen für die deutsche Berichterstattung atmosphärischer Emissionen 1990–2013 (stand 05/2015), Download 07.12.2015 unter: www.uba.de.

UBA – Umweltbundesamt (2016a): Treibhausgas-Emissionen in Deutschland, Methan-Emissionen, Zugriff 12.04.2016 unter: www.uba.de.

UBA – Umweltbundesamt (2016b): Aktualisierung und methodische Überarbeitung des Nationalen Wohlfahrtsindex 2.0 für Deutschland 1991 bis 2012, Texte 29/2016, Verfasser: Diefenbacher, Hans; Held, Benjamin; Rodenhäuser, Dorothee (alle Forschungsstätte der Evangelischen Studiengemeinschaft, Institut für interdisziplinäre Forschung Heidelberg); Zieschank, Roland (Forschungszentrum für Umweltpolitik der Freien Universität Berlin); Heidelberg, Berlin.

UN – United Nations (2010): Bericht über die menschliche Entwicklung 2010, Deutsche Gesellschaft für die Vereinten Nationen e.V., Berlin.

UNCED (1992): Agenda 21, the Rio Declaration on Environment and Development, the Statement of Forest Principles, the United Nations Framework Convention on Climate Change and the United Nations Convention on Biological Diversity, Rio de Janeiro.

UNDP United Nations Development Programme (2015) Human Development Report 2015 – Work for Human Development, Trends in the Human Development Index 1990–2014, New York.

UNECE/OECD/Eurostat (2008): Report on measuring sustainable development: Statistics for sustainable development, commonalities between current practice and theory, working paper ECE/CES/2008.

UNEP (2010): Green Economy – Developing Countries Success Stories, United Nations Environment Programme.

UNESCAP I (2012): Green Growth, United Nations Economic and Social Commission for Asia and the Pacific.

UNESCAP II (2008): The Green Growth approach for climate action, Background document for the 3rd Policy Consultation Forum of the Seoul Initiative Network on Green Growth, United Nations Economic and Social Commission for Asia and the Pacific.

UNESCAP III , Crawford, J. (2009): Low Carbon Green Growth – Integrated Policy Approach to Climate Change for Asia-Pacific Developing Countries, United Nations Economic and Social Commission for Asia and the Pacific.

Unruh, G.C. (2000): Understanding carbon lock-in, in: Energy Policy, Jg. 28, H. 12, S. 817–830.

Uzawa, H. (1965): Optimal Technical Change in an Aggregative Model of Economic Growth, International Economic Review, 6, S. 18–31.

Van den Bergh, J.C.J.M., Nijkamp, P. (1998): A multiregional Perspective on Growth and Environment: The Role of Endogenous Technology and Trade, The Annals of Regional Science, 32, S. 115–131.

Van der Veen, G., Schenau, S. und Balde, K. (2012): Monitoring green growth in the Netherlands – Best practices for a broader international scale, Vorlage für DGINS.

Van Dieren, W. (1995): Mit der Natur rechnen – Der neue Club of Rome Bericht: Vom Bruttosozialprodukt zum Ökosozialprodukt, Basel.

Van Ewijk, C., van Wijnbergen, S. (1995): Can Abatement overcome the Conflict between Environment and Economic Growth?, de Economist, 143 (2).

Van Marrewijk, C., van der Ploeg, F., Verbeek, J. (1993): Pollution, Abatement and Endogenous Growth: Is Growth bad for the Environment?, Working Paper, World Bank, Washington, D.C.

Vandermoortele, M. (2009): Within-Country Inequality, Global Imbalences and Financial Instability, http://www.org. uk/resources/ddocs/5066.pdf; Stand 11.11.2011.

Veblen, T. (2009): The theory of the leisure class, Oxford.

Verdier, T. (1993): Environmental Pollution and Endogenous Growth: A Comparison between Emission Taxes and Technological Standards, Fondazione Eni Enrico Mattei, Working Paper 57.93.

Voigt, S. (2009): Institutionenökonomik, 2. Auflage, Paderborn.

Vollebergh, H., Kempfert, C. (2005): The Role of Technological Change for a Sustainable Development, International Society for Ecological Economics, Band 54, 2/3, S. 133–147.

Voy, K. (2004): Schumpeter und das Sozialprodukt. Ein Beitrag zur Archäologie der volkswirtschaftlichen Gesamtrechnungen in der ersten Hälfte des zwanzigsten Jahrhunderts, Working Paper No. 42, Universität Rostock, Wirtschafts- und Sozialwissenschaftliche Fakultät, Institut für Volkswirtschaftslehre, Rostock.

Wackernagel, M. und Rees, B.E. (1996): Our ecological footprint – reducing human impact on earth, Gabriola Island.

Walz, R. (1999): Der Beitrag von R.M. Solow zur Entwicklung des schwachen Nachhaltigkeitsbegriffs, Fraunhofer-Institut für Systemtechnik und Innovationsforschung, Karlsruhe.

Wehrden, v. H. u. a. (2016): Sustainability and Ecosystems, in: Heinrichs, H. et al.: Sustainability Science. An Introduction, Heidelberg, New York London, S. 61–70.

Weikard, H.P. (1999): Wahlfreiheit für künftige Generationen, Marburg.

Weizsäcker, E.U. v. et al. (2009): Factor Five: Transforming the Global Economy through 80 % Improvements in Resource Productivity, Earthscan, London.

Welsch, H. und Eisenack, K. (2002): Energy Costs, Endogenous Innovation, and Long-run Growth, Jahrbücher für Nationalökonomie und Statistik, 222/4, S. 490–499, Stuttgart.

Welsch, J. (2005): Innovationspolitik – eine problemorientierte Einführung, Wiesbaden.

Weltbank, World Bank (1992): World Development Report 1992 – Development and the Environment, Oxford.

Wicke, L. (1991): Umweltökonomie – Eine praxisorientierte Einführung, München.

World Commission on Environment and Development (1987): Our Common Future, Oxford.

WWF (2007): Europe 2007 – Gross Domestic Product and Ecological Footprint, Brüssel, Download 2008 unter: http://www.wwf.se/source.php/1149816/Europe%202007 %20-%20GDP%20and%20Ecological%20Footprint.pdf.

Xepapadeas, A. (1994): Long-run Growth, Environmental Pollution and Increasing Returns, Fondazione Eni Enrice Mattei, Working Paper 67.94.

Ziesing, H.-J. (2005): Stagnation der Kohlendioxidemissionen in Deutschland im Jahre 2004, in: DIW Berlin, 72.Jahrgang, Nr. 9/2005, S. 163–172.

Verweissammlung

http://www.eco.rug.nl/ MaddisonDaten für das Bruttoinlandsprodukt
http://www.rpi.edu/ sternd/datasite.htmlDaten für die Schwefeldioxidemissionen
http://www.env-it.de/umweltdatenDaten für die Umweltschutzwirtschaft

Register

Abbaurate der Ressource 65
Abschreibungen 92
Absorptionskapazität 105
additive Umwelttechniken 118
Agenda 21 7, 42
Agenda 2030 2
AK-Modell 91
Allokation 125
Angebotstheorie 63
anthropozentrischer Ansatz 6
Arbeitsleid 73
Arbeitsmarkt 174
Arbeitszeit 138
Assimilationsfähigkeit 105
Assimilationsgrenzen 45
Assimilationskapazität 117
Ausbeutung von Ressourcen 84
ausgewogene Nachhaltigkeit 162

Backstop-Ressource 67, 152
Backstop-Substitut 67
Backstop-Technologie 61, 64, 85
Basisinnovationen 179
Bedürfnisbefriedigung 5
Beschäftigungsquote 138
Bevölkerungswachstum 6
Bevölkerungszahl 132
Bildungschancen 175
Bildungsinvestitionen 30
Bildungskapital 160
Bildungssektor 96
Biodiversität 23, 117, 130, 156
Biokapazität 25
Bodenerosion 147
Bodenrente 66
Brundtland-Bericht 37, 158
Brundtland-Kommission 3, 7
Bruttoinlandsprodukt 23, 132, 166
Bruttowertschöpfung 53
Bundesumweltamt 31

Chancengleichheit 12
Coase-Theorem 129
Cobb-Douglas-Produktionsfunktion 70, 95
constant capital rule 158
Craddle to Craddle 190

defensive Ausgaben 24
defensives Wachstum 28
Degrowth 135
Degrowth-Ansatz 139
Delphi-Methode 183
Desertifikationsprozess 93
Deutscher Umweltindex 25
Dienstleistungen 35
Digitalisierung 55
Diskontierungsansatz 162
doppelte Externalität 187
double-dividend hypothesis 121
Drei-Sektoren-Hypothese 50
Drei-Sektoren-Modell 98
Dreidimensionalität 1

Ecological Footprint 25
Ein-Sektoren-Wachstumsmodell 64
Einkommensdisparität 135, 174
Einkommensverteilung 22, 33
Elektromobilität 54
Emissionen 56, 81, 119
Emissionsstandards 99
endoger technischer Fortschritt 90
endogene Wachstumstheorie 60, 88, 181
Energie 186
Energieeffizienz 52
Energieverbrauch 47
Enquete-Kommission 14
Entkopplung 58, 167, 189
entmaterialisierte Dienstleistungen 136
Entropie 125
Entropiegesetz 129
Entwicklungsländer 26
Environmental Kuznets Curve 45, 119, 167
Erdatmosphäre 45
erneuerbare Energien 186
erneuerbare Ressourcen 64, 163
erwünschter Lebensstandard 76
EU 28
exogener technischer Fortschritt 64
experimentelle Ökonomik 41
exponentielles Wirtschaftswachstum 4
extensives Wachstum 71
Externalitäten 99
externe Effekte 147
externe Kosten 24

Extraktionskosten 69, 149

F&E 88, 100
F&E-Ausgaben 97
Finanzkrise 18, 55
Forschungssektor 98
Forstwirtschaft 3
fossile Energieträger 56

Geltungskonsum 43
Genuine Progress Indicator 30
Genuine Savings 160
gerechte Einkommensverteilung 165, 173
Gerechtigkeit 123, 174
Gesamtindex 32
Gesamtkapital 164
Gesamtwohlstand 159
gesellschaftliche Wohlfahrt 28
gesellschaftlicher Status 43
Gesundheitsniveau 147
Gini-Index 31
Gini-Koeffizient 175
Glücksgefühl 43
Gleichgewicht 16
Gleichgewichtiges Wachstum 62
Gleichgewichtskonsum 82
Gleichgewichtsmodell 61
Gleichgewichtsökonomie 134
Gleichgewichtswachstum 62
Grünes Paradoxon 152
Grüne Wachstumspolitik 148, 152
Green Growth 135
Green New Deal 136, 183
Grenzkosten 68
Grenznutzen 73
Grenzprodukt des Kapitals 81
Grenzproduktivität des Kapitals 88
Gross National Happiness 28
growth imperative 138
Grundlagenforschung 67
grünes Konjunkturprogramm 136

Handel 101
Hartwick-Regel 30, 70, 158
Holzknappheit 4
Hotelling-Regel 86, 120, 152
Human Development Index 26
Humankapital 12, 89

Inada-Bedingungen 69
inclusive growth 3
Indikatorenset 38
Indikatorensystem 36
individuelle Nutzenmaximierung 12
Industrial Ecology 129
inklusives Wachstum 18, 175
Inlandsprodukt 22, 39
Innovation 144, 178
Innovationspolitik 187
Innovationssystem 181
innovationstheoretische Modelle 96
Innovationswettbewerb 178
innovative Milieus 182
Inputmenge 162
Institutionenökonomie 41
integrierendes Nachhaltigkeitsdreieck 14
integrierte Umwelttechniken 117
Intergenerationelle Gerechtigkeit 3, 125
Intragenerationelle Gerechtigkeit 2
Investitionen 92, 144, 149
Investitionsfunktion 70
ISEW 28
IT-Technologien 190

Joyless Economy 43

künstliches Kapital 78
Kapitaleinkommen 174
Kapitalerhaltungsregel 158, 163
kapitalistische Wirtschaft 178
Kapitalproduktivität 91
Kapitalstock 81
Klimapolitik 131
Klimawandel 2, 18, 58, 147, 149, 186
knappe Ressourcen 42
Kohlendioxid 47, 56
Kohlendioxidemissionen 154
Kondratieff-Zyklus 180
Konsum 31, 40, 79
Konsumentensouveränität 40
Konvergenz 92
Korruption 175
Kosten-Nutzen-Analyse 125
Kreislaufwirtschaft 145, 190
kritisches Naturkapital 163
kulturelle Vielfalt 123, 139
Kyoto-Abkommen 129
Kyoto-Protokoll 56

Learning by Doing 100
Lebensqualität 9, 11, 124, 133, 143, 165–166
Lebensstandard 43
Life Support System 130
limitierender Faktor 146
Lohnsatz 66
LowGrow-Modell 135, 137

Müllbeseitigung 103
makroökonomische Modelle 119
marginaler Nutzen 121
Market Pull 188
Marktdynamik 35
Marktleistungen 22
Marktversagen 28, 145
materielles Existenzminimum 172
Maximierung des Konsums 75
Menschenrechte 26
Methan 56
methodischer Individualismus 41
mikroökonomische Theorie 41
Millennium Development Goals 8
Mobilität 186
Monopolgewinne 101
multifaktorielle Produktivität 153
multiple Gleichgewichte 82

nachhaltige Innovationsforschung 179
nachhaltige Konsumstrategie 44
nachhaltiger Konsum 187
nachhaltiges Wachstum 19, 107
Nachhaltigkeitsindikatoren 19, 27, 33, 39
nachhaltigkeitsorientierte Technologien 183
Nachhaltigkeitsparadigma 143
nationale Innovationssysteme 181
nationale Nachhaltigkeitsstrategie 2, 7, 17
Nationaler Wohlfahrtsindex 31
Natur 105
Naturbestand 149
Naturkapital 107, 126, 143
natürliche Ressource 75
natürliches Kapital 145, 148
Naturqualität 150
Naturressourcen 150
Naturschutzprojekte 131
Naturverbrauch 64
Nebenprodukt der Produktion 80

negative externe Effekte 128
neoklassische Produktionsfunktion 62, 65
neoklassische Ressourcenökonomie 60
neoklassische Wachstumsmodelle 145
neoklassische Wachstumstheorie 60
neoklassischer Wachstumsoptimismus 64
Netzwerk-Modell 181
Neue Institutionenökonomik 11
no grow disaster 138
Nullwachstum 111
Nutzenoptimierung 144

Ökoeffizienz 15
ökologische Grenzen 126
ökologische Industriepolitik 13, 183
ökologische Innovationen 184
Ökologische Nachhaltigkeit 9, 89
Ökologische Ökonomie 60, 122
ökologische Systeme 1, 9
ökologische Tragfähigkeit 131
Ökonomische Nachhaltigkeit 10
ökonomische Theorie 60
ökonomischer Schock 176
Ökosozialprodukt 24
Ökosystem 107, 123, 151, 161, 163, 189
Ölkrise 60
Opportunitätskosten 86

Paradigmenwechsel 34
Pareto–Optimalität 159
partizipative Demokratie 139
Photovoltaik-Kapazität 155
Postwachstumsökonomie 135
Präferenzstruktur 118
Präferenzsystem 41
Preismechanismus 128
primärer Sektor 51
Pro-Kopf-Einkommen 10
Pro-Kopf-Konsum 70, 77
Produktionselastizität 66
Produktionsfaktoren 80, 146
Produktionsfunktion 108
Produktionsgrenze 147
Produktivität 98, 146
Produktivitätseffekt 72
Produktivitätsniveau 111
Produktivitätssteigerungen 145
Produktivvermögen 138

qualitatives Wachstum 165
quantitatives Wachstum 18, 165

Ramsey-Modell 72
Rebound-Effekt 54, 145, 187
Recycling 136, 190
Recycling-Programme 47
Recyclingverfahren 48
Reformprozesse 186
Regenerationsfähigkeit der Natur 168
Regenerationsfunktion 103
Regenerationskapazität 106
Regenerationsrate 151
regionale Innovationssysteme 181
Ressourcen 44, 119
Ressourcenabbau 72
Ressourcenabbaurate 83
Ressourcenbestand 72, 150
Ressourceneffizienz 6, 53, 165, 184
Ressourcenextraktion 71, 99
Ressourceninput 115
ressourcenintensives Wachstum 140
Ressourcenknappheit 45
Ressourcenökonomie 150
ressourcenökonomisches Prinzip 4
Ressourcenproduktivität 153, 189
Ressourcenverbrauch 65
Rezession 49
Rio-Prozess 7
Rohstoffe 9

Schadenskosten 30
Schadensvermeidungsausgaben 63
Schadstoffemissionen 5
Schadstoffkonzentrationen 151
schwache Nachhaltigkeit 30, 157, 161
schwache Umweltinnovationen 185
Schwarzarbeit 23
sekundärer Sektor 51
Sekundärrohstoffe 48
Skalenerträge 77, 85, 88
Solarenergie 151
Solarenergiezufluss 103
Solow-Swan-Modell 60
soziale Dimension 141
soziale Diskontrate 87
soziale Innovationen 178, 182
soziale Kohärenz 175
Soziale Marktwirtschaft 13

Soziale Nachhaltigkeit 11, 171
soziale Wohlfahrt 93
sozialer Planer 82
soziales Optimum 100
Soziales Wachstum 171
Sozialkapital 146, 173
Sozialprestige 43
Sozialprodukt 20
Sozialvertrag 128
Sparneigung 176
Sparquote 62, 92
Spillover-Effekte 101
Staatsverbrauch 21
Staatsverschuldung 136
starke Nachhaltigkeit 157, 161
starke Umweltinnovationen 185
statistisches Bundesamt 20
Steady State 90
Steady-State-Economy 133, 161
Strukturanalyse 52
Strukturveränderungen 51
Strukturwandel 37, 50, 169
Substituierbarkeit 69, 130, 162
Substitutionselastizität 78, 147, 164
Subventionen 149
Sustainable Development Goals 8, 171
sustainable growth 7
Szenarien 137
Szenariotechniken 183

technische Innovationen 164
technischer Fortschritt 5, 10, 64, 77, 85, 108, 157, 178
Technologie 116, 132
Technologieparameter 94
technologische Entwicklung 107
Technology Push 188
Terms of Trade 101
tertiärer Sektor 51
Thermodynamik 133
Tragfähigkeit der Erde 127
Transaktionskostenansatz 11
Transformationsprozess 135, 139
Treibhausgas 56
Trittbrettfahrer 120

Umweltausgaben 119
Umweltbelastung 17, 27
umweltbezogene Lebensqualität 153

Umweltbundesamt 25
Umweltdienstleistungen 35
umweltfreundliche Substitute 117
umweltfreundliche Technologien 6
Umweltgüter 126
Umweltindikatoren 23, 48
Umweltinnovationen 187
Umweltökonomie 128
Umweltökonomische Gesamtrechnung 24
Umweltpolitik 109, 120
Umweltqualität 45, 47, 71, 93, 106, 112, 147, 163
Umweltregeneration 110
Umweltregulierungen 45
Umweltschäden 109, 112
Umweltschutz 26
Umweltschutzausgaben 61, 109, 113–114, 116
Umweltschutzmaßnahmen 168
Umweltschutzpolitik 13
umweltschutztechnisches Wissen 106
Umwelttechnik 35
Umwelttechnologien 121
Umweltverschmutzung 79
UN-Organisation 142
UNEP 142
UNESCAP 142
unvollständige Konkurrenz 88

Verbraucherpreisindex 33
Verfahren der Diskontierung 131
Verschmutzung 80, 151
Verschmutzungsabgaben 121
Verschmutzungskontrolle 80, 83
Verteilung von Wachstum 171
Volkseinkommen 18, 23, 40, 134
vorsorgender Umweltschutz 190

Wachstum der Lebensqualität 189
Wachstumsdynamik 180
Wachstumsgleichgewicht 63, 85
Wachstumsgrenzen 188
Wachstumsindikator 17
Wachstumsmodell 132
Wachstumsoptimismus 87
wachstumstheoretische Diskussion 17
Wachstumstheorie 10
Weltgemeinschaft 1
Wertschöpfung 23, 32
Wertschöpfungsketten 186
Windenergie 151
Windkapazität 155
Wirtschaftskrise 49, 170
Wirtschaftspolitik 169
Wirtschaftswissenschaften 2
Wissens-Spillover 182
Wohlbefinden 35
Wohlfahrt 8, 15, 100
Wohlfahrtsmaßstäbe 171
Wohlfahrtsökonomie 21
Wohlstandsfalle 169
Wohlstandsindikator 166
Wohlstandsmessung 39

Zeitkrankheit Konsum 43
Zertifikate 188
Zielkonflikt 141
Zinssatz 66
zukünftige Generationen 159
zweistufige Nachhaltigkeitsregel 160

www.ingramcontent.com/pod-product-compliance
Lightning Source LLC
Chambersburg PA
CBHW080358030426
42334CB00024B/2919